高等学校应用型特色系列教材

信息检索与信息素养

高祥永　董玉萍　**编著**

冯晓丽　张　岚　李明飞　白　波　勇士英　赵　申　**参编**

电子工业出版社
Publishing House of Electronics Industry
北京·BEIJING

内 容 简 介

本书较全面地介绍信息素养、信息资源、信息检索、信息资源的整理与利用的基础知识，着重介绍如何利用高校图书馆，以及如何充分利用网络免费资源、常用中外文数据库、资源型网站的信息资源，并分析各种类型信息资源的特点和使用范围。本书结合具体实例，详细介绍多种信息资源检索系统的使用步骤、技术和技巧，由浅入深、循序渐进地培养读者全面掌握获取和利用信息资源的思路及方法，从而不断提高读者的信息素养水平。本书较详细地阐述利用信息资源完成毕业论文（毕业设计）的选题规划、开题报告撰写、格式编辑和内容修改的过程，帮助读者利用信息检索工具获得信息资源，为撰写学术论文及毕业后从事相关工作奠定坚实基础。

本书可供应用型本科院校和高职高专院校的学生学习使用，也能作为其他读者了解信息资源、信息检索和利用信息资源的参考资料。

未经许可，不得以任何方式复制或抄袭本书之部分或全部内容。
版权所有，侵权必究。

图书在版编目（CIP）数据

信息检索与信息素养 / 高祥永，董玉萍编著. —北京：电子工业出版社，2023.2
ISBN 978-7-121-45100-3

Ⅰ．①信⋯　Ⅱ．①高⋯　②董⋯　Ⅲ．①信息检索－高等学校－教材　②信息学－高等学校－教材
Ⅳ．①G252.7　②G201

中国国家版本馆 CIP 数据核字（2023）第 027271 号

责任编辑：刘　瑀
印　　刷：涿州市般润文化传播有限公司
装　　订：涿州市般润文化传播有限公司
出版发行：电子工业出版社
　　　　　北京市海淀区万寿路 173 信箱　邮编：100036
开　　本：787×1 092　1/16　印张：15　字数：384 千字
版　　次：2023 年 2 月第 1 版
印　　次：2025 年 7 月第 5 次印刷
定　　价：59.00 元

凡所购买电子工业出版社图书有缺损问题，请向购买书店调换。若书店售缺，请与本社发行部联系，联系及邮购电话：（010）88254888，88258888。
质量投诉请发邮件至 zlts@phei.com.cn，盗版侵权举报请发邮件至 dbqq@phei.com.cn。
本书咨询联系方式：liuy01@phei.com.cn。

前　言

高素质人才需要具备科学精神和人文精神，信息素养教育是培养高素质人才的重要途径，每名大学生都必须具备获取和利用信息资源的良好信息素养，为完成大学期间的学习和毕业后走向工作岗位、从事相关工作打下坚实基础。

"信息检索"是信息素养教育的主题，是实施信息素养教育的必修课程，能够培养学生的信息意识和独立学习及终身学习的能力，使学生掌握在海量的信息中获得所需文献信息的方法和技巧，从而提高学习效率和知识创新能力。

本书是根据应用型本科院校的人才培养方案和教学大纲的规定，结合信息社会对人才的基本信息素养要求而编写的。主要介绍信息素养所涵盖的信息、信息资源、检索系统和信息资源的综合利用等相关基础知识，注重以实例讲解各种信息资源及检索系统的知识，由浅入深，易于读者上手，适合应用型本科院校和高职高专院校教学使用，同时也能作为初学信息检索和想了解利用信息资源的人员参考使用。

本书共有9章，总体分为五部分。

第一部分（第1～3章）较系统阐述了信息素养、信息资源和信息检索的基本概念与类型及特点，信息检索的语言、系统、方法和步骤，以及计算机检索的基本技术。

第二部分（第4章）从学生接触最多的高校图书馆着手，介绍高校图书馆的资源、OPAC检索系统和提供的服务项目，如何利用图书馆等相关知识。

第三部分（第5章）讲解如何充分利用网络免费资源，包括学术搜索引擎、学术门户（虚拟图书馆）、专门性网站、OA资源的资源特色，以及相关资源的检索方法，进一步扩展获取信息资源的渠道。

第四部分（第6～8章）着重介绍常用中外文期刊、图书和特种文献等数据库及资源型网站等的信息资源及其特点，以实例逐步详解检索的技术和技巧，资源利用的方法等内容。

第五部分（第9章）在介绍信息资源整理方法和工具的基础上，阐述如何利用获取的信息资源完成毕业论文的写作及学术道德规范的内容，较详细介绍了毕业论文的类型和特点，以及选题规划的方法、如何确定选题方向、如何修改毕业论文，为学生撰写学术论文和工作后从事相关工作打好基础。

本书由沈阳工程学院高祥永、董玉萍（第1～5章，第6章的6.1～6.3节、6.8节～6.10节，第7章的7.3～7.6节，第8章，第9章）、冯晓丽（第6章的6.4～6.7节）、张岚（第7章的7.1、7.2节）、李明飞、白波、勇世英、赵申（图表校对）共同编写，由高祥永统稿。

对编写过程中给予本书在教学素材和经验方面大力支持的戴建陆、李宏宇等老师，在资源利用方面提供指导的辽宁省科技情报中心的老师们，致以诚挚的感谢！

由于编者水平有限，知识更新较快，书中难免有疏漏和不足之处，恳请同行专家和读者予以指正！

编著者

目　录

第1章　信息素养 ··· 1

1.1　信息素养概述 ··· 1
- 1.1.1　信息环境 ··· 1
- 1.1.2　信息素养的概念 ··· 1
- 1.1.3　信息素养的评价指标 ··· 2

1.2　信息素养教育与信息检索的意义 ··· 3
- 1.2.1　信息素养教育 ··· 3
- 1.2.2　大学生信息素养教育 ··· 4
- 1.2.3　信息检索的意义 ··· 4

1.3　信息及相关术语 ··· 5
- 1.3.1　信息 ··· 5
- 1.3.2　知识 ··· 5
- 1.3.3　情报 ··· 6
- 1.3.4　文献 ··· 6
- 1.3.5　数据 ··· 6
- 1.3.6　文献的出版形式 ··· 7
- 1.3.7　文献的载体形式 ··· 11
- 1.3.8　文献的层次划分 ··· 11

第2章　信息资源 ·· 13

2.1　信息资源的概念 ··· 13
2.2　信息资源的种类 ··· 13
2.3　信息资源的特征 ··· 14

第3章　信息检索 ·· 16

3.1　信息检索的概念 ··· 16
- 3.1.1　信息检索的基本原理 ··· 16
- 3.1.2　信息检索的类型 ··· 17
- 3.1.3　信息检索语言 ··· 18
- 3.1.4　信息检索的常用方法 ··· 20
- 3.1.5　信息检索的途径 ··· 21

3.2　信息检索系统 ··· 22
- 3.2.1　信息检索系统的类型 ··· 22
- 3.2.2　信息检索系统常用的运算符 ··· 23

3.3　信息检索的步骤 ··· 25

第 4 章 利用图书馆 ·········· 29

4.1 图书馆馆藏 ·········· 29
4.1.1 认识图书馆 ·········· 29
4.1.2 图书馆类型 ·········· 29
4.1.3 图书馆的资源 ·········· 30
4.2 图书馆检索系统 ·········· 31
4.2.1 图书馆联机公共检索系统 ·········· 31
4.2.2 中国高等教育文献保障系统 ·········· 35
4.2.3 中国国家图书馆联机公共目录查询系统 ·········· 39
4.3 图书馆服务 ·········· 40
4.4 利用图书馆的步骤 ·········· 43

第 5 章 网络免费资源的获取与利用 ·········· 45

5.1 搜索引擎 ·········· 45
5.2 学术门户 ·········· 53
5.3 专门性网站 ·········· 57
5.4 开放获取 ·········· 57
5.5 网络资源筛选与评价 ·········· 64

第 6 章 常用中文数据库 ·········· 65

6.1 中国知网 ·········· 66
6.1.1 CNKI 检索 ·········· 69
6.1.2 CNKI 的特色功能 ·········· 81
6.1.3 CNKI 检索平台的优势 ·········· 84
6.1.4 全球学术快报 ·········· 85
6.2 万方数据知识服务平台 ·········· 85
6.2.1 万方数据知识服务平台资源介绍 ·········· 85
6.2.2 万方数据知识服务平台检索 ·········· 87
6.2.3 万方数据知识服务平台特色功能 ·········· 93
6.3 维普系列产品 ·········· 96
6.3.1 维普网 ·········· 96
6.3.2 中文期刊服务平台 ·········· 97
6.3.3 中文科技期刊数据库（引文版） ·········· 100
6.3.4 智立方知识资源服务平台 ·········· 101
6.3.5 维普系列产品的优势 ·········· 101
6.4 国研网 ·········· 102
6.5 其他财经、金融、商业类网站 ·········· 104
6.6 北大法宝 ·········· 106
6.6.1 数据库介绍 ·········· 106
6.6.2 数据库检索 ·········· 108
6.7 人大复印报刊资料 ·········· 110
6.8 电子书数据库 ·········· 113

		6.8.1 超星数字图书馆	113
		6.8.2 书生之家数字图书馆	120
		6.8.3 方正 Apabi 数字图书馆	121
		6.8.4 畅想之星电子书	121
	6.9	中文社会科学引文索引（CSSCI）	122
		6.9.1 CSSCI 概况	122
		6.9.2 CSSCI 数据库检索	122
	6.10	全国报刊索引	124
		6.10.1 检索方式	124
		6.10.2 检索结果	127
第 7 章	常用外文数据库		128
	7.1	EBSCOhost 数据库	128
		7.1.1 EBSCOhost 概况	128
		7.1.2 EBSCOhost 检索方式与技术	129
	7.2	Science Direct 数据库系统	135
		7.2.1 Science Direct 概况	135
		7.2.2 SDOL 检索方式	135
		7.2.3 SDOL 的个性化服务	139
	7.3	IEEE/IET Electronic Library（IEL）	139
		7.3.1 IEL 概况	139
		7.3.2 IEEE Xplore 检索方式	140
		7.3.3 IEEE Xplore 特色功能	143
	7.4	工程索引（EI）	144
		7.4.1 EI 概况	144
		7.4.2 EI Compendex 检索	144
	7.5	科学引文索引（SCI）	150
		7.5.1 SCI 概况	150
		7.5.2 SCI 检索方式	151
		7.5.3 SCI 检索结果	153
	7.6	SpringerLink 数据库	155
		7.6.1 SpringerLink 数据库概况	155
		7.6.2 SpringerLink 检索方式	155
第 8 章	其他特种文献的检索		159
	8.1	专利文献检索	159
		8.1.1 专利的含义	159
		8.1.2 专利的类型与特点	159
		8.1.3 专利文献	161
		8.1.4 专利号码的组成	161
		8.1.5 专利检索	162
		8.1.6 专利信息的内涵	162

8.1.7　专利检索 ·· 163
　　　8.1.8　中国专利文献检索 ··· 164
　　　8.1.9　国外专利文献检索 ··· 171
　8.2　标准文献检索 ·· 175
　　　8.2.1　标准文献知识 ·· 175
　　　8.2.2　手工检索工具 ·· 178
　　　8.2.3　网络检索工具 ·· 179
　　　8.2.4　国外标准文献网络检索 ··· 190
　8.3　会议论文检索 ·· 194
　　　8.3.1　中国会议论文检索 ··· 194
　　　8.3.2　国外会议论文检索 ··· 197
　8.4　科技报告检索 ·· 198
　　　8.4.1　中国科技报告检索 ··· 198
　　　8.4.2　国外科技报告检索 ··· 203
　8.5　学位论文检索 ·· 205
　　　8.5.1　中国学位论文的检索 ·· 205
　　　8.5.2　国外学位论文的检索 ·· 206

第9章　信息资源的整理与利用 ··· 210

　9.1　信息资源的整理 ·· 210
　　　9.1.1　信息资源获取 ·· 210
　　　9.1.2　信息资源整理的方法 ·· 211
　　　9.1.3　文献整理的管理工具软件 ·· 212
　9.2　毕业论文的写作 ·· 215
　　　9.2.1　毕业论文 ·· 215
　　　9.2.2　毕业论文的选题 ·· 218
　　　9.2.3　毕业论文的开题报告 ·· 219
　　　9.2.4　毕业论文的格式 ·· 221
　9.3　毕业论文的修改 ·· 225
　9.4　学术道德规范 ·· 226
　　　9.4.1　学术不端 ·· 226
　　　9.4.2　论文检测 ·· 227
　　　9.4.3　对学术不端的处理 ··· 227
　　　9.4.4　合理使用受著作权保护的作品 ··· 228
　　　9.4.5　网络环境中数字文献的合理使用规则 ·· 228

参考文献 ··· 229

第 1 章　信息素养

1.1　信息素养概述

1.1.1　信息环境

人们从事着各种各样的社会实践活动，已延伸到我们生活每个角落的互联网时刻产生海量的无序信息，这些信息以惊人的速度进行传播，为人类社会提供了卓有成效的信息服务，形成了复杂而巨大的"信息环境"。在信息环境中，这些海量而无序的信息以语言、文字、声音、图像等信息符号无时无刻地包围着我们。"百度百科"对信息环境的定义如下："就社会而言，信息环境即社会信息环境或社会信息生态，是与社会信息交流活动有关的社会因素的集合，是影响整个社会信息交流活动的具体社会条件和社会基础的表征。从特定的组织或个人角度来讲，所谓信息环境即组织信息环境或个人信息环境，就是社会中特定组织或个人可能接触的信息资源以及特定信息交流活动的影响因素共同构成的环境。"可以理解为，信息环境是指社会实践活动中由个人或群体可能接触的信息及其传播活动的各因素总体构成的环境。

在信息环境中，同一属性或相似的信息符号，按照一定的结构相互组合便构成具有完整意义的信息，大部分信息在传播时除承载了一定量的数据或知识外，也附加了特定的观念和价值，形成了一个个的信息源。当某一类信息的传播达到一定规模时，便形成一段时期内社会信息环境的特色。这些信息在传播过程中具有告知性、指示性的特征，因而对人们的社会实践活动产生了推动和制约作用，从而促进经济增长，改变着社会生活与社会文化。因此出现了"社会信息化"这一概念，社会信息化是指在全社会（包括经济、政治、文化、生活等方面）广泛应用现代信息技术，有效地开发和利用信息与信息资源，促进经济发展和社会进步的过程，包括对信息环境的建设，对信息与信息资源的开发与利用。

未来，各种信息还在不断迅速更新，产生更多更新的信息资源，从而使我们所处的信息环境成为信息生产、传播、加工、利用和再生并且不停循环的"超级机床"。对于我们个人来说，如何面对可能接触到的浩如烟海的信息，以及由信息交流、使用活动所构成的"信息环境"呢？这就要求每个人养成对信息及时、主动、有效的鉴别能力、捕捉能力和综合利用能力，尤其在当下"社会信息化"形势下，这种能力也成了我们必备的生存发展技能，同时这种能力的培养也是我们实现继续学习、终身学习的重要途径，这种能力即是个人所需的信息素养。

1.1.2　信息素养的概念

先来看如下两个案例。

案例 1：当你在用 Word 很认真地做简历的时候，有的人仅在搜索引擎中输入"filetype:doc 简历"，然后按回车键，即可在下载的多个简历中找到符合自己要求的模板，再把自己的内容置换进去就完成了。

当你还在去隔壁大学"蹭课"的时候，有的人已经为这学期的重要课程找到了很多国内外优质的同名在线课程。

当你查找文献还在用"百度"的时候，有的人已经知道查找期刊论文用中国知网、万方，查找专利用中国知网、国家知识产权局网站，查找标准用中国知网、国家标准化管理委员会网站。

当你还在逐字逐句地对比两篇长文的差别的时候，有的人已经会打开一个软件，通过"复制-粘贴-提交"操作，立刻得到差别显示结果。

这些人就是我们生活中的"信息达人"，他们具有较高的信息素养。他们了解信息资源，并可以通过各种渠道找到自己需要的信息资源，他们掌握一定的检索技巧，遵循基本的信息伦理，更重要的是，他们具有较强的信息意识，会合理运用信息资源来解决问题。

案例2：比亚迪的锂离子、镍镉、镍氢电池销量均居世界前列，具有很强的竞争力。2002年和2003年日本三洋、索尼公司各以侵犯两个电池专利为由，将比亚迪告上美国和日本法院。随之比亚迪投入巨大人力财力，还聘请了美国高级律师等，经过艰苦细致的**文献检索、鉴定**，掌握了有效证据。此案例说明，一方面比亚迪事先未充分重视知识产权的作用，另一方面比亚迪充分利用了知识产权的巨大威力。从上例可见，在大数据给我们的生活带来革命性变革的"社会信息化"时代，我国"大众创业、万众创新"的大发展时期，我们的科学研究、创新创造、生产销售等诸多环节都要求我们必须具备对信息高度重视的观念、意识和有效获得信息的能力，掌握合理利用信息的道德法规等信息素养。

信息素养（Information Literacy），也称为信息素质。早在2003年9月，联合国教科文组织在《布拉格宣言》中就提出：走向信息素养社会。表明信息素养是应对全球社会信息化中人们具备的一种基本能力，对于系统学习专业知识、即将走向社会的莘莘学子来说，学会甄别和利用信息，从而提高自己的独立学习能力、研究开发能力、创新能力，意义深远。

1974年，美国信息产业协会主席保罗·泽考斯基（Paul Zurkowski）提出："利用大量信息工具及主要信息资源是使问题得到解决的技术和技能。"《美国高等教育信息素养能力标准》中对信息素养的定义是："能认识到何时需要信息、有效搜索、评价和使用所需信息的能力。"

综上所述，信息素养是一个人对有用信息收集、整理、筛选、判断、评价和利用方面的综合能力。学习和养成良好的信息素养是培养具有终身学习能力和创新型人才的重要教育方式，因而也成了高等教育的组成部分。

1.1.3 信息素养的评价指标

作为一个适应现代化信息社会的综合能力和基本素质，信息素养需要一定的评价标准，国内外相关机构提出了各自的信息素养评价标准。

1. 美国大学与研究图书馆协会信息素养能力标准

美国大学与研究图书馆协会是美国图书馆协会的分支机构。2000年1月18日，美国大学与研究图书馆协会标准委员会审议通过了《高等教育信息素养能力标准》，提出信息素养能力标准主要包括以下五方面内容。

（1）能够确定所需信息的范围。
（2）能够有效和高效地获取所需的信息。
（3）能够鉴别信息及其相关资源。
（4）能够有效地利用信息去完成一项具体的任务。
（5）能够了解信息利用过程中的经济、法律和社会问题，在信息获取和利用时能自觉遵守道德规范和有关法律。

2．北京地区高校信息素质能力指标体系

北京高教学会图书馆工作研究会于 2005 年出台《北京地区高校信息素质能力指标体系》。该体系从信息意识、信息知识、信息能力、信息伦理四方面提出高校学生应具备的信息素养要求，具体有：
（1）能够了解信息以及信息素质能力在现代社会中的作用、价值和力量。
（2）能够确定所需信息的性质与范围。
（3）能够有效地获取所需要的信息。
（4）能够正确评价信息及其信息源。
（5）能够有效地管理、组织与交流信息。
（6）作为个人或者群体的一员，能够有效地利用信息来完成一项具体的任务。
（7）对信息检索、利用相关的法律、伦理和社会经济问题有一定的了解，并能够合理地、合法地检索和利用信息。

1.2 信息素养教育与信息检索的意义

1.2.1 信息素养教育

信息环境的持续发展要求公民有较强的信息素养，全面信息素养的提高促进着社会信息化，因此，无论是对于整个社会的信息化发展，还是对于公民个人的信息素养提高来说，信息素养教育都十分重要。

1．信息素养教育的目标

信息素养教育的总体目标是培养公民通过获取和利用信息解决所遇到的问题，在解决问题的过程中进行终身学习，并且能够把所获取的信息融入自身的知识体系和能力体系当中，转化成为自身的学习能力。

2．信息素养教育的层次

信息素养教育的第一个层次是拓宽视野，让人们知道这个世界上有很多信息资源。信息量的激增，社会信息化的形式和内容发生了前所未有的变化，新的信息形式和内容不断涌现，传统的信息形式不断被新的形式取代。尤其是在互联网高速发展的今天，这些信息存在的方式和存储的方式发生了显著的变化，数字资源在互联网中可以通过很多途径被免费获取，各种网络百科对传统书目的替代弱化了传统书目的作用。手机地图导航、各大购物平台、旅游、12306、短视频等系统在提供应用的同时也成为重要的信息资源库，丰富的精品课程、共享课、网络公开课在很多 MOOC 平台上，成为人们自主学习的新途径。

信息素养教育的第二个层次是提升信息的获取能力，让人们了解如何获取自己所需要的信息。不同形式、不同内容、不同来源的信息有不同的获取方法和手段。让人们根据自己的信息需求，找到适合自己的检索工具，运用一定的检索技巧找到自己需要的信息，并能够根据需要下载全文信息是目前信息素养教育第二个层次的主要目标。互联网的普及使手工检索时代已经过去，图书馆的联机公共检索目录OPAC（Online Public Access Catalogue）应运而生，搜索引擎和超链接技术让信息查找更为直接和方便，数字资源的检索已成为信息检索和获取的主要方式。与此同时，不同的检索工具和检索系统都有自己的检索技巧和规则，因此，信息的下载和获取也需要一定的技巧，需要通过此方面的教育来提升人们的信息素养能力。

信息素养教育的第三个层次是培养信息的利用能力，让人们具有敏锐的信息意识和利用信息来解决问题的能力。信息素养教育的第三个层次是培养遇到问题时能想到通过检索、获取和利用信息来解决问题的意识，这是在前两个层次之后对信息素养能力的提升，这种意识在短时间内很难树立，是信息素养教育的核心内容。

1.2.2 大学生信息素养教育

自1984年国家教育委员会（现在更名为教育部）发布《关于在高等学校开设文献检索与利用课的意见》文件以来，各高校开设了文献信息检索课程。1998年，教育部发布的《普通高等学校本科专业目录和专业介绍》中，对本科专业都增加了"掌握文献检索、资料查询的基本方法，具有独立获取知识的能力"的培养目标。经过20多年的发展，文献检索课程成为大学生信息素养培养和提高的重要途径，高校信息素养教育逐渐受到重视。2016年6月7日，《教育信息化"十三五"规划》提出了"学生信息素养显著提升"的目标；2016年12月15日，《"十三五"国家信息化规划》提出了"提升国民信息素养"的目标；2018年4月13日，《教育信息化2.0行动计划》提出了"提高师生信息素养"的目标。

1.2.3 信息检索的意义

从信息社会到现在倡导建设的数字社会，我们置身于信息和知识的海洋，想要及时、准确、全面地查找所需要的信息资源，需要掌握一定的信息检索技能。信息检索成为满足信息需求的重要途径，学习信息检索的意义主要体现在以下几方面。

1. 信息检索能够提高科研效果，避免重复劳动

科学发展的历史证明，积累、继承和借鉴前人或他人的研究成果是科学发展的重要前提。任何人在从事一项研究或开始一项新的科研工作之前，都要先了解同行工作的进展或同类信息的研究现状。科学研究具有继承和创造性，任何科学研究都是在继承前人的知识后有所发明和创新的。正如牛顿所说："假如我比别人看得略为远些，那是因为我站在巨人的肩膀上"。利用信息检索的方法充分了解国内外相关研究的成果或方向，可以帮助人们正确地选择自己的研究方案，避免重复劳动。因此信息检索是科学研究活动中提高效率、避免重复劳动的必不可少的前期工作。

2. 信息检索能够提供科学方法，提高决策水平

科技与经济发展的管理决策同样离不开信息，准确、可靠、及时的信息是正确决策的基础。在激烈的市场竞争环境下，要想在竞争中立足，就要通过科学合理的信息检索方法了解和获取大量有用的信息,例如,竞争对手的信息及动向、新技术的发展趋势等。只有知己知彼、扬长避短、确立自己的竞争优势,才能让企业在市场中立于不败之地。因此,信息检索是企业成败的关键,是现代企业生存发展的战略武器和重要保障。

3. 信息检索能够培养信息意识,提高信息素养

当今社会,知识的总量以指数级递增,如何以最短的时间、最少的精力准确地查找自己需要的信息成为亟待解决的问题。信息检索就是解决这一问题的最好途径,它能够提高人们在信息收集、整理、筛选、评价和利用方面的能力,培养人们的信息意识,提升人们对信息的敏感度,以及判断和吸收信息的能力,提高人们自身的信息素养。

1.3 信息及相关术语

既然我们处在信息环境的包围之中,信息无处不在,各种媒体每天都向大众传播着各种各样的信息,处在信息环境中的我们每时每刻都在接受各种类型的信息,那么信息究竟是什么?信息及其相关的概念具体指什么呢?它们之间的关系怎样?

1.3.1 信息

20 世纪中期,信息被引入哲学、传播学、情报学、管理学、信息论、系统论、控制论、计算机、通信等领域,信息的定义在不同的学科和领域中是不同的。

哲学家认为信息是物质的普遍性,是认识世界的依据。控制论创始人维纳认为,信息是人们在适应外部世界,并使这种适应仅作用于外部世界的过程中,同外部世界进行交换的内容的名称。信息论创始人、美国数学家香农认为,信息是用来消除随机不确定性的东西。我国信息论专家钟义信教授认为,信息是事物运动的状态和状态变化的方式,是事物的一种属性。《辞海》(2019 年第七版)对信息的定义是:通信系统传输和处理的对象,通常需要通过处理和分析来提取。

信息在不同的学科和领域代表的含义有所不同。总体认为,信息不是事物本身,而是事物的属性,是事物发出的声音、文字、数据、图像、气味等所包含的内容,包括自然界产生的信息和人类社会活动产生的信息。可以这样说,我们的生活中充满了信息,我们却感觉不到信息的实体,信息依附于某种物体时刻存在并持续地传播。

信息具有客观性、依附性、替代性、加工性、传递性、时效性、价值性、共享性等特征。

1.3.2 知识

人类的社会实践活动产生着各种认知,且处在不断更新的过程中。人类大脑对这些认知进行加工整合,即对各种信息进行持续认识和总结后,就产生了知识。知识是人类社会活动的经验和总结,是人类改造自然界和社会活动过程中认识的总和。随着人类的发展,新知识源源不断地产生,知识始终处于动态的发展过程中并被人们用各种记录技术记载下来。从信息的角度看,知识源于表征事物属性和事物间关系的各种信息,知识是信息的集合和有序化,是优化了的信息的总汇和结晶。可见,知识是信息的一部分。

迈克尔·波兰尼(Michael Polanyi)提出,人类的知识有两种,一种是显性知识,是人

们能够以一定符码系统（最典型的是语言，也包括数学公式、各类图表、盲文、手势语、旗语等符号形式）加以完整表述的知识；另一种是隐性知识，是人类可以感知到但难以表述的知识。隐性知识是高度个人化的知识，很难规范化，也不易传递给他人，主要隐含在个人经验中，同时也涉及个人信念、世界观、价值体系等因素。隐性知识是主观的经验或体会，不容易运用结构性概念加以描述或表现。

知识具有实践性、规律性、渗透性、继承性等特征。

1.3.3 情报

无处不在的信息被智慧的人类应用于生产实践、创新创造和日常生活中，帮助我们解决各种问题。在知识的范围内，总有具有核心价值和特定作用的知识，即情报。如我国著名科学家钱学森总结的，情报就是为了解决一个特定问题而需要的知识。情报可以理解为被传递了并发挥一定作用的那部分知识。

情报是知识的有序化与激活，它的内核是信息或信息的集合。杂乱无章的信息显然不是情报，再重要的信息也必须经过传递才有可能成为情报。情报根据所属的范围可以分为专业情报、管理情报、军事情报等；根据重要性可分为重要情报、一般情报等。无论情报的内容和形式如何变化，情报都具有知识性、传递性、效用性等特征。

1.3.4 文献

人类的知识和文明总是活跃于人类的各种社会实践活动中，被人们记录、交流、传播、再生，并流传千载，这主要归功于文献的作用。国际标准化组织制定的《文献情报术语国际标准》(ISO/DIS5217)对文献的定义为：在存储、检索、利用或传递记录信息过程中，可作为一个单元处理的，在载体内、载体上或依附于载体而存储信息或数据的载体。我国《文献著录总则》对文献的定义为：记录有知识的一切载体，即用文字、图像、图形、符号、音频、视频等技术记录人类知识的各种载体，如竹简、布帛、碑刻、书籍、胶片、磁带、磁盘、光盘等。

文献是把知识利用某种记录技术固化在某种载体上而形成的，而知识是经过人类认知加工并系统化的信息。因此，要获取信息中具有核心价值并对我们有用的"情报"，可以从各种文献入手。

文献对人类文明进步有着重要的意义，主要体现在两方面，一方面，文献是知识的积累、传播和创造；另一方面，文献是对研究成果的确认和评价。文献能够帮助人们克服时间和空间的限制，记录、存储和传递人类已有的知识和经验，给我们的社会带来巨大的社会效益和经济效益，推动人类社会不断发展和进步。

1.3.5 数据

数据是事实或观察的结果，是对客观事物的逻辑归纳，是用于表示客观事物的未经加工的原始素材。数据不仅指狭义上的数字，还可以是具有一定意义的文字、字母、数字和符号的组合、图形、图像、视频、音频等，也可以是客观事物的属性、数量、位置及其相互关系的抽象表示。例如，"0、1、2、…""阴、雨、气温""学生的档案记录""货物的运输情况"等都是数据。

数据和信息是密不可分的。数据经过加工成为信息,是原始事实、是信息的表现形式和载体。信息是对数据的解释、运用和计算,是数据处理的结果,是数据的内涵。

我们现在处于"大数据时代"。麦肯锡全球研究所对大数据(Big Data)的定义是:一种规模大到在获取、存储、管理、分析方面大大超出了传统数据库软件工具能力范围的数据集合,具有海量的数据规模、快速的数据流转、多样的数据类型和价值密度低四大特征。大数据的战略意义在于提高对数据的"加工能力",通过"加工"实现数据的"增值"。

1.3.6 文献的出版形式

人们要充分利用文献获取有价值的知识,首先要了解文献的种类、每种文献的知识范围和特点,然后才能有效率、有针对性地使用文献。

我们日常接触最多的按出版的形式划分的文献是图书和期刊,除此之外还有 8 种特种文献,它们常合称为十大文献信息源。

1. 图书(Book)

1)定义

图书,即我们通常所说的书籍。联合国教科文组织将其描述为,由出版社出版的不包括封底和封面的 49 页以上的印刷品,具有特定的书名、著者,编有国际标准书号、有定价并取得版权保护的出版物。

2)图书的特点与分类

图书一般是论述或介绍某一领域知识的出版物。其特点是内容全面系统、成熟可靠,从图书中可以获得通用性知识,可以得到某一学科、某一专题、某个问题的全面而系统的知识,它是获取知识的主要来源。因其出版周期较长,内容更新相对慢,适用于系统学习或了解某领域一般性的问题。依使用要求不同,图书一般分为教科书、科普读物和一般性生产技术性图书等阅读型文献;字词典、手册、年鉴、百科全书、指南图谱,以及文摘、索引、题录(目录)等参考工具书型文献;具有独创性和创新内容的专著或丛书等原始文献。

3)国际标准书号

国际标准书号(International Standard Book Number,ISBN),是专门为识别图书等文献而设计的国际编码。2007 年 1 月 1 日起,实行新版 ISBN,新版 ISBN 由 13 位数字组成,分为 5 段。如 978-7-121-19641-9,第一段是前缀码,"978"是 EAN(欧洲商品编号图书产品代码,新成立的出版机构则加上前缀"979");第二段是国家、语言或区位代码,"7"代表中国;第三段是出版社机构代码,"121"代表电子工业出版社;第四段是书序号,"19641"代表出版的第 19641 种图书;第五段为校验码,"9"就是用来检验前面数字是否准确的校验码。ISBN 可作为查找图书的一种快捷、准确的途径。

辨识图书的主要外部特征有:书名、著者、出版社名称、出版地、出版时间、总页数等,以及英文单词 Press、Publication(PUB.)、Publishers 等。

4)在版编目

在版编目(Cataloguing In Publication,CIP)是用于记录包括图书识别特征和内容主题在内的检索点，主要包括书名、责任者、版本项、出版项、分类号等。图书 CIP 数据示例如图 1-1 所示，其中 CIP 数据核字号由 10 位数字组成，前 4 位数字为该数据被核准的年份，后 6 位数字为该数据被核准的流水记录号。

图书在版编目（CIP）数据

信息检索、利用与评估／张毓晗著. －－成都：电子科技大学出版社，2020.4
　　ISBN 978－7－5647－7757－9

　　Ⅰ．①信… Ⅱ．①张… Ⅲ．①信息检索 Ⅳ．
①G254.9

中国版本图书馆 CIP 数据核字（2020）第 056201 号

图 1-1　图书 CIP 数据示例

2．期刊（Periodical）

1）定义

期刊也称为"杂志"。期刊是具有固定刊名、统一的出版形式、按一定规律或周期出版并具有连续编号的连续出版物。

我们目前获取参考资料的主要来源是科技期刊。科技期刊内容新颖，出版速度快，信息量大，一般具有原创性的观点和科研成果，是传递最新科技信息的主要文献形式，它适用于了解某领域最新科研成果和学术思想动态，一般占检索来源的 50% 以上。

2）期刊的特点与分类

与图书相比较，期刊的出版周期短，多为月刊、季刊，也有半月刊和周刊，刊载论文的速度快、数量大、内容新颖、发行与影响面广，能及时反映国内外科学技术的新成果、新水平、新动向。

期刊按照性质和用途主要分为学术性期刊、行业期刊、检索性期刊及大众期刊。

学术性期刊是一种经过同行评审的期刊，发表在学术期刊上的文章通常有固定的学科。学术期刊展示了某领域的科研成果，是更新知识的源泉，其内容主要以原创研究、综述文章等为主，如《中国电机工程学报》《中国社会科学》等。

行业期刊主要发表各行各业的产品、市场行情、经营管理的动态等，如《电子产品世界》《中国服饰》等。

检索性期刊是文献工作者通过对原始的文献进行分析整理，选择加工而形成的对原始文献的摘要信息，附有一定的检索途径，可供读者查找原始文献，如《全国报刊索引》等。

大众期刊强调知识性和趣味性，读者面比较广，如《读者》《青年文摘》等。

3）国际标准刊号

国际标准刊号（International Standard Serial Number，ISSN）是国际通用的连续出版物识别代码，由 8 位数字组成，前后 4 位数字用"-"连接，如《大学图书馆学报》的 ISSN：1002-1027。

4）国内统一刊号

国内统一刊号是指我国报刊的代号，是报刊管理部门为了便于报刊统计、管理按一定规则进行排编的号码总称。国内统一刊号以《世界各国和地区名称代码》(GB 2659—86)所规定的中国国别代码"CN"为识别标识,由报刊登记号和分类号两部分组成,两部分之间以斜线"/"分隔。如《大学图书馆学报》的 CN 11—2952/G2。

期刊的主要外部特征有:刊名、卷号(Vol.)、期号(No.)、年月;论文篇名、著者、著者单位、论文起止页码、国际标准刊号(ISSN);以及英文单词 Journal(J.)、Transaction(Trans)、Paper、Thesis、Dissertation 等。

3. 科技报告(Scientific and Technical Report)

科技报告是国家政府部门或科研生产单位关于某项研究成果的正式报告,或是研究过程中的进展报告。由于科技报告是对某一专题或专项研究的实际内容和成果所做的客观分析,因而能反映一个国家或某一尖端科技领域的最新最高科研状况,是重要的原始文献信息来源。科技报告自 20 世纪 20 年代产生以来,发展迅速,已成为继期刊之后的第二大发表科技最新成果的文献类型。其特点是内容专业新颖、详尽可靠,往往以专题单独成册,编号统一,一般由主管机构连续出版。通常以正式报告、技术札记、备忘录、通报或专利等形式出版,按密级分为绝密、秘密、内部限制发行、公开等类型。

比较著名的科技报告为美国四大报告:国防报告[AD(ASTIA Documents)报告]、商务报告[PB(Publishing Board)报告]、能源报告[DOE(Department of Energy)报告]、航空航天报告[NASA(National Aeronautics and Space Administration)报告]。我国《中国科学技术发展报告》《中国核科技报告》《中国国防船舶科技报告》等科技报告,可通过"国家科技报告服务系统"和"中华人民共和国科学技术部网站",以及中国科技成果数据库、航空科技报告文摘数据库、万方知识服务平台科技成果数据库等进行检索。

科技报告的主要外部特征有:报告题目、责任者、研究机构或典藏机构、完成时间、报告号等,明显标识有:报告号 Report No.和 AD-A207616 等,英文单词 Report、Memorandum 等。

4. 会议文献(Conference Literature)

会议文献是在国内外学术会议上交流或宣读的论文、研究报告等文献资料。学术会议常以专业问题研讨、科研创新评判等为主题,反映某一区域、某一国家的某个科学技术领域最前沿或最高成就的科研水平和趋势,是我们获得新信息的又一来源。狭义的会议文献指会议论文,广义的会议文献不仅仅是会议论文,还包括与会议有关的通知、报告、记录等文献。

会议文献的特点是专业性、学术性强,选题集中,研究专深,成果创新。一般产生会前、会中、会后文献三种。会前、会中文献往往是讲话、记录、安排等临时性材料,会后文献是主办方整理发表的正式会议资料,一般采用汇编、论文集、报告、专辑等名称,以期刊论文、图书或连续出版会议丛书(刊)等形式出版。会后文献通常以论文集的形式出版,是我们获取会议论文的重要途径。大多数会议都有官方网站,相关的会议文献也会通过网站发布。

会议文献的外部特征主要有:论文或报告题名、责任者、会议名称、时间、地点、主办单位等,明显标识有:英文单词 Conference\Symposium\Meeting、Congress、Assembly、Convention、Workshop、Paper 等。

5. 学位论文（Dissertation）

学位论文是指高等学校、科研院所的毕业生为申请相应学位而撰写的具有一定学术水平并通过公开答辩的毕业论文，包括博士论文、硕士论文、学士论文。学位论文的选题突出、内容专业，往往有独到结论，所附大量的参考文献列表都有很强的参考价值。学位论文一般不公开出版，有专门的收藏机构，具有一定的保密性，少数以报告或期刊论文形式发表。图书馆通常会收藏硕士和博士的学位论文，我国的博士论文需呈交给国家图书馆保存，所以我国博士论文的纸质版一般可以在国家图书馆找到。另外，也有专门收录学位论文的数据库，可通过 CNKI 中国博硕士论文全文数据库、万方中国学位论文全文数据库、CALIS 中文学位论文和中国国家图书馆、社会科学院、科技信息研究所等网络或机构查询。国外学位论文可以用 PQDT Global（国外博硕士论文全文数据库）查询。

学位论文的外部特征主要有：责任者、论文篇名、颁发单位名称、学位等级、授予年份等，明显标识有：英文单词 Thesis、Dissertation、PH.D、MS 等。

6. 专利文献（Patent Document）

专利文献主要指专利说明书，以及申请专利的有关法律文书、专利公报及检索工具等。专利说明书是专利申请人向专利管理机构提交的有关发明用途、内容和效果的技术性文件，具有一般性法律约束力，其特点是实用性、独创性和新型性，适用于广大工程技术、产品设计人员和科研工作者。其外部特征主要有：发明人（申请人）、专利名称、专利号等，其明显标识有：英文单词 Patent，专利号（如 Patent no.或 US Patent no.3077892,2005.）。

7. 标准文献（Standard Document）

标准文献是经评定机构或主管部门对工农业产品和工程建设质量、规格及检验方法制定、批准的必须执行或推荐执行的规范性文件，具有一定的法律约束力和时间限制。标准文献是经济活动现代化的技术依据，技术更新快，时效性很强，是一个国家生产工艺和技术政策的真实反映，是科研生产活动的重要信息来源。标准文献一般分为国际标准、区域标准、国家标准、专业（部）标准、企业标准等级别。其明显标识有：标准号码（如 ISO、IEC、ITU、GB 等）。

8. 政府出版物（Government Publication）

政府出版物是国家政府部门及所属专门机构发表或出版的文件，大致分为科技性文献（如科技研究报告、技术成果公告、科普资料、技术政策等）和行政性文献（如国会记录、法令、统计数据、方针政策等）。它能反映一个国家的科学技术、经济生产和政策的现状，内容可靠，对制定决策和科学研究具有一定参考价值。美国政府出版局、英国皇家出版局等都是专门负责办理政府出版物的专门发行机构。我国有《科学技术白皮书》《国务院公报》等政府出版物。

9. 科技档案（Archive of Science and Technology）

科技档案也称技术档案，是在自然科学研究和生产建设过程中形成的，由科研或生产建设部门归档保存的技术文件、图纸图表、数据记录、文字声像等科技文件材料，可以是复制本，包括任务书、协议书、审批文件、研究计划、大纲和技术措施、有关的调查材料（原始记录、分析报告等）、设计计算、实验项目、照片、影像、图纸数据、工艺卡片等材料。科技档案是实际科研生产活动的完整真实记录，其数量巨大，并具有一定的保密性，对科研生产工作提高质量、积累经验教训具有重要的借鉴价值。

欧盟等国家和地区非常重视科技档案的保存和使用。我国修订的《中华人民共和国档案法》和《科学技术档案工作条例》，规定各行业、各部门都应当把科技档案工作纳入科研管理工作。我国的科技档案保存于各级档案馆中，凭证使用。

10．产品技术资料（Product Literature）

产品技术资料是企业对其生产和销售的产品性能、构造、原理、用途、使用方法、操作规程、产品规格等的具体说明和介绍性文献，包括产品目录、样本、说明书、数据手册、厂商资料介绍等。其形象直观、图文并茂、技术成熟、内容具体、发行快而广、设计美观，为人们了解国内外产品技术、工艺水平和发展趋势、选购和进出口商品、研发设计等提供直接的参考信息。在产销会或厂家及其网站上能轻松查询和索取产品技术资料。

1.3.7　文献的载体形式

信息技术的快速发展，使文献的存储和传递载体的类型更加多样化。了解各种文献载体的形式及优劣可以帮助我们更恰当地传播和利用文献，文献载体形式及优劣对比如表 1-1 所示。

表 1-1　文献载体形式及优势对比

类　　型	定　　义	优　　势
印刷型	手写或印刷在纸张上记录信息	便于传统阅读、直接方便、易思考；存储信息量小、占空间大、长期保存要求高
缩微型	用感光材料记录信息，如缩微胶片、胶卷	方便保存传递；需使用缩微阅读机
声像型	以记录声音、图像为主的信息载体	形象直观、感受生动、有影有声
电子型	用电子技术记录信息在磁介质上，以计算机和现代通信方式传递信息，是机读型的发展形式	信息量大、易更新、可共享，具有交互性、方便查阅、无时空限制、成本低

1.3.8　文献的层次划分

知识产生和发挥作用的不同，导致反映知识的文献呈现出不同的层次。同时我们面对复杂而数量庞大的各种信息，若想高效获得有用信息，就要求我们对获取信息的主要对象——文献的内容层次和文献形成的次序有一定的了解，知识与文献图谱如图 1-2 所示，可以将文献分为四个层次。

1．零次文献（Zero Level Document）

零次文献又称灰色文献，是非正式出版的可公开传播、直接交流的部分信息，如手稿、私人笔记、信件、实验室记录、草图、参加展览报告等，是只属于个人或一部分人的财富。通过有意识地捕捉零次文献可以获取难得的有价值信息，但因零次文献未经科学验证，所以也要对其进行鉴别。

2．一次文献（Primary Document）

一次文献又称原始文献，是个人或团体以科研成果撰写或创作的公开发表的文献。一次文献的根本性质是原创性，是作者的首次发表和最新研究开发成果，如期刊论文、专利文献、会议文献、科技报告等。

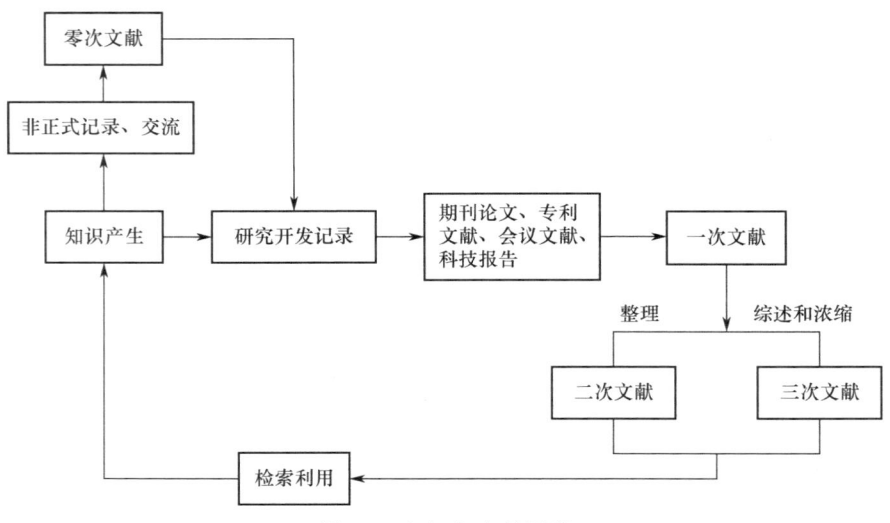

图 1-2　知识与文献图谱

3. 二次文献（Secondary Document）

二次文献又称检索性文献，是人们把大量分散无序的一次文献，按照一定的规则加工形成的产物，是可以查找一次文献线索的工具，包括以目录（题录）、索引、文摘等命名的检索工具，目前以大型的计算机检索工具为主。二次文献可以提供给信息需求者在较短时间内获得所需学科专业范围的信息资料的线索，引导其查到一次文献的原文。同时，将大量的同一研究范围内的线索较系统地汇集在一起，形成引文文献，又为丰富我们的研究和学习提供了一种知识性的工具。

4. 三次文献（Tertiary Document）

三次文献又称参考性文献，是围绕某个主题，利用二次文献收集某一主题的相关一次文献后，经过对内容的分析、概括、综合、评价而编写的文献，如综述、述评、百科全书、手册、年鉴、教科书等。

第 2 章　信息资源

2.1　信息资源的概念

从信息经济的理论角度讲，信息作为一种后工业时代的社会改造资源，是一种生产力。在信息环境中，信息作为资源在经济活动和社会交流中产生了经济效益，改变了社会活动的效率。从广义角度讲，信息资源是人类社会活动中大量积累的有效信息、信息生产者、信息技术、信息管理等要素的集合；从狭义角度讲，信息资源是人类社会活动中经过加工处理后积累的大量有效信息，包括以任何形式为载体的文献、数据、多媒体等信息。

信息资源是经过认知和改造并被利用的资源，已成为现实社会中促进发展和创造的最重要资源之一。

2.2　信息资源的种类

信息资源按不同的维度可以有不同的分类。

1．按表述和载体方式划分

按表述和载体方式划分，信息资源分为内隐信息资源和外显信息资源两种。

内隐信息资源：是指个人在社会活动中认知、创造、加工而成的积累或附着在某种载体上且未被传递利用的那部分有效知识。如中国"师授徒"的不外传秘籍，在一代一代人的头脑中储存，可长久保存，但易流失，是一种重要资源形式。

外显信息资源：是指人类在改造自然界和社会活动中创造的并物化在某种载体上传播利用的有效信息。包括传统信息资源和网络信息资源，可被广泛利用和传递，具有公共属性，可重复使用并创造新知识、新技术等。

2．按记录技术方式划分

按记录技术方式划分，信息资源分为传统信息资源和网络信息资源。

1）传统信息资源

传统信息资源包括口语信息资源、体语信息资源、实物信息资源和文献信息资源。

口语信息资源：以口头方式表述、以演讲授课等方式交流利用的信息资源，往往有重要的情报产生和传递，需要交流者具有很强的信息意识并加以捕捉和甄别。

体语信息资源：在特定文化背景和环境下，以表情、肢体、姿态表述，以表演、舞蹈、比赛等方式进行交流利用的信息资源。体语信息资源直观易察、感染力较强、表达信息多，交流者要有一定的文化背景和视觉专注力才能留下印象和反馈信息。

实物信息资源：以实物为载体形式的信息资源。分为自然形成与人工创造的实物两种，以文物、模型、样品、雕塑、碑刻、建筑物等实物形式进行展示交流。实物往往包含大量信息，真实客观，但信息隐蔽，交流者要有一定的专业知识和技能。在考证研究、生产仿制产品等方面，对实物信息资源的利用较多。

文献信息资源：用文字、图形、图像、音视频等方式记录在一定载体上的信息资源。其加工制作过程科学、承载知识系统可靠、便于保存和传递，是最常用、数量最大的信息资源。

2）网络信息资源

网络信息资源是以数字化和多媒体的形式将文字、图像、声音、动画等信息存储在光、磁等介质上，并通过计算机等现代通信技术传播的信息内容集合，也称电子资源。随着科学技术的发展特别是 3D 制作打印技术的日益创新和推广，网络信息资源可将传统信息资源全部数字化，包含人类认知知识的全部内容（目前除 Internet 外，还有其他局域网上的资源），其传递速度快，允许多人同时使用，能突破时空限制，使获取更为容易，已成为人们获取信息的主要方式之一。

网络信息资源可分为以下四种：电子出版物、网络免费学术资源、特色自有资源和其他资源。

电子出版物：国家批准的正式出版商或机构通过数字化加工并正式出版的电子资源，以各种数据库、产品库、多媒体和其他电子产品形式存储在网络上。其资源信息量大，学术价值和商用价值高，并配备专用检索系统和平台，使用便利，但必须购买使用，部分资源在购买后可存储在自有服务器上永久使用（即镜像），部分只能通过联网授权使用，商业化气息浓。其中的电子期刊、电子图书、会议论文、学位论文、专利、标准、科技报告等数据库已成为科研工作者的主要信息来源形式。另有部分以光盘形式存储的信息资源在局域网内或个人拥有使用。

网络免费学术资源：高等院校和科研院所、各种学术团体、行业商业部门、政府机构等以机构库、知识库等形式把自有资源整理后在网上公开，供人们全部免费或部分免费使用的信息资源，其是一种使用越来越多的一次文献信息来源，如对于 OA（Open Access）期刊、OA 文档、OA 仓储等资源，可利用专有检索系统或搜索引擎、学术资源学科导航、学术资源分类指南等公共检索系统进行使用；而利用高校图书馆的联机检索系统（OPAC），可查找该馆收藏的文献书目或部分文献全文。

特色自有资源：图书馆、情报机构、政府部门等制作的具有一定特定主题的电子资源数据库，一般不公开发行，在内部人员或协作部门等允许范围内使用。有些特色自有资源的价值非常大，获取较困难。

其他资源：网络上的 FTP 资源、音视频资源、社交网站（博客、播客、BBS、讨论区）资源等免费或部分收费资源。

2.3　信息资源的特征

信息资源作为一种生产力，为现代社会发展提供了巨大推动力和发展可能性，具有区别于物质资源、人力资源的特征。

1. 信息量大，增长快

人类的社会活动每天都会产生海量而无序的信息，且永不停止，导致人类知识的总量迅猛增长，被物化到载体上产生的信息资源也随之迅速增加。据统计，目前世界平均每天出版文献约 32 万件，因特网每天增长信息约 800EB，且日益丰富，科目繁多。信息资源的增长速度远远超过了人们正常的学习速度，信息资源的总量将伴随人类社会的进步和发展进一步呈几何式增长。

2．内容时效性强，更新快

人类社会发展促使生产力不断提高，产生的新知识、新技术、新产品、新事物层见叠出，不断地改变人们的认知，加速文献的推陈出新，促使信息资源的内容时效性明显提高。有数据显示，计算机方面知识平均每 6 个月就被更新一次，因特网上以 WWW 方式提供的新信息平均每过 53 天就翻一番。"文献的半衰期"（指某学科领域在用的全部文献中较新的一半文献的出版年限）大大缩短，特别是科技文献，如生物医学文献的半衰期已缩短至 3 年。

3．发展不均衡，分布规律差

世界各国、各地区在不同科学领域、不同行业的发展参差不齐，导致信息资源的产生和利用不均衡。发达国家在诸多领域掌握着核心技术，使得高精尖人力不断涌向发达地区，形成信息资源越来越向这些地区集中的局面；同时，学科发展分化、融合，使得作为特定对象的交叉学科、边缘学科、分支学科、综合性学科大量出现，信息资源也随之难以集中体现在某一学科或领域内。文献计量学中"布拉德福定律"统计的信息资源分布规律显示，某一学科专业的信息资源分散在其他相关专业载体上的往往比核心载体上的还多，这为信息资源的检索和利用带来很多困难。

4．共享性

随着知识不断产生和传播技术的进步，信息资源被更加广泛而频繁地利用，即使是专利，人们也愿意以一定成本分享；而网络资源更是被世界各地的人们在不同地点同时浏览、下载和利用。信息资源不再受时空和狭隘的观念束缚，能够被人们充分分享。

5．创造再生性

信息一产生便迅速被人们整理和加工，不同领域产生的知识能够产生不同的作用。对信息资源的有效利用，促进了其他领域（如物质资源、人力资源、资本资源）的附加价值产生，即无限增值，也就是在原信息资源基础上又产生了新的有用信息资源，形成了产生—利用—再产生—再利用的良性循环；同时，同一信息资源也会在不同行业和领域产生各自的价值，体现了信息资源的创造再生性。我国正处在"大众创业、万众创新"的实现中国梦的伟大时代，越来越多的中国人利用信息资源创造更多的新技术和新产品，促进国家的可持续发展。

第3章 信息检索

3.1 信息检索的概念

在培养了一定信息意识的前提下,我们要具有在信息环境中识别和获取所需信息资源的科学方法和工具,这种获取的过程就是信息检索。可以从广义和狭义两方面来理解信息来源。广义上讲,信息检索又称信息存储与检索(Information Storage and Retrieval),信息存储与检索是互逆的两个过程,信息存储是将信息按一定的规则和方法加工、整理、组织、存储在某种载体上;信息检索是按照相同的规则和方法,根据用户的特定信息需求,借助检索工具,把相关的有效信息提取出来的查找过程。存储是基础,检索是存储的目的。一般情况下,两个互逆的全过程是针对信息工作者而言的,后半过程是针对使用者,即用户而言的。狭义上讲,信息检索是指信息存储与检索的后半过程,即信息检出的过程。

我们看一个简单例子:图书馆使用《中国图书馆分类法》(以下简称《中图法》)存储和检出《超高压交流地下电力系统的性能和规划》图书的简要过程如图 3-1 所示。

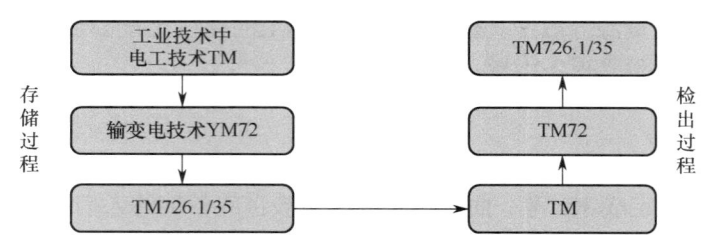

图 3-1 图书馆使用《中图法》存储和检出《超高压交流地下电力系统的性能和规划》图书的简要过程

从图 3-1 中可以看出,信息加工人员将此书按《中图法》分类到输变电技术 TM726.1 类目下,存储到图书馆书目数据库(OPAC)中,用户通过 OPAC,依照 TM72 或 TM726.1 就能从馆藏图书中查到该书或该类图书的详细书目数据,从而轻松浏览、借阅该书。因此,我们说信息检索对人们的日常学习、工作研究和生活娱乐有着非常重要和显而易见的作用。

3.1.1 信息检索的基本原理

虽然用户的信息需求和获取信息的途径不尽相同,但信息检索的基本原理是一致的,这便是用户的信息需求与文献信息资源的匹配过程。若用户需求与文献信息资源经过计算机计算比较相一致,则输出检索结果;若不一致,则检索失败,需要重新进行检索。检索的入口检索词根据信息加工存储时的各种著录标识来确定,包括文献信息的外部特征,即题名(书名、篇名、刊名等)、责任者(个人或团体)、号码、文种、卷期、来源等;以及内部特征,即分类号、主题词(关键词)等。

一般检索的流程为:输入用户需求—输入检索词—文献信息资源(数据库)匹配—检索结果输出。

3.1.2 信息检索的类型

信息检索根据不同的标准可分为以下类型。

1. 按检索内容划分

（1）事实检索，也称事项检索，一般以事实资料或概念作为检索对象，是利用参考性工具（百科全书、年鉴、手册、名录词典等）或数据库查找特定事件及其相关内容的检索。检索过程往往要借助检索工具的智能分析和逻辑运算，检索结果往往是原始信息或比较确定的客观事实说明。如利用"百度百科"查找"共和国勋章"获得者的情况，结果输出"于敏、申纪兰、孙家栋、李延年、张富清、袁隆平、黄旭华、屠呦呦、钟南山"；利用中国知网（CNKI 网络工具书总库）查找"事实检索"的确切含义等都是事实检索。

（2）数据检索，也称数值检索，一般以数值或图形、图表形式的数据作为检索对象，是通过参考工具书或网络和数据库查找所需信息的检索。检索对象常是各行业统计数据、设备参数、号码账号、银行账号、化学分子式、某种物质的非数字数据等，以及图表、图谱、物质的各种特性等非数字数据。数据检索的结果往往是确定性的信息，是经过专家测试、评价、筛选的，可直接使用的科学数据。如检索"2021 年中国国民生产总值"、利用《电气工程电气设计手册》检索"交流励磁机励磁系统的装置与设备"的设备参数和非数字资料等都是数据检索。

（3）文献检索，一般以文献（题录、文摘或全文）作为检索对象，是利用检索工具书或文献数据库、搜索引擎等查找存储在检索工具或信息实体收藏地中的用户所需文献信息的检索。文献检索以获取所需文献线索、获得原始文献为目标，是信息检索的核心部分。例如，查找"我国特高压电网建设"的相关建设规划、论文、专利、标准等就是文献检索。利用不同的检索工具，检索结果的相关度和数量会有差异，检索结果的文献类型也会不同。

2. 按组织方式划分

（1）网络资源检索，是一种利用计算机对各种类型、不同媒体的信息资源的检索。其不受时空限制，数据资源呈现实时快速、共用共享的特点，成为日常学习工作、调查研究、生活娱乐中较广泛的查找信息的方式。

（2）全文信息检索，也称全文数据库检索，是由一种计算机智能地对网页或数据库的全文信息进行逐一扫描、比对与检索要求的相关性，将符合要求的内容排序输出的检索。

（3）超文本检索，是利用 HTTP 协议等对互联网每个节点中所存在的信息及在信息链接构成的相关网页中进行的信息检索，一般适用于浏览式的检索。

（4）多媒体检索，是对文本、图形图像、声音视频等多种媒体数据的检索，检索结果不仅包括文本，还包括声音、影像。

3. 按检索方式划分

（1）手工检索，是人工利用传统的纸质检索工具（目录、索引、文摘等工具书）直观地对信息资源线索的查找。手工检索速度慢、漏检多，适用于较简单的检索。

（2）计算机检索，是利用计算机和通信设备查找所需信息的检索方式。其速度快、方便灵活、较全面、能编辑，需要人机协作。检索者要具备一定的检索技能以提高查找信息的准确率。

3.1.3 信息检索语言

信息检索语言是信息检索的专业术语，是信息资源存储和检索的专门工具，是人工创造的用来描述检索工具中信息资源的外部特征和内部特征，并表达检索者信息提问的专门语言。检索语言所使用的词汇和号码是用来表达信息主题概念的，其作用是：一方面，信息工作者利用检索语言把信息资源存储成机读数据，形成检索工具或文献数据库；另一方面，检索者利用相同或近义的检索语言把所需信息查找出来。检索语言在检索时就是检索者使用的检索标识，即检索词，如词、词组、号码等。掌握好检索语言是实施检索和提高检索效果的关键因素之一，检索语言是检索与存储之间的桥梁，如图 3-2 所示。

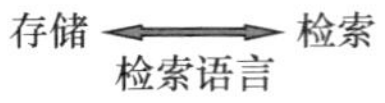

图 3-2 检索语言是检索与存储之间的桥梁

描述信息资源的外部特征的语言有题名（书名、篇名、报告名称、专利名称等）、责任者（个人、团体）、号码等；描述信息资源内部特征的语言有主题语言、分类语言等。主题语言易上手，是检索者初学检索时常使用的工具，使用主题语言，检索者能依据其掌握的专业知识提出较多的表达需求提问的词语，查全率较高；而使用分类语言，检索者能从学科、专业角度查找与所需内容相关度较高的信息资源，检索结果集中在某一领域，查准率较高。主题语言和分类语言各有优点，在进行复杂的课题研究时往往互补使用，以提高检索效果。

1. 主题语言

主题语言是直接用词语表达各种概念的描述性语言，用名词、名词性词组或词组组配描述事物概念。主题语言间接揭示概念间的关系，使用的词语可以是自然语言中的词汇、规范化的人工词汇，通过概念组配来表达文献信息的专指概念。主题语言利于检索者查找专指性强的文献信息资源，可以直接用能代表文献信息内容的主题词作为检索词，而不用考虑学科属性和熟练掌握《中图法》的分类表。表达文献内容的主题词一般有 3～5 个，这为检索者提供了多个检索的入口，同时检索者也可以列出主题词的近义词、同义词、相关词，用来扩大检索的途径，提高检索的查全率和查准率。

主题语言常用的有关键词、叙词两种。

关键词是从文献题名、文摘或正文中选出的表达文献主题内容的名词，一般选择具有实质性意义的词语，像"研究、设计、与、的"等非实质性词汇不予选择，通常还可以选取尽可能多的近义词、同义词、相关词共同作为检索词。

叙词是以规范化的词汇或词组的组配来表达文献主题内容的主题语言。叙词需要将抽取的关键词、自由词，通过查找《汉语主题词表》或《中国分类主题词表》转化成主题词表中的规范词汇或词组，作为正式的检索词，从而获得专指度更高的检索结果。使用《汉语主题词表》转化主题词时，可用表中的"用（Y）、代（D）、属（S）、分（F）、族（Z）、参（C）"6 种词间关系获得较多的相关主题词、上位词、下位词等，共同作为正式检索词，提高检索效率。使用《中国分类主题词表》还能在主题语言和分类语言之间准确切换，方便检索者使用多种途径进行检索。例如，"永磁直驱风力发电机组仿真与最优运行研究"主题词的抽取与转化如表 3-1 所示。

表 3-1 "永磁直驱风力发电机组仿真与最优运行研究"主题词的抽取与转化

研究题目		永磁直驱风力发电机组仿真与最优运行研究
主题概念	提取关键词	永磁直驱风力发电机 仿真 运行
	主题词	永磁发电机 计算机仿真 经济运行分析
	上位词	发电机 模拟
	同义词	永磁电机 直驱风力发电 永磁直驱发电机 永磁同步电机 模拟器 软件仿真 运行模式 经济模式
	相关词	清洁能源 风力发电 仿真模型 仿真分析 低电压穿越 LabView

2. 分类语言

分类语言是以号码（字母+数字）的形式，用分类号和类目表来表达文献信息主题概念的检索语言。先用分类号表达各种知识的概念体系，揭示知识概念的关系，从而形成表达学科、专业隶属等关系的知识逻辑体系；再使用分类表把同一学科、同一专业、同一属性的文献信息集中放置在各自对应的类目之下，可以很好地满足使用者按学科、专业来获取信息资源的需求。比如，检索外文或专业性很强的资源时，分类号能帮助检索者在专业外语不精通、专业知识不精深的情况下能查到较多的该类文献。

在我国，最常使用的分类语言工具是《中图法》，它用分类表形式表述知识门类的类目，按学科属性把学科、专业组织在对应的类目下，共形成五大部类，二十二大类，分别用 22 个字母表示（见表 3-2、表 3-3）。在图书馆等信息资源收藏地，图书、期刊中的过刊、光盘资源、特色资源等十大文献信息源多采用《中图法》进行存储和检索。以典型的图书分类为例，通过分类能把内容相近的图书集中在一起，给出顺序号（种次号），使其排列有序，便于图书馆的管理和读者检索使用。其他类型文献也以同样的方法归类管理和使用。

表 3-2 《中图法》简表 五大部类 二十二大类

A 马克思主义、列宁主义、毛泽东思想、邓小平理论	B 哲学、宗教	C 社会科学总论	N 自然科学总论	Z 综合性图书
		D 政治、法律	O 数理科学和化学	
		E 军事	P 天文学、地球科学	
		F 经济	Q 生物科学	
		G 文化、科学、教育、体育	R 医药、卫生	
		H 语言、文字	S 农业科学	
		I 文学	T 工业技术	
		J 艺术	U 交通运输	
		K 历史、地理	V 航空、航天	
			X 环境科学、安全科学	

表 3-3 《中图法》简表 T 工业技术二级类

TB 一般工业技术	TJ 武器工业	TQ 化学工业
TD 矿业工程	TK 动力工程	TS 轻工业、手工业
TE 石油、天然气工业	TL 原子能技术	TU 建筑工程
TF 冶金工业	TM 电工技术	TV 水利工程
TG 金属学、金属工艺	TN 无线电子学、电信技术	
TH 机械、仪表工业	TP 自动化技术、计算机技术	

分类号的应用：一是对文献进行知识分类以便于管理、排架、检索；二是编制索书号。如《直驱永磁风力发电机设计及并网控制》一书，依《中图法》分类号确定：

  T 工业技术
    TM 电工技术
      TM 0
      ……
      TM 3 电机
        TM30 一般性问题
          TM301 电机原理
          ……
        TM31 发电机 大型发电机组
          TM311 汽轮发电机
          ……
          TM313 永磁发电机
          ……

因为在图书馆中，该种类图书被第四次收藏，所以其书次号（种次号）被确定为"4"，故该书索书号为"TM313.1/4"。

各馆可能会对书次号有特别的规定，如在沈阳工程学院图书馆中，"I242.47/56，I242.47/56a"的书次号后面加了字母"a,b,c…"，表示该种书内容和作者一致，出版社、价格、译者等有所不同；"I242.47/58，I242.47/58=2"的书次号后面加了"=2,=3…"，表示该种书的第二版、第三版等新版本；"O13/56:1，O13/56:2"的书次号后面加了":1,:2,:3…"，表示该种书的第一册、第二册等分册、分辑；"Z523.1/2（1998），Z523.1/2（1999）"的书次号后面加了"（1998）、（1999）…"，表示该种书是1998年版和1999年版。

除《中图法》外，我国还使用《中国科学院图书馆图书分类法》《中国人民大学图书馆图书分类法》等，国外常使用《杜威十进分类法》（*Dewey Decimal Classification*）、《美国国会图书馆分类法》（*Library of Congress Classification*）。

3.1.4　信息检索的常用方法

根据检索者需求和目的可以选择适当的信息检索方法，方法得当既可以节省时间又可以提高检索的效果。常用的检索方法有常用法、追溯法、循环法，根据检索需求，几种方法也可混合使用。

1．常用法

常用法也称工具法，是按所需文献信息的时间顺序，以主题、分类、作者、题名等作为检索点，选取时间段来查找信息资源的方法，分为顺查法、抽查法和倒查法。

（1）顺查法，是一种根据课题所需文献信息的起始年代，利用某种检索工具或系统，依次由远及近逐年查找，直到得到满意的检索效果为止的方法。适合在大规模掌握某一专业领域的文献或课题研究范围较大时使用，查全率、查准率较高，但检索时间较长、工作量较大。

（2）抽查法，是一种利用某学科或某专业领域在发展高峰时段文献成果较多的特点，重点抽查这一时间范围内文献的方法。抽查法需要检索者熟悉该学科或领域发展脉络,检索效率高,但有漏检的可能性。

(3) 倒查法,与顺查法相反,是一种根据所需文献信息最近的年代,利用某种检索工具或系统,依次由近及远逐年查找,直到得到满意的检索效果为止的方法。适合在需要获得学科或专业领域最新的科研成果,以及新观点、新理论、新技术时使用,强调检索结果的新颖性。一般检索期刊论文、会议论文和科技报告时使用较多,常以 5 年为一个周期。

2. 追溯法

追溯法也称引文法,是一种跟踪现有文献后所附的参考文献,获得相同主题的更多文献,再从中选取参考文献,继续跟踪查找其使用的参考文献,"滚雪球"般获得大量相关文献的方法。追溯法可以短时间内获得大量文献,还能分析建立该主题的知识背景和进展情况,但查全率不高,有的文献较久远。

追溯法常用的工具有中国科学院情报中心的中国科学引文索引(CSCI)、南京大学的中国社会科学引文索引(CSSCI)、美国的科学引文索引(SCI)、社会科学引文索引(SSCI)、艺术和人文引文索引(AHCI)等。

3. 循环法

循环法也称交替法,是一种综合使用追溯法和常用法,先使用常用法查到一些文献,选取价值较大的文献,再按其后所附参考文献回溯查找,两个方法交替循环使用,直到得到满意的检索效果为止的方法。根据经验,一般 5 年内的文献引用率较高。实施检索时,可跳过回溯的 5 年,用检索工具查找一批相关度高的文献,再使用追溯法查找下去。

检索方法各有优劣,检索者可根据检索需求和目的、学科专业背景的掌握程度、检索工具的熟悉程度等选用合适的方法。

3.1.5 信息检索的途径

信息检索的途径是根据信息资源存储时描述的外部特征和内部特征确定的。检索工具或检索系统根据这些特征形成的标识,组织不同的检索入口、检索项、检索字段,即检索途径。根据文献的外部特征和内部特征,可将信息检索途径分为两大类型。

1. 描述文献外部特征的检索途径

文献的外部特征包括题名(书名、篇名、刊名、报告名等)、责任者(个人、团体、机构名称等)、号码(专利号、标准号、报告号、索引号等)。

(1) 题名途径,是一种以书名、刊名、篇名等作为检索入口的途径。适合在清楚知道图书、期刊、论文等文献的名称时使用,特点是快速、准确。目前的检索系统经常把名称拆分成几个词语进行较智能和模糊的检索,这样检索结果中常出现文献名称与检索词相关度不高的文献。

(2) 责任者途径,是一种准确知道文献作者姓名,以其姓名作为检索入口的途径。责任者包括第一作者、第二作者等,团体责任者、专利发明人、会议主办单位等。外国作者的名字和姓与中国作者的名字和姓排列顺序相反,往往名字在前,姓在后。中国作者的译名常有三种方式,如王筱明,译作"Wang Xiaoming""Wang X.M.""Xiaoming Wang"均可。通过责任者途径,还可以了解某些权威专家、学者在某一领域内的研究发展方向和趋势，长期跟踪可建立自己的相关知识背景。

（3）号码途径，是一种按照文献信息发布或出版、收藏时编排的固有顺序号码来检索文献的途径。号码途径需要事先已知某一文献编号，如科技报告号、技术标准号、专利号、馆藏号、索取号等，是简单直接获得文献的特性检索途径。

2. 描述文献内部特征的检索途径

在查找复杂问题、撰写论文及大型研究课题时，常使用描述内部特征的检索途径，如分类途径、主题途径。

（1）分类途径，是一种按照文献信息的学科、专业属性，以分类号作为检索入口的途径。分类途径体现了学科的系统性，可以查找该类目下集中的所有文献，在需求文献信息宽泛时（对应主题途径的专指性而言）使用，满足族性检索要求；可以保证较高的查全率，需要检索者了解《中图法》的分类表至少到二、三级类目，一般在做较大课题或综述等时使用较多。

（2）主题途径，是一种以表述文献内容的主题词（关键词、叙词等）作为检索入口的检索途径。主题途径需要检索者准确掌握专业术语，可不考虑学科属性，适用于检索专指性强的文献信息，或检索某领域的同主题文献，能够查找到分散在其他学科或领域的同主题文献，可以弥补分类途径的不足。主题途径的优点是选取主题词比较简单、方便，词汇概念组配较多，满足特性检索的要求。利用主题途径实施检索时，如果选取的关键词检索结果不理想，可提取更多的近义词、同义词、相关词，通过《汉语主题词表》规范成正式主题词，使用代用等关系提取更多的相关主题词，以得到满意的检索效果。

分类途径和主题途径各有所长，分类途径体现学科的系统性、知识的隶属关系，主题途径突出信息需求主题的专指性，当进行较大课题研究或复杂提问时，两者配合使用将取得较满意的检索效果。

除上述几种主要途径外，当有某种特殊信息需求时，还可以使用化学分子式途径、化学物品名称途径、引文途径等检索途径。

3.2　信息检索系统

3.2.1　信息检索系统的类型

在了解了信息检索语言、方法和途径的基础上，我们来介绍实施检索时必要的检索工具。检索工具分为手工检索工具和计算机检索工具两大类。目前计算机检索工具以其丰富的文献资源、快速获取和知识推送功能等优势越来越被普遍使用，本节主要介绍计算机检索工具，包括信息检索系统和公共搜索引擎两部分。

信息检索系统是计算机、通信设备、数据库或信息集合构成的信息服务系统。按其功能可分为四种：目录检索系统、文摘检索系统、全文检索系统、知识发现平台。

（1）目录检索系统，是对图书等馆藏资源及出版物进行管理和检索的工具。一般有由图书馆或出版社等机构建立的"联机公共目录查询系统"[简称 OPAC（Online Public Access Catalog）]和由个体机构联合建立的"联合联机公共目录查询系统"两种。联机公共目录查询系统，如图书馆利用专业的管理集成软件（汇文图书馆管理集成系统等）将馆藏文献编辑成"书目数据库"的，首先将文献目录内容加工形成 MARC（Machine Readable Catalog）格式的机读目录，继而运行在局域网上，利用图书馆集成管理系统的"检索模块"对馆藏文献的目录信息进行查询。联合联机公共目录查询系统，如中国高等教育文献保障系统（CALIS）建立的"CALIS OPAC"，称为"e读"，以"虚拟图书馆"的形式提供 700 多个成员机构收藏的文献信息。除此之外还有由某一区域或某一系统的几个机构共同建立的联合联机公共目录查询系统。

目录检索系统能提供定位书刊、个人信息管理、新书通报、读者荐购、撰写书评等功能。

（2）文摘检索系统，是提供文献信息资源的题录、内容摘要等信息的检索系统。目前主要的文摘检索系统是检索论文的文摘数据库，能提供题名（title）、作者信息（author information）、来源（source）、内容摘要（abstract）等论文信息。检索者可先根据内容摘要初步筛选该篇论文是否可用，再根据来源线索获取原文。如维普的"中文科技期刊数据库"（文摘版）、"外文期刊数据库"（文摘版），美国的工程索引（EI）数据库、科学引文索引（SCI）数据库、科学会议录索引（ISTP）数据库等。

（3）全文检索系统，是既能检索文献题录、内容摘要等信息并同时获得文献全文的大型检索平台。不仅提供题录、文摘、全文信息（有的全文检索系统还提供文献的相关拓展信息，如科研成果的研究机构、相关主题的文献作者、其他相似文献等），还可以使检索者获得某一主题文献信息资源较全面的资料，而且提供全文检索途径，可以提高检索的查全率。目前有中国知网（CNKI）、Elsevier Science、Wiley、SpringerLink、维基百科等大型全文检索系统。

（4）知识发现平台。检索系统发展的趋势是从资源发现（检索到所需文献信息）向知识发现（组织资源推送）转变的，知识发现平台是在提供所需文献信息基础上，根据检索者的提问，智能形成解决方案，挖掘检索者隐形的、潜在的信息需求，通过对检索结果进行有序组织和描述，提供检索结果的知识网络。知识发现平台能帮助使用者解决科研和学习问题，引导使用者发现更多未知信息资源。

直观地说，知识发现平台不同于传统的搜索引擎，它利用知识管理的理念，实现知识汇聚与知识发现，集成各种文献类型、结合搜索引擎、全文检索、数据库等相关技术，达到知识发现的目的，人们可在海量知识及信息中简洁高效、快速准确地发现和获取所需信息。知识发现平台的主要目标是更好地理解用户需求，提供更简单的用户操作，得到更准确的查询结果；提供检索者所需主题的研究人物、研究与生产机构、资助、相关主题、传媒（数据库）、相关领域、发展优势地区等的拓展信息，实现信息分析服务、评估服务和知识管理等强大功能。

目前主要的知识发现平台有读秀学术搜索、中国知网知识发现网络平台（KDN）、万方数据知识服务平台、维普资讯的智立方知识发现系统、Summon、EDS、Primo 等。

3.2.2 信息检索系统常用的运算符

在利用检索系统实施检索时，实质是将检索词与数据库或网络资源中的各对应信息项（标题词等）进行匹配。我们常用多个检索词来表达需求文献信息的主题概念，并根据检索的不同目的，使用运算符对多个检索词进行组配，表述检索词之间的逻辑关系，更准确地表达检索提问。这些计算机能够识别和执行的符号称为运算符，常用的运算符有布尔逻辑运算符、截词符和通配符、短语算符、字段限制符。

1．布尔逻辑运算符

布尔逻辑运算符是用来表示两个或两个以上检索词（检索单元）之间的逻辑关系的运算符，有三种方式：逻辑"与"（AND 或 *）、逻辑"或"（OR 或 +）、逻辑"非"（NOT 或 –）。例如，用布尔逻辑运算符表示两个检索词 A 和 B 之间的关系和运算结果如表 3-4 所示。

表 3-4　用布尔逻辑运算符表示两个检索词 A 和 B 之间的关系和运算结果

逻辑运算符	与（AND 或*）	或（OR 或+）	非（NOT 或–）
检索表达式	A AND B；A * B	A OR B；A + B	A NOT B；A – B
逻辑关系说明	A B 交集	A B 并集	A 不含 B
运算结果	A 和 B 交集部分	A 和 B 所有部分	A 不包括 B 部分

2．截词符和通配符

截词符和通配符是截断检索词的一部分以达到扩大检索范围的目的，增加命中结果数量的运算符，分为有限截断（用"？"来表示）和无限截断（用"*""$"来表示），是扩大检索范围的一种方法，在西文检索时使用较多。截词符和通配符运算情况及结果如表 3-5 所示。

表 3-5　截词符和通配符运算情况及结果

截词符和通配符	？（代表 1 个字符）		*（代表多个字符）		$（代表多个字符）
表达式	Theat？？	Wom？n	*-phenyl	红楼梦*	$magnetic
意义	后截断,检索词后截去 2 个字母	中间截断,检索词中间截去 1 个字母	前截断,检索词前截去若干字母	后截断,检索词后截去若干汉字字符	自动取词根
结果	Theater Theatre	Woman Women	o-phenyl P-phenyl	红楼梦 红楼梦补 红楼梦新补 红楼梦人物论	Magnetic Electrmagetic Paramagnetic

3．短语算符

短语算符是一种固定词组的运算符。其通常用双引号（半角）将检索词（词组）括起来，检出的结果与检索词完全一致，所以也称"精确检索"，在公共搜索引擎中也适用。

4．字段限制符

字段限制符是把检索词限定在文献的某一字段中，计算机只在这一指定的字段中匹配的运算符。它能缩小检索范围，提高检索的准确度。包含前缀方式和后缀方式两种方式，前缀方式用"字段=检索词"形式表达，后缀方式用"检索词/字段"形式表达。实例如下：

　　实例：AU=liuli

　　　　表示在 AU（作者）这一字段中查找刘莉（liuli）这一作者的文献。

　　　　Power plant/TI

表示在 TI（题名）这一字段中查找火力发电厂（Power plant）的相关文献。

字段限制符可以与布尔逻辑运算符组合使用，还可以同时多个组合连用，以扩大或缩小检索范围。实例如下：

实例：AU=liuli AND CS=Shenyang Institute of Engineering

表示同时符合作者为刘莉，作者工作单位（CS）是沈阳工程学院（Shenyang Institute of Engineering）2 个条件的检索。

Power plant/TI，AB

表示在文献题名中或在文摘中查找火力发电厂方面的相关文献。","功能与 OR（逻辑或）相同。

3.3 信息检索的步骤

根据研究课题所需的文献信息要求或一般性信息需求，检索过程包括提问，选择检索词、检索系统、文献信息类型，构造检索式，评价检索结果，输出检索结果和合理利用等一系列流程，合理的检索步骤能显著提高检索的效果，保证检索顺利进行。检索的实施可以是检索者独立进行的，也可以是检索者提出问题并与信息服务人员合作，共同解决问题。

检索者的检索要求和目的不尽相同，对于撰写论文、综述，调查研究、决策参考等目标相对明确的检索，我们可以归纳出如下几个步骤：问题分析与界定、选择检索系统（数据库）、选择检索途径与方法、制定检索策略并实施检索、整理和评价检索结果、获取原始文献并合理利用。在检索过程中建议做好记录，以便在修改检索策略和撰写研究成果时使用。

1. 问题分析与界定

无论是查找课题研究所需文献资源，还是日常的一般性信息查询，都要对提出的问题有基础分析和明确认识，若忽略基础分析就急于动手，则发生偏离真正需求方向的可能性很大，进而可能导致检索失败。

无论是进行文献检索、数据检索还是事实检索，首先要明确的是需要查找文献的学科范围、文献类型、文献语种、时间范围、地域范围、领域内专家学者等；其次要了解检索要求和目的，是为解决问题而追求查全、查准还是追求信息的新颖和成果的尖端；是为撰写论文还是解决技术问题或生活实际问题；是为一般性课题研究还是为重大科研项目；最后要提取主题词，尽可能准确地表述检索问题，这是后续检索的关键一步。选用主题词时应注意以下几点：

（1）选用规范化主题词。当所选的数据库具有规范化词表时，应优先选用该数据库词表中与检索课题相关的规范化主题词，以获得最佳的检索效果。

（2）选用常用的专业术语。在数据库没有专用的词表或词表中没有可选的词时，可以从一些已有的相关专业文献中选择常用的专业术语作为检索词。

（3）选用数据库规定的代码。许多数据库中的文档使用各种代码来表示主题范畴，有很高的匹配性，如专利文摘数据库中的分类代码、化学文摘数据库中的化学物质登记号等。

（4）选用同义词与相关词。同义词、近义词、相关词、缩写词、词形变化等应尽量选全，以提高查全率。

以"永磁直驱风力发电机组仿真与最优运行研究"为例研究问题，首先确定通过实验佐证来撰写学位论文，查找文献信息的时间为 10 年以内，地域范围是国内和国外，语种是中文和英文，文献类型是所有类型。其次进行试检索，抽取几个关键词，通过百度学术搜索、维普学术搜索和 CNKI 的"知识节"等初步查到相关的综述文章、重要研究机构、领域内专家学者等，通过快速阅读和部分精读这些文献了解他们的产品、观点等，归纳近 10 年科研成果、数据、观点、研究方法、国内外研究与应用现状、政策等材料，建立起研究的知识背景。最后，在此基础上通过借鉴相关文献的关键词和系统的相关词以及查阅《汉语主题词表》，进一步抽取和补充主题词和关键词、相关词。如风力发电是近几十年兴起的可持续清洁能源，写作目标暂定为利用永磁直驱发电机的工作原理和风力发电的原理，以及某种理论和方法，通过建立运行模型 LabView，进行仿真分析，不断实验测算，得到相关原理、数据的验证，将成果撰写成学位论文。

经过对以上问题的详细分析，就可以进一步考虑：

（1）研究问题是否过大或过小，是否需要调整？

（2）是学术性论文、综述性资料、原始成果、更专深的科技报告、课题总结报告、专利等都需要，还是只需要几个？

（3）是需要百科、年鉴、政府出版物的准确权威数据，还是一般性信息？

（4）涉及的问题涵盖单个学科还是跨学科，主题概念是宽了还是窄了？

（5）本地资源不够用，还能去哪里获得？国外资源获得渠道有哪些？能求助哪些专家学者？

分析问题的过程也是一个学习的过程，可以提高我们研究和解决问题的能力。

2．选择检索系统（数据库）

充分了解了检索的要求和目标后，便可以进一步选择使用哪些检索系统了。一方面，根据确定的学科主题范围、语种、文献类型，以及查新、查准、查全要求，确定是使用综合性检索系统还是专业性检索系统，国内的检索系统还是国外的检索系统，本部门的检索系统还是其他情报机构的检索系统；另一方面，要了解周围有哪些可以利用的检索系统，熟悉哪些检索系统，系统涉及的学科范围、文献类型、更新周期、检索功能和提供信息的特点，以及其是提供原文全文，还是只提供线索，是否是比较权威的产品等。

如果是一般性问题检索，可先使用网页、报纸、杂志类的报道描述；如果是了解信息有无，可选择图书馆等机构的 OPAC 等；如果是学术性文献需求的检索，并想获得原文全文，可以先考虑百度学术搜索、维基百科、百度百科等对问题进行全面的了解，进而使用纸质期刊和各类文献全文数据库；如果是系统了解学习，可以参考纸质图书、超星、书生、阿帕比等电子图书数据库或 CNKI 的参考工具数据库等；如果是查新查重，最好选用具有查新资质的机构和专门数据库；如果是与新技术、新工艺相关的检索，首选国家知识产权局、CSA（加拿大标准协会）等国内外专利、标准网站；如果有专业性较强的信息需求，如有电气工程类信息需求，则可选用 EI（工程索引）、IET（英国工程技术学会）的 INSPEC（英国科学文摘）、IEL（IEEE/IEE Electronic Library）数据库、CNKI、中国科学院数据库、万方科技成果数据库、CA（美国化学文摘）等。

选择检索系统的考量时，首先考虑专业对口、覆盖学科广、内容权威准确、报道量大且更新及时的检索系统；其次考虑检索功能先进、直接提供原文或原文 E-mail、远程原文传递等的检索系统。是否正确选择检索系统将直接影响检索的效果。

3．选择检索途径与方法

在确定了表述检索主题概念的检索词和检索系统后，下一步要选择相应的检索途径。检索途径包括主题（关键词）途径、分类（分类号）途径、责任者（责任者单位）途径、题名（书名、篇名）途径，以及号码（ISBN、专利号、标准号、报告号等）途径、基金途径、来源途径等。一般原则是事先确定文献名称、作者姓名、号码等，对应选择题名途径、责任者途径、号码途径等；若检索要求查全同一主题的文献，把分散范围较广的专指性同主题文献"一网打尽"，则对应选择主题途径；若检索要求学科系统性，查全该领域内的专业文献，则对应选择分类途径；若检索要求要查找出自某个基金项目或某种确定名称文献（比如刊登在某个期刊上）中的成果，则对应选择基金途径和来源途径。

检索方法的选择要根据检索的具体要求来定。如查找最新成果、发展动态、新技术等，首选倒查法；若要全面掌握某一主题的相关文献信息资源，则选择顺查法；若已知某种价值较大文献，则可利用后附的参考文献使用追溯法。若要达到较好的检索效果，则需依检索进程灵活、综合使用几种检索方法。

4．制定检索策略并实施检索

制定合适的检索策略有助于提高检索效果，一般检索策略都是在检索过程中被不断修改调整的。遵循的原则是：首先用前面拟定好的主要主题词（关键词）进行试检索，如果检索结果过多，范围过大，则选用下位词（概念小于该词语）或专指性更强的关键词；如果检索结果过少，范围过窄，则改选上位词（概念大于该词语）或拟定好的同义词、近义词、相关词等，并利用初步检索结果提炼出新的检索词。

检索提问式是计算机信息检索中用来表达用户检索提问的逻辑表达式，由检索词和各种布尔逻辑运算符、位置算符、截词符和通配符及系统规定的其他组配连接符号组成。检索提问式构建得是否合理，将直接影响查全率和查准率。构建检索提问式时，应正确运用逻辑组配运算符等扩大或缩小命中范围。另外，还要注意位置算符、截词符和通配符等的使用方法及它们与布尔逻辑运算符的组合使用。

构造检索式：利用布尔逻辑运算符 AND、OR 和 NOT，利用试检索的经验，构造综合检索式，比如"永磁直驱风力发电机组仿真与最优运行研究"的检索式可以构建为"（永磁直驱发电机 OR 直驱风力发电）AND（仿真 OR 模拟）AND 经济运行分析"。将检索式转化为检索系统中的检索项和逻辑组配，实施检索，观察检索结果。如果检索结果不理想，那么再调整检索式，直到达到满意的检索结果为止。或者利用试检索的结果，通过数据库推送功能，如 CNKI 的"知网节"提供的文献网络图、相似文献、同行关注文献、相关作者文献、相关机构文献等，得到更多的与某一主题相关性较高的成果。这个方法可以重复使用，直到对检索结果满意为止。

5．整理和评价检索结果

对检索结果的题录和文摘可以利用 NoteExpress、CNKI 的 E-learning 或数据库提供的整理功能按钮等进行初步整理。有选择地略读、粗度、精读所获文献的内容摘要，评价其利用价值，初步筛选，去除内容重复、过时、相关度不高的文献，保留内容相关、来源可靠、数据详实的文献，并选定检索结果的输出方式。

6. 获取原始文献并合理利用

目前，通过全文检索系统在购买的学科专辑范围内，检索者可以立即获得原文全文并下载到本地。检索者对于无权限的部分，可使用目录、文摘检索系统、外文文献检索系统获得的文献线索，通过文献传递、馆际互借、代购、复印、扫描等方式获取原文，也可通过本部门、本系统的信息机构提供的相关服务获取。

第 4 章　利用图书馆

前面三章介绍了信息素养、信息资源、信息检索的基本知识，下面介绍如何利用信息检索获得我们所需的信息资源。常利用的信息机构有图书馆、科技情报所、专业资料中心、资源型网站，以及文化休闲中心等。本章将介绍在校学习阶段大家接触最频繁和较熟悉的图书馆。

4.1　图书馆馆藏

4.1.1　认识图书馆

图书馆是一个专门收集、整理、保存、传播文献并提供文献利用服务的科学、文化、教育和科研机构，是当今社会最大的文献信息资源收藏和利用的公益性单位，是人们开展日常学习、教学和科学研究、生产和技术开发、文化休闲等活动的场所。在我国，图书馆经历了以藏书为主的"古代皇家藏书楼"、以藏用结合的"近代图书馆"和目前以读者使用为主、广泛使用计算机技术和通信网络技术的"现代图书馆"三个时期。图书馆肩负着保存人类文化遗产、开展社会教育、传播科学情报、开发智力资源四大职能，其存在和发展的形态，也因读者需求的变化和先进技术的应用，由传统图书馆、复合（自动化）图书馆向数字图书馆、智慧图书馆变革。在生产力快速发展和人们精神需求更高的今天，图书馆丰富的信息资源和提供的信息服务吸引着人们不断走进图书馆、爱上图书馆。

4.1.2　图书馆类型

按机构的性质、服务对象和收藏范围，现代图书馆可以划分为公共图书馆、高校图书馆、科学和专业图书馆三种类型。

1. **公共图书馆**

公共图书馆是由中央或地方政府管理与建设的向社会公众开放和服务的图书馆，发挥为大众和科学研究服务及提高全民族科学文化素质的重要作用。其类型包括国家图书馆和省（自治区）、市、县（区）等三级图书馆体系。国家图书馆负责收集保存国内所有重要公开和内部出版物，并购买了各种类型的外文纸质和电子文献资源，其收藏具有全面性和系统性。中国国家图书馆是世界五大图书馆之一，也是亚洲最大的图书馆。省、市、县等地方性公共图书馆收藏也相当丰富，具有综合性、普及性和较全面的地方性文献特色。

2. **高校图书馆**

高校图书馆一般指高等学校图书馆，是学校的文献资料信息中心，是为人才培养、教学和科研服务并提供一定社会服务功能的学术性机构。文献资料信息工作是高等学校培养人才、教学、科研和社会服务的基本条件之一。高校图书馆在收藏和开发文献信息资源时，多结合本校所设置的学科和专业领域、学生的综合素质培养，具有系统性和学科特色。对本校教学参考资料入藏丰富，并开发有本校学科和专业特色的自建文献信息资源，在某些重点学科和专业领域的文献信息资源能反映最高和最先进的成果水平。高校图书馆服务对象为本校师生，在某种程度也向社会群体开放，是学生在校期间学习专业知识和提高自身素质重要的课外活动场所。

3. 科学和专业图书馆

科学和专业图书馆是直接为科研和生产技术、生产任务服务的专业性图书馆。它包括中国科学院、中国社会科学院、政府部门所属研究机构、大型厂矿企业等建立的图书馆或技术资料室，以及中央或省市、工业部门的科技情报研究所建立的特色文献馆或资料室。服务对象主要是各种科学研究和生产技术开发专业人员，收藏以所属单位的科研、生产任务的文献信息资源为主，重点支持本单位科研和技术开发所需的专著、学术会议录、学术期刊和参考工具书等国内外最新的科学技术资料。收藏文献注重学科专业性、完备性和文献信息的时效性。

随着先进技术的应用，图书馆馆藏方式和服务手段等不断发生变化，致使图书馆在发展过程中呈现不同的形态。了解其不同形态，有助于读者更有针对性地使用图书馆。图书馆不同形态和特点如表 4-1 所示。

表 4-1 图书馆不同形态和特点

形态	传统图书馆	复合图书馆（自动化图书馆）	数字图书馆	智慧图书馆
内涵	对物理层次文献的收集、存储、著录检索、流通阅览，以印刷性文献为主	利用计算机管理软件对文献进行加工和管理，收藏印刷型文献和少量电子出版物	文献资源数字化和检索系统智能化，以数字信息资源为主	智能化馆藏资源管理，图书馆藏资源AI感知，自动知识生成和信息体系优化重构
职能倾向	注重馆藏	注重馆藏	注重用户	注重用户
工作手段	手工	将文献加工成书目数据库和专题数据库	使用集成管理软件将文献数字化，形成数据库	数字化、网络化、人工智能、5G、元宇宙等信息技术的应用
检索方式	手工卡片、书本式检索	使用书目数据库检索	智能化、发现式检索	智慧服务导向驱动智能化检索
服务范围	到馆读者	到馆读者和近地文献传递	无时空限制，面向所有读者	无时空限制，面向所有读者
资源建设	基本加工	基本加工和少量开发	文献资源开发	智能、智慧业务运行

在校大学生通过了解和掌握高校图书馆文献布局特点和使用方法，可以更好地利用图书馆丰富的馆藏资源，并使其成为学习科学知识的重要"课堂"；同时，也能为培养和锻炼学生的自学能力和独立研究问题的能力打下良好的基础。

4.1.3 图书馆的资源

图书馆的资源呈现多样性，主要包括纸质文献资源和电子文献资源两大类。纸质文献资源以图书、期刊、报纸和部分特种文献为主，电子文献资源包括本馆开发的自建数据库、书目数据库、购买的大型国内外专业数据库、光盘资源、学科信息导航库、专题资源推介等。有些图书馆将馆藏的印刷本信息资源扫描或数字化后做成电子版提供给读者，同时将大量的信息资源挂在图书馆网站上，供师生免费使用，大大增强了图书馆的信息服务功能。

图书馆的资源建设目前有了更科学的采访形式，提高了读者的介入程度。如以定期征询读者意见、提供读者荐购渠道、邀请读者参加直采等形式来提高文献入藏的质量。同时引进专业人才对本馆、本单位学术资源和网络资源进行开发组织，建设成自有特色资源。

图书馆资源的不断开放推动了区域或更大范围的资源共建共享、互补利用，这逐渐成为补充图书馆馆藏的一个重要途径。

图书馆的纸质文献资源是按学科属性集中排列并分藏在各个书库的。以图书为例，按《中图法》的分类号和种次号（顺序号）形成的索书号（详见"信息检索语言"一节），将同一个类目下的图书放置在一个区域的书架位置上，方便存储和查检，从而形成自然科学书库、社会科学书库等不同的书库。

随着图书馆资源建设力度不断加大、集成管理软件不断完善和检索系统功能不断强大，图书馆将拥有更为丰富的资源，实现资源特色化、服务现代化、管理规范化、队伍专业化的总体目标，并逐渐形成资源建设与知识中心、阅读推广与学习中心、信息服务与文化中心。图书馆必将成为信息领域高水平、多学科、特色化、开放化的集传统图书馆与数字图书馆于一体的复合型、智慧型图书馆，为读者提供更深入、更广泛的服务。

4.2 图书馆检索系统

图书馆检索系统包括联机馆藏目录和联机联合目录两种。联机馆藏目录通常只包括某一图书馆的书目信息，联机联合目录则是把几个或更多图书馆的馆藏书目信息集中在一起，利用统一的检索界面检索和显示各个图书馆的馆藏信息，如图书馆联机公共检索系统，即OPAC（Online Public Access Catalog），中国高等教育文献保障系统（高等教育数字图书馆），即 CALIS（China Academic Library and Information System）的联合目录公共检索系统（e读）就属于联机联合目录。OPAC通常能提供灵活多样的检索方式，除了可以从著者姓名、题名、主题词、关键词、索书号等途径进行检索，还可以进行限制性检索、布尔逻辑检索等。更重要的是，通过计算机和手机等移动终端，用户可以在图书馆以外的地方远程获取馆藏信息。

目前许多图书馆管理系统（如读秀、百链、EDS等）在图书馆得到广泛应用，它们能集成图书馆自建的书目数据库、特色数据库、机构库和外购的大型数据库等数字化资源，实现异构数据库资源的"一框式"检索、"一站式"服务，为读者使用图书馆资源提供更多服务。

4.2.1 图书馆联机公共检索系统

以沈阳工程学院为例，其图书馆联机公共检索系统（OPAC）页面如图4-1所示。

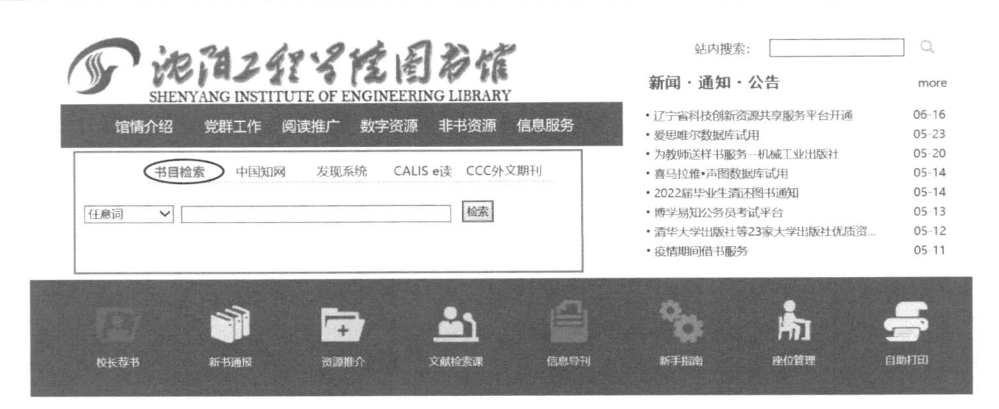

图 4-1　沈阳工程学院图书馆联机公共检索系统页面

该系统也可通过学校首页链接进入，其能为读者提供以下几种服务：

（1）本馆书刊信息检索。读者可以通过题名（书名、刊名）、责任者、主题词、分类号、出版社、ISBN/ISSN、丛书名等途径，查找馆藏印刷型文献和光盘等资源。

（2）分类浏览馆藏书刊。读者能够以学科分类角度浏览馆藏的图书和期刊、光盘等信息。

（3）在"我的图书馆"栏目下还可以实现：

① 个人信息查询。可以查找本人借阅册数、借阅权限、现借阅册数、借阅历史、预约信息等。

② 读者荐购。读者能利用图书馆发布的网上征订目录，或通过输入检索词并利用"搜索网络资源"功能查询书刊并向图书馆提交推荐采购书刊的信息。

③ 网上续借与预约。读者可以通过网上提供的续借和预约功能，远程实现所借图书的延期归还，以及未借图书的预定。

④ 新书通报。图书馆集成管理系统会依设定的期限（半个月或1个月）对新进的图书生成新书通报发布，读者通过查询可以第一时间获得图书馆最近上架新书书目信息。

⑤ 撰写书评。读者可以把读书感想、留言写下来与书友进行交流。

1. 检索方式

OPAC 的检索方式分为简单检索和高级检索两种。

1）简单检索

OPAC 检索系统中匹配方式有三种选择，以题名检索途径为例说明：前方一致，表示检索词与命中记录书名起始位置几个字符相同；完全匹配，表示检索词与命中记录书名完全相同；任意匹配，表示检索词与命中记录书名中任何一个位置几个字符相同。可见，选择任意匹配检索查全率较高。

以"永磁直驱风力发电机组仿真与最优运行研究"为例，提取的主要主题词为"永磁发电机"，利用简单检索查找本馆题名中任意位置含有"永磁发电机"的中文图书。以题名途径输入检索词的检索页面如图 4-2 所示。

第 4 章　利用图书馆

图 4-2　以题名途径输入检索词的检索页面

检索结果按入藏日期降序排列，命中检索结果页面如图 4-3 所示。

图 4-3　命中检索结果页面

单击选中图书书名，检索出该书书目信息、摘要信息等，页面如图 4-4 所示。

2）全文检索

可在全文检索输入框中手动输入检索算符。

空格用于区分多个并列条件。例如，"Oracle 数据库 sql"用于检索包含"Oracle""数据库""sql"的记录。

将检索词用双引号" "（半角）括起来表示完全匹配。例如，"Oracle 数据库"用于完全匹配检索项对应的文献文中含有"Oracle 数据库"的记录。

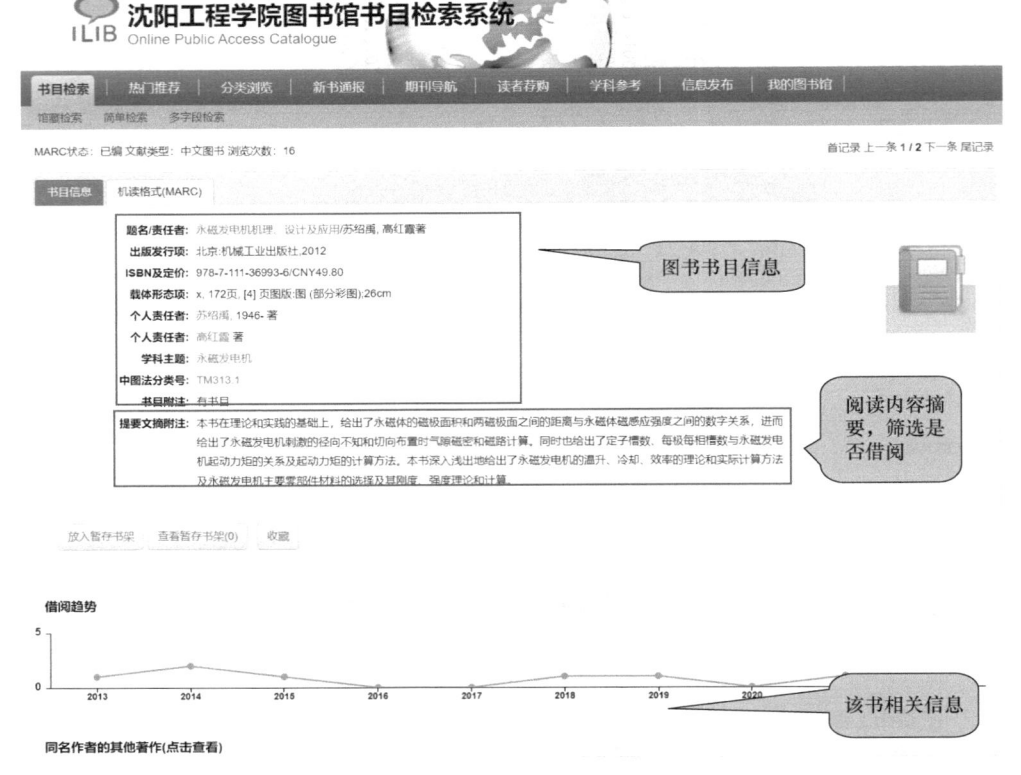

图 4-4 书目信息、摘要信息等页面

可使用通配符 "?"（代表一个任意字符）与 "*"（代表多个任意字符）进行检索，但不能使用前截断，即通配符不能出现在检索项的开头。

可手动输入逻辑条件 AND、OR、NOT（必须大写）进行检索。例如，（Oracle OR "sql server"）AND 数据库。

也可使用系统提供的框选逻辑运算符进行组配。

实例： 利用 OPAC 的全文检索，查找书名（题名）中含有 "永磁发电机"、作者为 "苏某某"、出版社为 "机械工业出版社" 的馆藏中文图书，利用布尔逻辑运算符，检索式为 "永磁发电机 AND 苏* AND 机械工业出版社"，检索结果如图 4-5 所示。

3）多字段检索

利用 OPAC 多字段检索，实现多个单词的组配来提高检索的查准率，缩小检索命中目标。

实例： 查找出版社是 "机械工业出版社"，图书主要内容论述 "永磁发电机"（主题词）的馆藏中文图书，利用布尔逻辑运算符，检索式为 "机械工业出版社 AND 永磁发电机"，检索页面如图 4-6 所示。

利用 OPAC 检索系统时，合理运用布尔逻辑运算符、截词符、字段限制符等可以提高检索的准确率和命中率。要充分利用屏幕在线帮助信息，例如，机读目录通常都有友好的人机界面，提供行之有效的在线帮助信息。在检索过程中，尤其是初次使用一个不熟悉的机读目录或在使用中遇到问题时，首先应该寻找和仔细阅读在线帮助信息。

图 4-5　检索结果

图 4-6　检索页面

4.2.2　中国高等教育文献保障系统

中国高等教育文献保障系统（China Academic Library & Information System，CALIS），是经国务院批准的教育部"九五""十五""三期""211 工程"中建设的面向所有高校图书馆的公共服务基础设施，整合了全国 1800 多家图书馆或科研机构的丰富收藏并建立联合目录公共检索系统（称为 e 读），集成中外文图书、中文期刊、报纸等文献，包括中外文学位论文、CCC（外文期刊）、特色库项目、CADAL（大学数字图书馆国际合作计划）等数据库资源，可以检索图书、外文期刊论文、中外文学位论文，还可提供部分中外文图书全文阅读、中文电子书章节试读、学位论文阅读等功能。该系统参与单位之间广泛开展虚拟参考咨询、馆际互借、文献传递等活动。

CALIS 联合目录公共检索系统的登录方式有两种，一是可以在其官网直接登录；二是通过本馆链接登录，以 IP 地址控制默认为有效账户。

1. e 读检索方式

1）从官网登录的检索

从 CALIS 官网首页登录 CALIS，检索页面如图 4-7 所示。CALIS 为用户提供一种更好的"一框式"整合检索服务，它能够对分布在本地和异地的各种异构资源提供统一的检索界面和检索语言。CALIS 检索系统可检索的资源类型包括原文、图片、引文、文摘、馆藏、相关文献等。CALIS 检索系统提供多种检索方式，包括简单检索、高级检索、规范检索、二次检索等，并支持多种检索运算符。为用户提供"我要提问""收藏夹""检索历史"等个性化检索服务。CALIS 检索系统还实现了与 CALIS 其他各种应用系统（如文献传递、馆际互借、电子原文等）的无缝集成，可以使读者更方便地访问国内外文献资源。目前，CALIS 检索系统已完成了近 100 个国内外电子资源数据库的跨库检索。

图 4-7 从 CALIS 官网首页登录 CALIS

2）从本馆链接登录的检索

从本馆链接直接登录 CALIS，检索页面如图 4-8 所示。单击"CALIS e 读"选项卡，输入"永磁发电机"，选择"题名"途径，选择查找"中文图书"，最后单击"查询"按钮进行检索。图书馆 e 读简单检索结果页面如图 4-9 所示。

第 4 章 利用图书馆

图 4-8 从本馆链接直接登录 CALIS

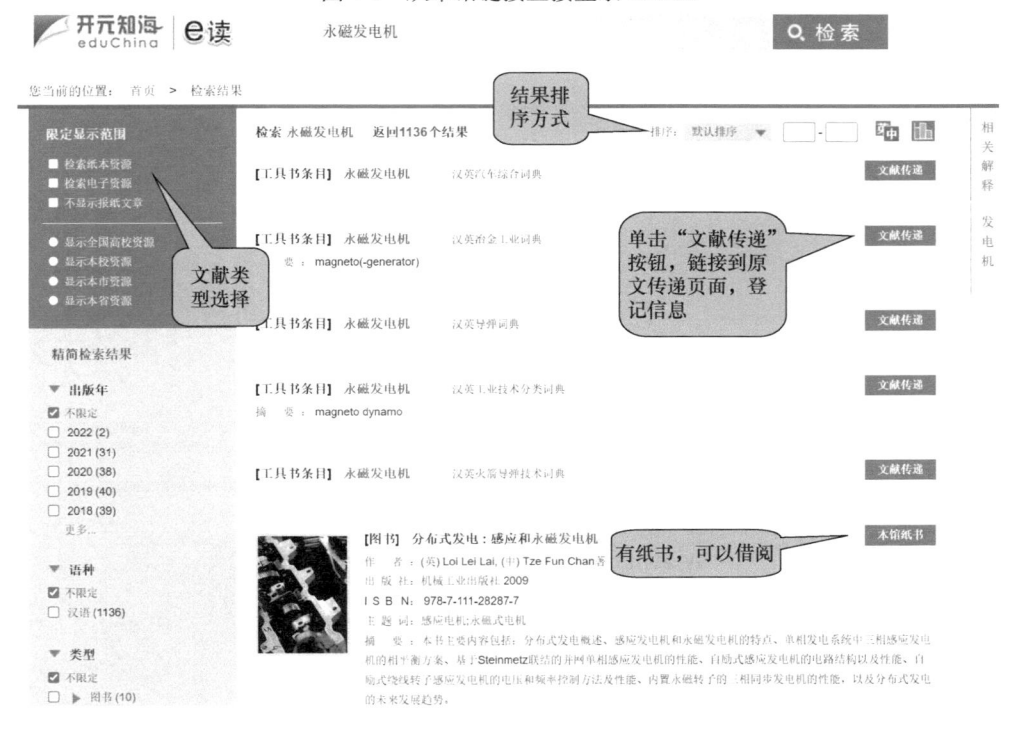

图 4-9 图书馆 e 读简单检索结果页面

2. CCC 西文期刊篇名目次数据库综合服务系统（CCC 外文期刊）

CCC 西文期刊篇名目次数据库综合服务系统包含 2.3 万种西文学术类期刊，涵盖 9 种著名二次文献的期刊收录数据，包括 100 多个大型图书馆的馆藏数据和 15 个已在国内联合采购的电子全文期刊数据库的全文链接（覆盖 8000 种以上期刊），具备篇名目次检索、馆藏期刊的 OPAC 链接、电子期刊全文链接，揭示 9 种二次文献收录情况、国内馆藏情况，可提供各种分类统计数据，并且无缝链接馆际互借和文献传递系统（需另购 CALIS 馆际互借和文献传递系统实现其功能），具备强大、准确的揭示功能，完善的链接功能和各种统计分析功能。

如图 4-8 所示，从本馆单击"CCC 外文期刊"选项卡，检索篇名中含有"power plant"的西文期刊论文。CCC 外文期刊简单检索页面如图 4-10 所示。

图 4-10　CCC 外文期刊简单检索页面

CCC 外文期刊检索结果页面如图 4-11 所示。

3. CALIS 馆际互借与文献传递系统

CALIS 馆际互借与文献传递系统简称"CALIS 文献传递网"，它实现了与 OPAC 系统、CCC 外文期刊篇名目次数据库综合服务系统、CALIS 统一检索系统等的集成，读者直接单击检索结果页面命中结果后面的"文献传递"链接，即可提交馆际互借申请，并且可以实时查询申请处理情况。

其提供的服务内容包括：

（1）馆际借阅（返还式）。提供本馆收藏的中文书和部分外文书的馆际互借服务。

（2）文献传递（非返还式）。提供本馆收藏的期刊论文、学位论文、会议论文、科技报告、专利文献、可利用的电子全文数据库等。

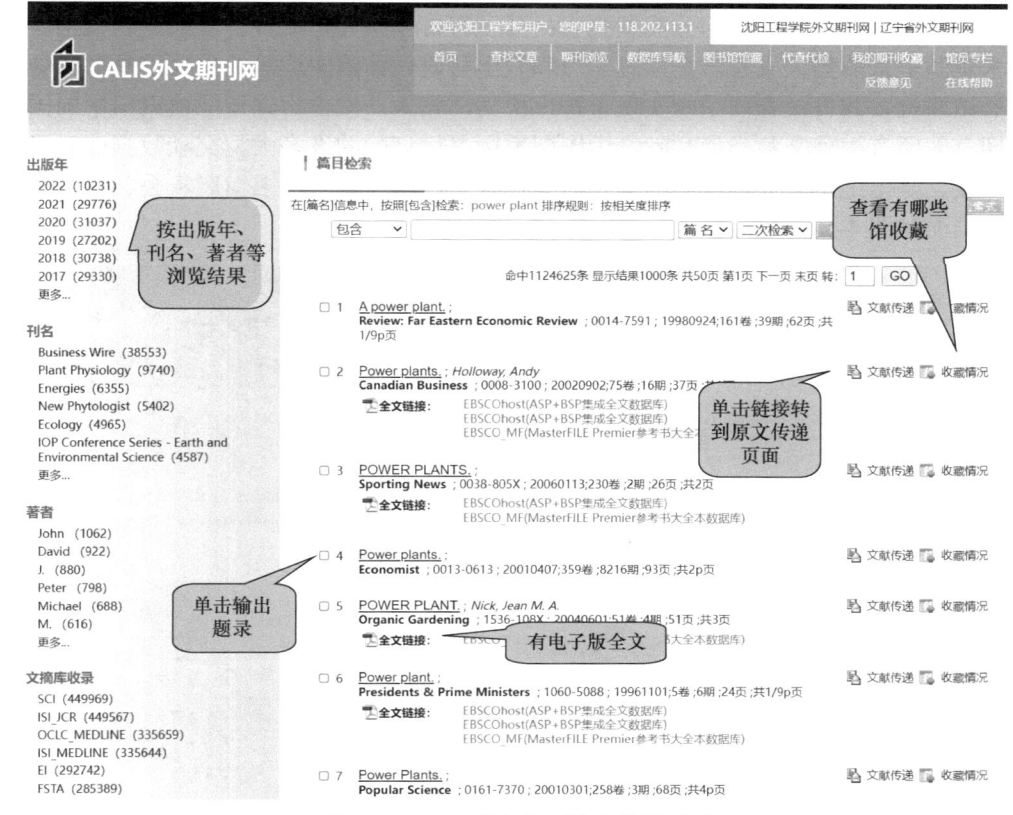

图 4-11　CCC 外文期刊检索结果页面

（3）特种文献。古籍、缩微品、视听资料等文献是否提供服务，各服务馆根据各馆情况自行制定。

（4）代查代检。接受用户馆委托请求，帮助查询国内外文献信息机构的文献和代为索取一次文献。

4．虚拟参考咨询平台

虚拟参考咨询平台，即分布式联合虚拟参考咨询系统。CALIS 建立了多馆参加的、具有实际服务能力的、可持续发展的分布式联合虚拟参考咨询服务体系，其在网上解答读者的疑问，实时地解答读者在使用数字图书馆中第一时间所发生的问题。其以本地化咨询为主，本地化咨询和联合异地咨询相结合的方式运作，采用文字解答、页面推送、同步浏览（后传送）等方式解答读者的疑问，并在知识库中存放一些经过咨询员编辑整理后的有价值的问答。

4.2.3　中国国家图书馆联机公共目录查询系统

中国国家图书馆，即中国国家数字图书馆，是国家的文献总数据库，属于综合性研究图书馆。它承担全国书目中心、图书馆信息网络中心的职能，面向全国读者开放。人们可以网上申请实名用户名和密码，远程登录使用其丰富的资源。它提供文津检索、馆藏目录、特色资源、地方馆资源搜索等检索方式；可以进行图书、期刊、报纸、论文、古籍、音乐、影视、缩微等文献信息资源的分类型检索；开发有古今中外、品种齐全的专题数据库，可谓学术资源丰富的集大成者，是读者学习和教学科研、休闲阅读等的重要信息源。中国国家图书馆联机公共目录查询系统实现了跨库检索，输入一次检索词便能检索出中国国家图书馆拥有的所有中外文各类型文献。中国国家图书馆订购的许多大型文献数据库对已申请用户开放，是本地馆未订购此类数据库的有益补充。中国国家图书馆联机公共目录查询系统检索页面如图 4-12 所示。

图 4-12　中国国家图书馆联机公共目录查询系统检索页面

除中国国家图书馆之外，中国科学院文献情报中心（国家科学图书馆）、国家科技文献情报中心（国家科技数字图书馆）、全国图书馆参考咨询联盟、清华大学等高校图书馆等的 OPAC 系统，都能为读者提供其收藏资源的文献书目检索服务。

4.3　图书馆服务

既然图书馆拥有如此多的文献信息资源和功能强大的管理系统，那么它能为读者提供哪些具体服务呢？

1. 文献外借和阅览服务

文献外借服务是指为满足读者的阅读需求，通过一定的手续，允许读者将文献借出馆外自由阅读，并在规定的期限内归还的服务方式。阅览服务是指图书馆为有效读者提供在本馆内进行阅读图书、期刊等活动的服务。文献外借和阅览服务是图书馆最基本的服务工作之一。在很多图书馆，读者可利用"自助借还机"实现自助借还。

2. 馆际互借和原文传递服务

馆际互借是签订互借协议成员馆和单位之间（目前已建立很多图书馆联盟），通过邮寄、E-mail 等方式借阅对方馆藏资源的服务。有了该服务，读者只要利用 CALIS e 读或其他馆检索系统查询到某馆收藏的文献，就可以通过本馆服务人员或收藏文献馆的服务人员，实现跨单位、跨地域的资源互借利用。比如，CALIS 的馆际互借系统可以提供网上的申请互借服务。

原文传递是根据读者需求申请，通过复印、复制、邮寄、E-mail、传真、QQ 等方式为其他馆其他地域读者提供本馆文献资源的服务，其中，文献包括中外文期刊论文、学位论文、会议论文、科技报告、专利、标准等纸质或电子文献。比如，CALIS 的"CADAL 项目"、中国国家图书馆、国家科技图书文献中心（National Science and Technology Library，NSTL）、中国高校人文社会科学文献中心（China Academic Social Sciences and Humanities Library，CASHL）等大型文献原文传递平台都提供该服务。其中，国家科技图书文献中心是 2000 年 6 月组建的一个虚拟的科技文献信息服务机构。其文献范围包括收藏和开发的理、工、农、医等各学科领域的科技文献资源，成员单位包括中国科学院文献情报中心、工程技术图书馆（中国科学技术信息研究所、机械工业信息研究院、冶金工业信息标准研究院、中国化工信息中心）、中国农业科学院图书馆、中国医学科学院图书馆，网上共建单位包括中国标准化研究院和中国计量科学研究院等。国家科技图书文献中心设办公室，负责科技文献信息资源共建共享工作的组织、协调与管理，同时还提供代查代借、引文检索、预印本等服务。国家科技图书文献中心文献检索与传递页面如图 4-13 所示。

图 4-13　国家科技图书文献中心文献检索与传递页面

提供馆际互借和原文传递服务较多的文献机构还有中国科技信息研究所（ISTIC）、清华大学图书馆、北京大学图书馆、万方知识服务平台、维普咨询等。

3．读者教育与培训

图书馆的职能包括针对读者开展教育与培训，引导和提高读者利用图书馆和网络资源的意识和能力。图书馆常通过开设文献检索课、举办专题讲座、播放网络教学片、举办检索技能大赛、组织个别咨询等形式对读者开展教育与培训。

4. 宣传报道和导读

宣传报道服务是指图书馆和文献信息部门利用书目进行数据推送和举办读书月活动等形式，向读者展示各种专题文献内容，宣传先进思想、科学知识以及广泛的文化信息，把读者最关心、最需要的文献及时展现在他们面前，以利于读者有效利用图书馆各种文献信息的服务。

导读又称阅读指导，是图书馆和文献信息部门根据社会发展的要求，采取各种有力措施主动地吸引和引导读者，使其产生阅读行为，以提高他们的阅读意识、阅读能力和阅读效益的一种教育服务，是图书馆工作中最主动、最有活力和最有前景的一项服务。导读最基本的功能就是保证文献充分有效交流，其主要作用是提高读者的阅读修养和阅读效益。图书馆通过导读服务，可以促使潜在读者转化为现实读者；可以提高读者的文献鉴赏能力，使其自觉地吸取先进的思想，树立正确的世界观和高尚的道德情操；可以帮助读者掌握一定的治学方法，取得较理想的阅读效果，从而形成良好的知识结构和丰富的知识储备。

宣传报道和导读服务常通过网站、微信、校报、宣传墙等媒介以宣传片、文字稿等形式开展，还可以通过举办主题讲座、系列讲座、专题活动（真人秀/系列讲坛）等形式吸引读者。大部分图书馆还开办内刊，以在校内发行或用于馆际交流。

5. 参考咨询和信息服务（知识服务）

参考咨询服务是图书馆根据读者需要，通过个别解答的方式有针对性地提供知识信息的服务，包括一般性书目参考和解答咨询两部分，有辅导性、事实性和专题性三种咨询模式，通常以文献信息资源为基础帮助读者解决具体问题，或协助读者进行检索等。

信息服务是指向读者提供有用的显性知识和知识发现式的内隐知识的服务方式。信息服务形式包括一般性参考咨询服务、传统的解答式（现场/电话/E-mail/QQ 等）咨询服务、定题服务、课题跟踪服务、代查代检服务等。

现代图书馆呈现复合图书馆的状态和特征，在网络环境和读者需求不断变化的情况下，信息服务开始进步为知识服务，表现出个性化、社会化、网络化、主动化、一体化的特点。知识服务是指以信息知识（显性知识和隐性知识）的搜寻、组织、分析、重组为基础，根据用户的问题和环境，融入用户解决问题的过程中，提出能够有效支持知识应用和知识创新的服务。知识服务表现为一体化的服务模式，即在网络环境下，集咨询功能、文献检索功能和文献提供功能于一体，能够提供最直观、最直接的全文信息浏览、数据文件下载和专门信息咨询服务，以及信息发送、网页制作、PPP 接入等信息服务。其一般以信息的挖掘与组织为基础，开展嵌入式、学科馆员、主动推送等服务。嵌入式服务是指将检索专业人员穿插到专业课堂中，利用 1~2 个学时专门讲授该专业信息检索知识，或嵌入科研团队、课题组，长期跟踪并提供其所需信息资源检索和整理分析服务；学科馆员服务，即具有某种学科背景同时受过文献情报专业训练的图书馆工作人员，与某一个院系或学科专业等对口单位建立联系，在院系、学科专业与图书馆之间架起一座桥梁，向特定学科领域的用户主动提供深层次、个性化信息获取与利用的服务；主动推送服务是指图书馆深入挖掘学科专业信息资源，建设分类导航、专题资源导航和特色自建数据库、机构知识库，并主动提供给用户的服务，一般发布在图书馆首页上，读者可公开获取或直接向图书馆索取该服务。另外，利用图书馆联盟或协议成员馆之间开展的代查代检服务，可为读者提供文献资源检索并获取原文、查阅成果被收录情况等服务。

6. 科技查新服务

科技查新服务是根据检索用户提出的某一特定项目或课题，拟定查新点，搜集国内外相关文献和科研成果，通过调查研究、综合分析对比以审查其新颖性，撰写有检索材料、有分析建议的查新结论报告的服务。查新结论报告可作为科研立项，产品、技术、方法等成果鉴定、专利申请，以及职称评定等科学可靠的证明依据。我国国家科研立项、成果鉴定、申报专利、研究奖项、职称评定等都必须附有查新单位出具的查新证明。查新机构必须是国家有关机构认定，具备开展科技查新资质的科技信息机构或图书馆；无查新资质的图书馆一般开展代查服务和咨询服务，为读者代查或解答其查新的某些问题。

4.4 利用图书馆的步骤

现代社会的人们往往"动一动手指""点一点鼠标"就能通过手机、计算机等设备在网上获得很多信息，随时查询、随时阅读，产生了"碎片化"的阅读方式。但纸质文献的阅读有其不可替代性。纸质文献阅读方式的最大优势是启迪"人的思维方式"，对提升大众整体素质和精神建设的作用不可估量。很多调查资料显示，发达文明国家每人平均年阅读纸质图书达几十册。我国近几年也在强化倡导"全民阅读"，鼓励通过阅读来提高大众的素质和能力，凝聚民族精神。

高校图书馆是收集和保存纸质文献最多的文献机构之一，同时，图书馆拥有良好的阅读环境和学习空间，还能提供多项服务，这些都为读者利用图书馆提供了有利的条件。

利用图书馆的步骤如下。

1. 图书等印刷型馆藏文献的借阅

首先要了解馆藏图书、期刊、特色文献等的收藏与排架。以典型的图书为例，大部分图书馆是以《中图法》对图书进行知识分类的，共分成 A 马克思主义、列宁主义、毛泽东思想、邓小平理论；B 哲学、宗教；C 社会科学总论；D 政治、法律；E 军事；F 经济；G 文化、科学、教育、体育；H 语言、文字；I 文学；J 艺术；K 历史、地理；N 自然科学总论；O 数理科学和化学；P 天文学、地球科学；Q 生物科学；R 医药、卫生；S 农业科学；T 工业技术；U 交通运输；V 航空航天；X 环境科学、安全科学；Z 综合性图书。根据分类，图书分别被收藏在社会科学书库（A，B，C~K，Z 大类）和自然科学书库（N~X）中，如果某一类或几个相关类图书数量大，就另设分书库。每个书库的书架侧面设有架标，列清本架图书的范围，书架上的每本图书书脊下端贴有索书号，每个书库的图书均按照索书号的顺序排列。

其次要通过图书馆联机公共检索系统检索到所需图书的索书号、馆藏地、副本量、可借状态等信息，记录下索书号和馆藏地书库名称。

再次要依据书库名称和索书号移步到相应的馆藏地书库，找到相应架标，找到对应索书号位置，定位该书。如沈阳工程学院图书馆中的《直驱永磁风力发电机设计及并网控制》一书，索书号为"TM313.1/4"，馆藏地书库为自然科学阅览室 401 室，可借副本为 5 册，其中 3 册目前可借。依据这些信息可到相应书库找到相应架标，依索书号的顺序号可定位该书。

最后一步就是借阅。可出示借阅一卡通到借书台办理手续，或利用自助借还机自助扫描完成借出。亦可在图书馆良好的阅读环境中阅读，阅读后最好放回原处。

2．电子和网络资源的检索使用

对于馆藏的电子资源，如光盘、自建数据库等，可利用图书馆首页的联机公共检索系统，或在首页打开自建数据库的链接，依提示进行下载，或办理相关手续进行复印、传递等操作。

第 5 章　网络免费资源的获取与利用

在我们熟悉了图书馆并能有效利用其文献信息资源和服务之后，我们就有了放眼更广阔的网络资源的基础，若要自由游弋、乘风破浪于知识海洋上，则需要一定的驾驭能力，即需要一定的使用互联网（Internet）的技巧。

互联网自 20 世纪 70 年代实现大发展之后，对我们的生活产生了革新性的巨大影响。特别是在我国提出"互联网+"概念后，互联网就进入了生产生活的各个领域。在日常生活、娱乐、学习、工作中，我们常常利用互联网进行一般性的数据查询或疑问解答，但也常常伴有一定的困惑，即命中的检索结果成千上万且千差万别，如何才能花费最少的时间和精力获得准确的答案呢？这就需要掌握一定的方法，积累一定的使用经验。值得注意的是，当我们进行学习进阶、科学研究、教育教学研究、技术开发等需要查找网络信息资源的活动时，我们需求的网络资源就有了明确的学术性，如果想快速、准确地获得网络学术资源，那么就要了解专门性的网络学术资源并学习相应的检索技能。

Internet 是海量网络信息资源的载体，网络信息资源包罗万象，既有政府发布的政策和数据、社会产生的生活生产信息、商业方面的经济金融信息，也有科学技术领域的最新成果；既有文化、娱乐方面的信息，也有教育性和知识性的信息，它们以文字、照片、图像、图形、声音、视频等静态或动态的形式存储在 Internet 上。网络信息资源本质上属于虚拟的信息资源，各大搜索引擎一般按照专业和领域组织信息资源，实现信息资源的局部有序化。在 Internet 上，大部分信息是免费的，检索者只要方法得当，并积累一定的检索经验，就可以从中找到大量免费的有用信息。

在大量的网络资源中，本书总结出了与学术相关的搜索引擎、学术门户、专门性网站、开放获取（OA）四类网络资源，这四类网络资源能有效帮助我们查找到所需的文献信息，对大多数检索者而言，这四类网络资源也是较为常用、易用的检索工具。

5.1　搜索引擎

针对具有知识性、学术性的网络资源，使用搜索引擎要有明确的目的，因为检索者检索目标的明晰程度决定了检索工具选择的正确性和检索结果的准确性，我们称此类检索为"目标性"检索，即直接到达信息源——用户根据检索工具的资源类别和特点，直接登录使用检索工具。比如，若要查找"电力市场"行业信息，则首选专业性强的中国电力网等行业网站，次选公共搜索引擎；若要搜索国内专利信息，则首选中华人民共和国国家知识产权局网站、中国专利信息网等，次选公共搜索引擎。同样，这种规则也适用于大型的数据库，如选用或弃用大型数据库中不相关的某些专辑、某种文献类型子库（如单选会议论文数据库，弃用学位论文数据库）等。

另外，要优先使用搜索引擎中的资源分类目录。网站的资源分类目录是大型网站管理人员精心编辑的，对于主题和学科属性相对突出的问题，其检索命中结果的数量和相关性更符合检索者的需求。比如，使用人民网中的分类目录"党政、要闻、观点、互动、可视化……"可进行分类信息检索。

众多的中外文公共搜索引擎可以分为综合性和专业性两种，我们选取比较常用的"百度"进行介绍，并列举一些其他的常用中外文搜索引擎。

1. 百度

百度是世界上最大的中文搜索引擎，是我国目前用户最多、搜索方式简单的大型公共搜索引擎，拥有万亿级的中文网页数据。百度首页提供了新闻、地图、贴吧、视频、图片、网盘等功能，"更多"中还有翻译、学术、知道、文库、百科等功能，单击"查看全部百度产品"链接，可以看到百度开发的丰富的检索项目。

我们在百度输入框中输入一个提问，很快就能得到大量的检索结果，但是在如此多的搜索结果中筛选出合适的答案成了一个难题。若要提高检索效率，则需要了解百度的检索技术，掌握一些查找专业学术信息的技巧。

1）查找专业学术信息的技巧

（1）选择准确的检索词。要想能选择准确的检索词，除了需要熟练掌握较多的专业词汇，还需要不断积累经验。在日常检索中，我们往往提取表述主题内容的关键词（自由词）及其同义词、近义词、相关词，如果要提高检索结果的相关度，那么需要事先利用《汉语主题词表》《分类主题词表》把关键词转化为表达内容更准确的主题词。

仍以"永磁直驱风力发电机组仿真与最优运行研究"为例，我们可以提取"发电机、永磁发电机、永磁同步发电机、永磁直驱风力发电机、永磁式电机、永磁直驱风电机组、机组、机组组合、仿真、计算机仿真、软件仿真、仿真模型、运行分析、运行模式、经济运行分析"等词汇作为关键词，利用《汉语主题词表》可将其转化为"永磁直驱风力发电机组、仿真、经济运行分析"几个主题词。利用主题词进行检索的检索结果如图5-1所示。

图5-1 利用主题词进行检索的检索结果

（2）使用布尔逻辑运算符。百度支持使用布尔逻辑运算符：逻辑"与"，可用"AND""空格""+"三者之一表示；逻辑"或"，可用"OR"或"|"表示；逻辑"非"用"—"表示。利用布尔逻辑运算符的检索结果如图5-2所示。

第 5 章 网络免费资源的获取与利用

图 5-2 利用布尔逻辑运算符的检索结果

（3）运用字段限制符进行检索。如"*** intitle：关键词 1 关键词 2 关键词 3……"表示搜索网页标题或其他位置含有这些关键词的信息资源。利用字段限制符的检索结果如图 5-3 所示。

图 5-3 利用字段限制符的检索结果

（4）限定站点检索。如果知道某个站点中有自己需要找的东西，那么可以把检索范围限定在这个站点中，提高检索效率。使用的方式是"查询内容 site:站点域名"，限定站点检索的检索结果如图 5-4 所示。

图 5-4　限定站点检索的检索结果

（5）使用双引号进行精确检索。在百度输入框里，给关键词加上双引号（半角），可以实现不分散型检索。如我们使用关键词"永磁直驱风力发电机"进行检索，得到的结果可能被分成"永磁""直驱式风力发电机""永磁式直驱风力发电机"等词，只要具有这几个词的网页都会被检索出来，加上双引号后，检索出来的网页则只含有"永磁直驱风力发电机"这一个词了。使用双引号进行精确检索与普通检索的区别如图 5-5 所示。

图 5-5　使用双引号进行精确检索与普通检索的区别

2）百度特色功能

针对学术性检索，百度有一些特色功能：百度学术、搜索学术文章、搜索特定的格式文章、百度阅读、百度知道、百度百科、百度翻译、百度 App、百度贴吧等，运用得当会显著提高检索效率。具体如下：

（1）百度学术。百度学术是一个提供海量中英文文献检索的学术资源搜索平台，涵盖了各类学术期刊、会议论文、学位论文、学术网页文章等。以"永磁直驱风力发电机 仿真经济运行分析"为例，其百度学术检索结果如图 5-6 所示。

第 5 章 网络免费资源的获取与利用

图 5-6 "永磁直驱风力发电机 仿真 经济运行分析"的百度学术检索结果

图 5-6 中，文章下面的"来源"指本文收录来源，单击"来源"后的链接可跳转至相应数据库网站；"被引量"指该篇文章目前被别人引用的次数；"引用"指该作者使用的参考文献；"关键词、文献推荐"指与该篇文章主题相近的知识网络。

百度学术还提供了高级搜索方式，用户可使用复合式检索来提高命中结果的相关度。百度学术的高级搜索页面如图 5-7 所示。

图 5-7 百度学术的高级搜索页面

（2）搜索学术文章。利用百度可以专门查找专业性学术文章，搜索范围包括文库，专业期刊，学位、会议论文数据库，数字化期刊，OA 数据库，专门学术门户等。一般专业性学术文章的基本格式有题名（intitle）、作者、作者单位、摘要、关键词、正文、参考文献等，我们可以通过限定检索词出现在某一位置，从而查找到相关度非常高的专业论文。如限定"关键词、摘要、intitle"的检索结果如图 5-8 所示。

图 5-8　限定"关键词、摘要、intitle"的检索结果

百度快照指可直接打开的百度预制的纯文本文件，出于保护知识产权的目的，省略包含的图片、视频、声音等非文本信息，目前仅有部分学术论文可通过百度快照直接阅读，百度快照通常用于其他类型资源的日常快速浏览或网络故障时的非即时网页索引。百度快照快速版页面如图 5-9 所示。

图 5-9　百度快照快速版页面

（3）搜索特定格式的文章。百度提供了针对 DOC、PPT、PDF、XLS、TXT、RTF 等不同存储格式文章的搜索功能，常以"filetype:存储格式 检索词"的格式表示。因为有价值的网络资源多以文档格式发布，所以在利用百度检索时可以采用限定格式的方式查找到对我们有用的信息。搜索特定格式文章的结果如图 5-10 所示。

（4）百度阅读。百度阅读整合了很多电子书，人们可以直接检索，并免费或付费阅读电子书全文。例如，搜索与"电力"相关的电子书，百度阅读页面如图 5-11 所示。

（5）百度知道。百度知道是一个基于搜索的互动式的知识问答分享平台，百度知道的最大特点在于其和搜索引擎的结合。人们既是百度知道内容的用户，又是百度知道内容的创建者。其通过提问、回答的方式形成新的信息库，其中的信息可以被用户进一步检索和利用。例如，搜索"冬奥会吉祥物冰墩墩寓意"，百度知道页面如图 5-12 所示。

图 5-10　搜索特定格式文章的结果

图 5-11　百度阅读页面

（6）百度百科。百度百科测试版于 2006 年 4 月 20 日上线，正式版在 2008 年 4 月 21 日发布，旨在创造一个涵盖各领域知识的中文信息收集平台。百度百科强调用户的参与和奉献精神，旨在充分调动互联网用户的力量，汇聚上亿用户的智慧。截至 2022 年 7 月，百度百科已经收录超过 2650 万个词条，超过两亿一千多万个版本，参与词条编辑的网友超过 757 万人。

图 5-12 百度知道页面

（7）百度翻译。百度翻译提供即时、免费的 200 多种语言翻译服务，拥有网页、App、API 产品，支持文本翻译、文档翻译、图片翻译等特色功能，满足用户词汇翻译、文献翻译、合同翻译等需求。使用百度翻译，人们可以检索和阅读世界上大部分的网站。百度翻译的使用方法为：先用百度翻译将检索词翻译成目标语言的单词，并用该词进行检索，在检索结果页面中找到合适的网页打开，再将该网页中的内容复制到百度翻译的框中，对该网页进行翻译。百度翻译还可以对该网页的链接网页进行翻译。

（8）百度 App。百度 App 是百度推出的一款方便手机用户随时随地使用百度搜索服务的应用软件，是一款手机"搜索+资讯"客户端。

（9）百度贴吧。百度贴吧是结合搜索引擎建立的一个在线交流平台，它使那些对同一个话题感兴趣的人们聚集在一起，方便地展开交流和互相帮助。百度贴吧是一种基于关键词的主题交流社区，它与搜索紧密结合，为人们提供了表达和交流思想的自由网络空间。

2．其他搜索引擎

1）中国知网外文总库

中国知网外文总库为国内外学者提供一个跨语种、跨文献类型、权威的内容发现平台，它利用智能标引和知识挖掘技术，实现文献和知识链接，建设全球范围的知识网络，打造一个基于知识发现的统一学术资源搜索引擎。

2）OAIster

OAIster 提供电子书、电子期刊、录音、图片及电影等数字化资料"一站式"检索。资料源自 1100 多家机构，现有 3000 多万条记录，可按关键词、题名、作者、语言、主题或资源类型检索，检索结果包含资源描述和资源链接。标引对象包括美国国会图书馆"美国记忆计划"（American Memory）、各类预印本和电子本文献服务器、电子学位论文、机构收藏库等。

3）GlobalSpec（工程搜索引擎）

GlobalSpec 是集领先的专业垂直工程搜索引擎、信息服务、网络出版和在线展会于一体的网站，同时是全球最专业的电子及工业采购网站，有超过 640 万名工程师和技术专家定时使用 GlobalSpec 作为他们首选的在线工程技术信息资源。

此外，常用的中文搜索引擎还有必应、360 搜索、搜狗、搜搜等。

5.2 学术门户

1. 维基百科

维基百科于 2001 年 1 月 15 日正式成立，是一个基于 Wiki 技术的全球性多语言百科全书协作计划，也是用多种语言编写的网络百科，拥有多种语言的首页页面，其目标及宗旨是为全人类提供自由的百科全书。其是一个动态的、可自由访问和编辑的全球知识体。维基百科首页如图 5-13 所示。

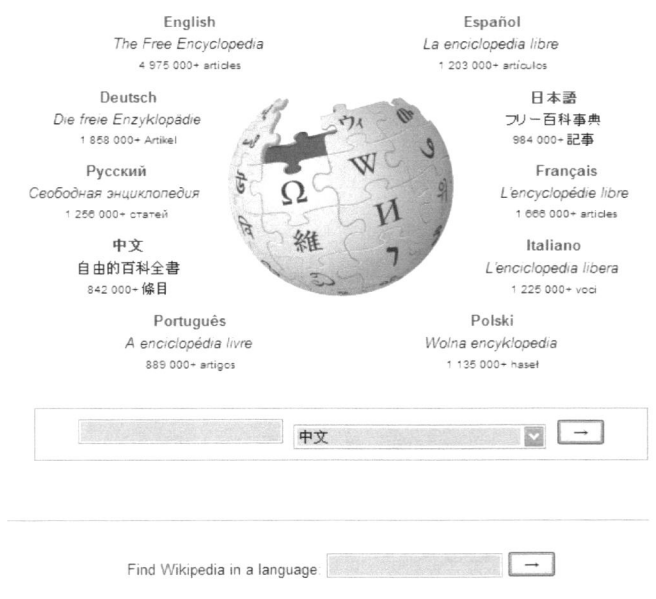

图 5-13　维基百科首页

2. 中国高等教育文献保障系统

中国高等教育文献保障系统（China Academic Library & Information System，CALIS），是经国务院批准的我国高等教育"211 工程""三期""九五""十五"总体规划中三个公共服务体系之一。其宗旨是建设以中国高等教育数字图书馆为核心的教育文献联合保障体系，实现信息资源共建、共知、共享，以发挥最大的社会效益和经济效益，为中国的高等教育服务。CALIS 管理中心设在北京大学，下设文理、工程、农学、医学四个全国文献信息服务中心，华东北、华东南、华中、华南、西北、西南、东北七个地区文献信息服务中心，以及一个东北地区国防文献信息服务中心。CALIS 管理中心引进和共建了一系列国内外文献数据库，包括大量的二次文献库和全文数据库，目前已建成中国高等教育文献保障系统——中国高等教育数字化图书馆（China Academic Digital Library & Information System，CADLIS）。CADLIS 由 CALIS 和 CADAL（中英文图书数字化国际合作计划）两个专题项目组成，其总体目标为建立包括文献获取环境、参考咨询环境、教学辅助环境、科研环境、培训环境和个性化服务环境在内的六大数字服务环境，为高等院校教学、科研和重点学科建设提供高效率、全方位的文献信息保障与服务，成为中国经济和社会发展的重要基础设施。

  CALIS 的资源以数字化的形式存储在网络上，是一种虚拟图书馆的形式，虚拟图书馆针对某一学科或领域用户的需要，组织 Internet 上相关的各种信息资源。其不仅包括学术文献信息资源，还包括与该学科或领域关系密切的研究机构、实验室、学术会议、专家学者、学术论坛等的网址，并将它们按某种组织方式存储在专门的门户网站中，且开发有检索功能的导航数据库，使用户可以方便地在一个页面中查找到更多的相关资源。

  CALIS 拥有以下学术资源发现系统：开元知海 e 读、外文期刊网、"学苑汲古"高校古文献资源库、高校教学参考资源库。CALIS 辽宁省文献信息服务中心网站首页如图 5-14 所示。

图 5-14 CALIS 辽宁省文献信息服务中心网站首页

  下面简单介绍开元知海 e 读系统。开元知海 e 读是 CALIS 的学术资源发现系统之一，其首页如图 5-15 所示。用户通过一站式搜索，便可实现对其所有成员馆馆藏的查找。其收录的文献类别包括图书、期刊文章、学位论文、年鉴条目、报纸文章等，语种包括中文和英文两种，数据库包括中国知网数据库、万方数据库、维普数据库、CALIS 收藏论文、方正数据库、OA 预印本等。全国高校成员馆均可免费阅读 CALIS 购买的方正电子书。在开元知海 e 读首页检索"永磁直驱风力发电机"的结果如图 5-16 所示。

第 5 章　网络免费资源的获取与利用

图 5-15　开元知海 e 读首页

图 5-16　在开元知海 e 读首页检索"永磁直驱风力发电机"的结果

目前 CALIS 为检索者提供了两种获得原文的方式，一种是针对有电子版全文的，检索者可直接打开阅读；另一种是文献传递，只要是 CALIS 的成员馆，便有文献传递授权，用户可以委托本单位或本系统的成员馆通过复印、邮寄、E-mail 等方式获得原文。

CALIS 支持馆际互借，即图书馆之间可根据事先订立并保证共同遵守的互借规则，相互利用对方的藏书以满足读者需求。检索者只要是某成员馆的合法读者，就可以通过该单位的网站链接直接登录其他成员馆首页（IP 控制），或通过 CALIS 官网登录其他成员馆首页。

3. 中国高校人文社会科学文献中心

中国高校人文社会科学文献中心（China Academic Social Sciences and Humanities Library，CASHL）是在教育部的领导下为我国哲学社会科学教学科研提供外文文献及相关信息服务的最终保障平台，其建设目标是国家人文社会科学文献信息资源平台。CASHI 首页如图 5-17 所示。

图 5-17　CASHI 首页

2002 年，为发展哲学社会科学，教育部开始筹备以整合全国高校哲学社会科学文献资源为目标的"中国高校人文社会科学文献中心"。2004 年 3 月 15 日，CASHL 项目作为教育部"繁荣发展哲学社会科学计划"的一部分正式开始服务。

CASHL 在各相关高校的共同努力及与 CALIS、中国社会科学院图书馆、上海图书馆的战略合作下，外文可服务文献量得到进一步扩大。截止到 2021 年末，其可供服务的人文社科核心期刊和重要期刊达到 6.2 万余种、印本图书达 345 万余种、电子资源数据库达 16 种，累计提供文献近 2200 万个，其中手工文献已突破 130 个，文献平均满足率达 96.29% 左右，服务时间缩短为 1.87 天，大大提高了外文图书的利用率，充分发挥了其效益。除此之外，CASHL 还提供"高校人文社科外文期刊目次库"和"高校人文社科外文图书联合目录"等数据库，提供数据库检索和浏览、书刊馆际互借与原文传递、相关咨询等服务。CASHL 服务辐射面也进一步拓展，目前已拥有近 900 家成员单位，个人注册用户逾 15.4 万个，CASHL 服务惠及上千万个用户。

4. 其他学术门户

CADAL（大学数字图书馆国际合作计划）数字图书馆、中国科学院信息资源服务导航平台、中国国家数字图书馆、国家科技数字图书馆等都可提供各类学科资源的导航。

5.3 专门性网站

针对一些特种文献资源，如专利、标准、科技报告等，有专门性网站提供免费的文献资源。在这些网站中，检索者虽然不能获得详实的文献或数据，但对于一般性文献信息需求，是能查找到大量可用信息的。

下面以专利信息检索的专门性网站为例进行介绍。专利权属于知识产权，是指对智力劳动成果所享有占有、处分、分配和收益的权利。世界上产生的新技术中有90%~95%记载于专利文献中。专利是能够公开技术核心的，专利说明书中80%的技术研发成果不记载在其他类型文献上，如期刊、杂志、图书、报告等。专利是相关企业、研究开发人员、专利申请人进行产品开发、技术创新、科研立项结题、撰写综述时的高价值信息来源。有效利用专利信息可以帮助我们了解某一领域的技术动态、行业技术走向、竞争对手的重点技术和科研的相关数据信息等，能够帮助我们节省时间并获得较大效益。

我国最大的专利发布和查询网站是中华人民共和国国家知识产权局（SIPO），通过SIPO可以查询中国专利数据、国外专利数据、引文、同族及法律状态等信息，中国专利数据每周二、周五更新，滞后公开日7天；国外专利数据每周三更新。SIPO提供文献整理、专利分析、免费下载等服务功能，提供的检索方式详见"8.1 专利文献检索"。另外，还有标准文献、学位论文等其他特种文献相关网站能提供免费的学术资源，详见第8章。

5.4 开放获取

开放获取（Open Access，OA）是指某文献在互联网公共领域里可以被免费获取，允许任何用户阅读、下载、复制、传递、打印、检索、链接，并为之建立索引，用作软件的输入数据或用于其他任何合法操作。用户在使用该文献时不受财力、法律或技术的限制，而只需在存取时保持文献的完整性，保证作品被正确接受和引用即可。OA是为实现信息平等、公开获取而产生的一种学术出版与交流的模式。

开放获取资源主要有开放获取期刊（Open Access Journals，OAJ）、开放获取机构库（Open Archives and Repositories，OA仓储）、预印本系统等。

1. 开放获取期刊

OAJ主要采用作者（机构）付费出版、读者免费使用的模式，OAJ原则上由同行评审确定，从而保证期刊论文的质量。国内外典型的OAJ有中国科学院科技期刊开放获取平台（China Open Access Journal，COAJ）、中国科技论文在线、瑞典开放获取期刊目录（Directory of Open Access Journals，DOAJ）等。

1）中国科学院科技期刊开放获取平台

COAJ提供学科导航、期刊检索、论文检索等入口和数据缴存、学术会议、资讯中心、下载等栏目，截至编写本书时，其收录650种期刊，可检索论文的期刊数量为337种，论文数量为1419694篇。例如，检索刊名中含有"电力"的在线期刊页面如图5-18所示，单击"搜索"按钮，可检索出所有关于电力的期刊列表，COAJ支持阅读、下载每期刊载的论文电子版（PDF 格式）。

图 5-18　COAJ 检索刊名中含有"电力"的在线期刊页面

按学科导航分类浏览"工业技术"类收录期刊，可发现共有 129 种，如图 5-19 所示。用户可浏览、下载每期刊载的论文，此外，每种期刊下设有"在线投稿"按钮，用户可按其"收录须知"要求投稿。

图 5-19　按学科导航分类浏览"工业技术"类收录期刊

2）中国科技论文在线

中国科技论文在线是经过教育部批准，由教育部科技发展中心主办，针对科研人员普遍反映的论文发表困难，学术交流渠道窄，不利于科研成果快速、高效转化为现实生产力问题而创建的科技论文网站。其收录了首发论文、自荐学者论文、科技期刊及专题论文，且提供 OA 资源平台。OA 资源平台设置有论文检索、期刊检索、作者检索和学科浏览查询模块，中国科技论文在线 OA 资源平台在线页面如图 5-20 所示。

图 5-20　中国科技论文在线 OA 资源平台在线页面

3）瑞典开放存取期刊目录

DOAJ 是由瑞典伦德（Lund）大学创建和维护的开放获取期刊目录，截至目前，其免费提供所收录的 16000 多种期刊的检索，以及部分授权的自然、社会、人文类期刊的全文检索，支持在线阅读、下载原文。近年来，我国被 DOAJ 收录的期刊种类和数量逐年增加。DOAJ 为读者设置了期刊、论文两个查询模块。DOAJ 检索首页如图 5-21 所示。

图 5-21　DOAJ 检索首页

用户可以通过学科、出版年份等方式进行检索，按学科"Technology"浏览的页面如图 5-22 所示。如果查询到某篇可用论文，可单击"Read online"按钮跳转到全文网址并在线阅读，DOAJ 查询的论文题录如图 5-23 所示，阅读全文页面如图 5-24 所示。

2. 开放获取机构库

OA 仓储是某些大学、科研机构等组织收集某一学科或多个学科领域可共享的学术成果信息后，将其整理后存放于服务器中，并面向公众免费开放服务的网络学术资源分享平台，目前有学科知识库、机构知识库、文献机构开放资源、个人网页/博客等形式。据国际开放获取知识库目录指南 Open DOAR 统计，全球的 OA 仓储已达 2000 多个。我国 OA 仓储开发起步晚，但数量增加较快。国内外的仓储机构库主要有以下几个。

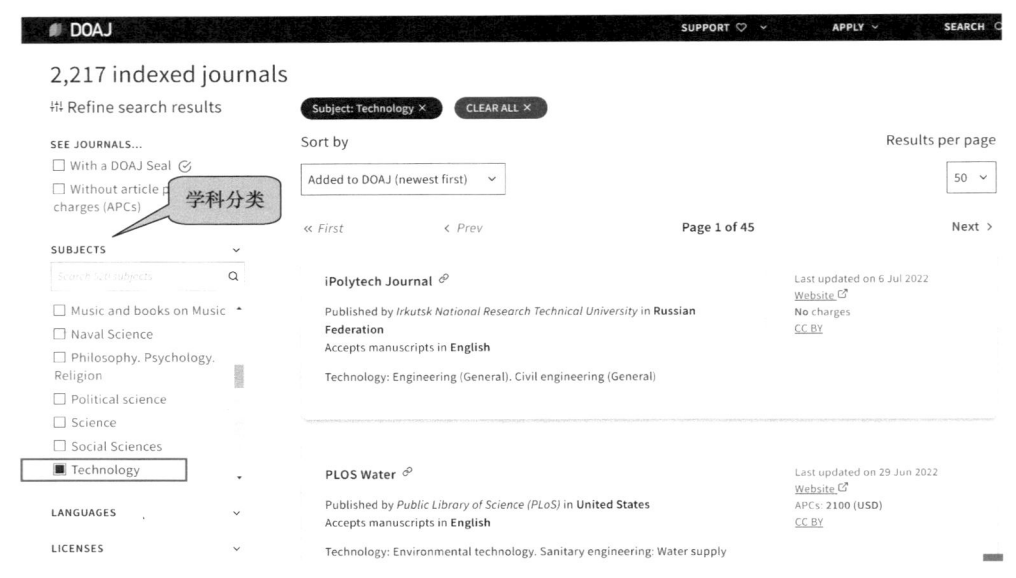

图 5-22　按学科"Technology"浏览的页面

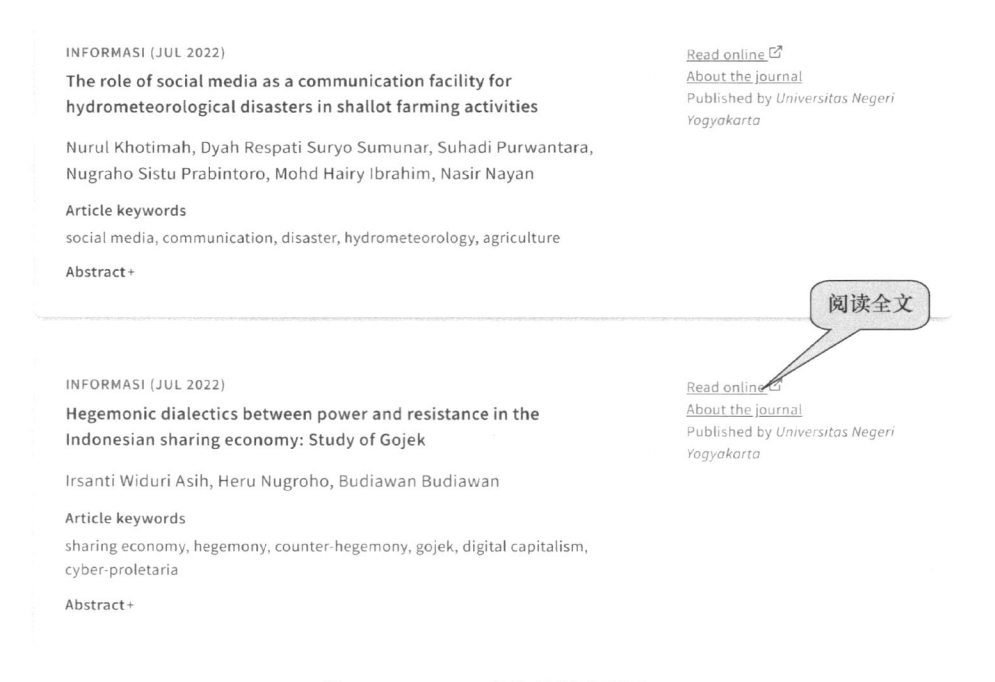

图 5-23　DOAJ 查询的论文题录

1）OpenDOAR

OpenDOAR 是由英国诺丁汉大学和瑞典伦德大学图书馆于 2005 年 2 月共同创建的 OA 仓储检索系统。OpenDOAR 和 ROAR、DOAJ 一起构成当前网络 OA 学术信息资源（期刊论文、会议论文、学位论文、技术报告、专利、学习对象、多媒体、数据集、研究手稿、预印本等）检索的主要平台。通过 OpenDOAR，用户可以通过多种途径进行检索和使用这些仓储。

第 5 章 网络免费资源的获取与利用

```
Home    About    Login    Register    Search    Current    Archives    Announcements

Home > Vol 52, No 1 (2022) > Aulia


The influence of social media of Universitas Negeri Yogyakarta
Gunungkidul Campus to create brand image on student decision
making

Anugerah Tesa Aulia, Ignatius Agung Satyawan, Albert Muhammad Isrun Naini

Abstract

In 2020, Universitas Negeri Yogyakarta (UNY) opened a new vocational campus in Gunungkidul Regency. The Socialization
of UNY Gunungkidul campus by the admission department cannot be performed face-to-face due to the Covid-19 pandemic.
Therefore, UNY Gunungkidul Campus socializes the enrollment programs via online mode. The opening of the campus aims
to equalize and improve the quality of high school education in Yogyakarta. Gunungkidul is the regency with the second
highest number of poor people in Yogyakarta. UNY Gunungkidul Campus utilizes social media as a promotional media to
support the formation of a brand image for student decision making. This study employed a descriptive quantitative
approach using a Likert scale measurement. The population in the study was 502 students. The samples were calculated
using the Albert Harkin & Colton table formulation which obtained 90 respondents. This analysis utilized SPSS 16 software.
The results of this study show that 64.5% of 2020 student decision making is influenced by social media, although the
promotion is still centered on the UNY Official account.

Keywords

social media, brand image, UNY official, UNY Gunungkidul, mecision making

Full Text:
PDF

References
```

图 5-24　DOAJ 阅读全文页面

OpenDOAR 高级检索页面如图 5-25 所示，OpenDOAR 收录的 "Technology" 相关数据库页面如图 5-26 所示。

我国共被 OpenDOAR 收录了一百多个机构库，包括香港科技大学、香港理工大学、香港大学、香港城市大学、香港教育学院、北京大学、澳门大学、厦门大学、中国西部环境与生态科学数据中心、中国科学院沈阳自动化研究所等。

2）其他 OA 仓储

其他 OA 仓储有 ROAR（由英国南安普敦大学创办的著名 OA 仓储检索系统）、麻省理工学院机构收藏库、香港科技大学机构知识库、中国科学院文献情报中心机构知识库、中国科学院大学机构知识仓储系统和维普仓储式在线出版平台等。在我国，北京大学、清华大学等高校都建立了自己的机构知识库，汇总其拥有的科研成果并对外开放使用，有些机构的部分成果资源不仅允许用户免费获得原文文献，还提供电子邮件等形式的原文传递服务。

3. 预印本系统

预印本是指研究成果还未在正式出版物上发表时，出于和同行交流目的，科研工作者自愿先在学术会议上或通过网络发布的文献，包括科研论文、科技报告等。与正式出版物相比，预印本具有利于学术争鸣、交流速度快、可靠性高的特点。电子预印本（e-print）文库的文献种类有期刊文章、会议论文或简报资料、灰色文献、学术报告及草稿资料等。

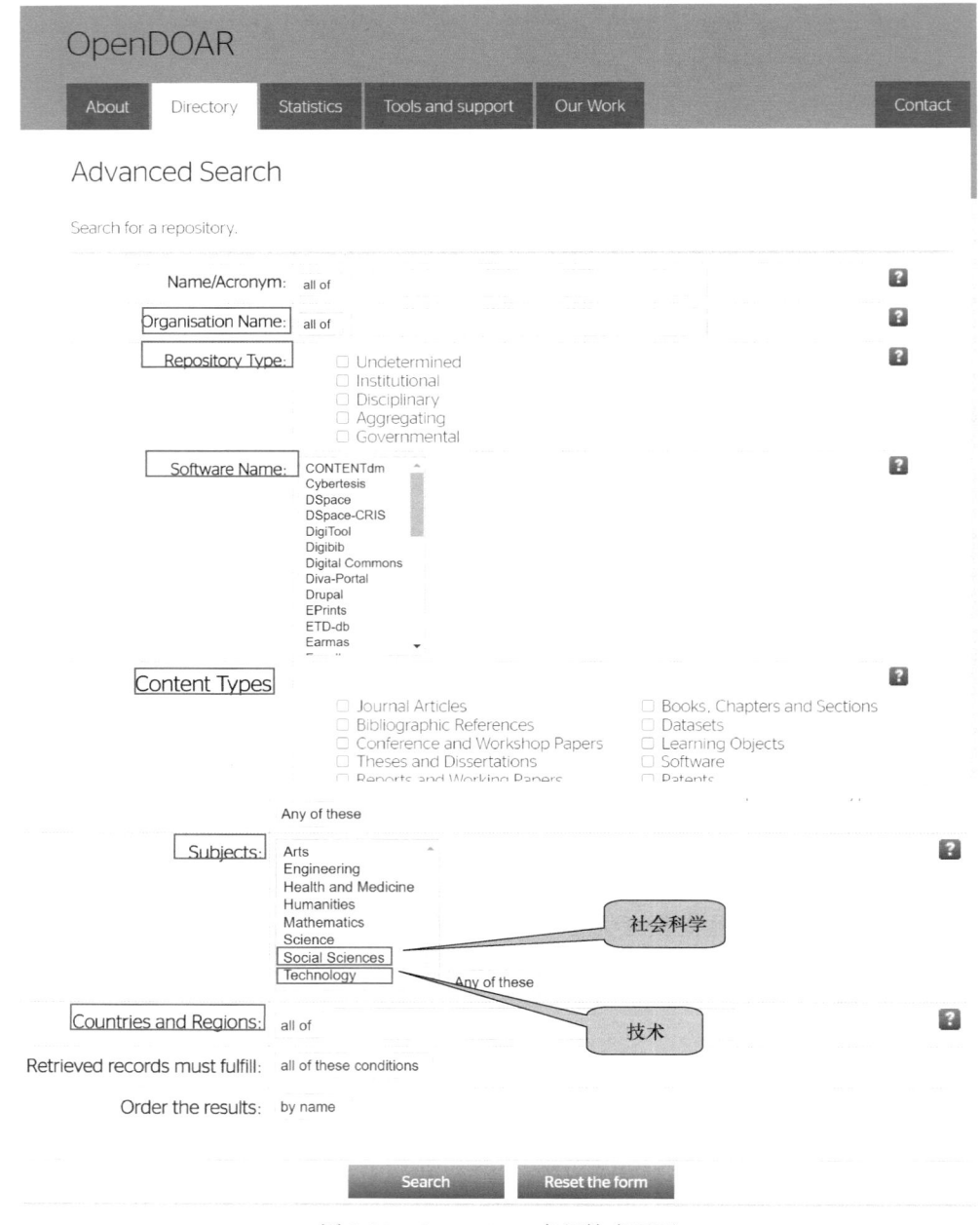

图 5-25 OpenDOAR 高级检索页面

1）中国预印本服务系统

中国预印本服务系统是由中国科学技术信息研究所与国家科技图书文献中心联合建设的，由国内预印本服务子系统和国外预印本门户（SINDAP）子系统构成，我们重点了解国内预印本服务子系统即可。国内预印本服务子系统主要收藏国内科技工作者自由提交的预印本，支持二次文献检索、阅读全文、发表评论、提交文章等功能，分为自然科学、工程与技术科学、医药科学、人文与社会科学、农业科学五大类。

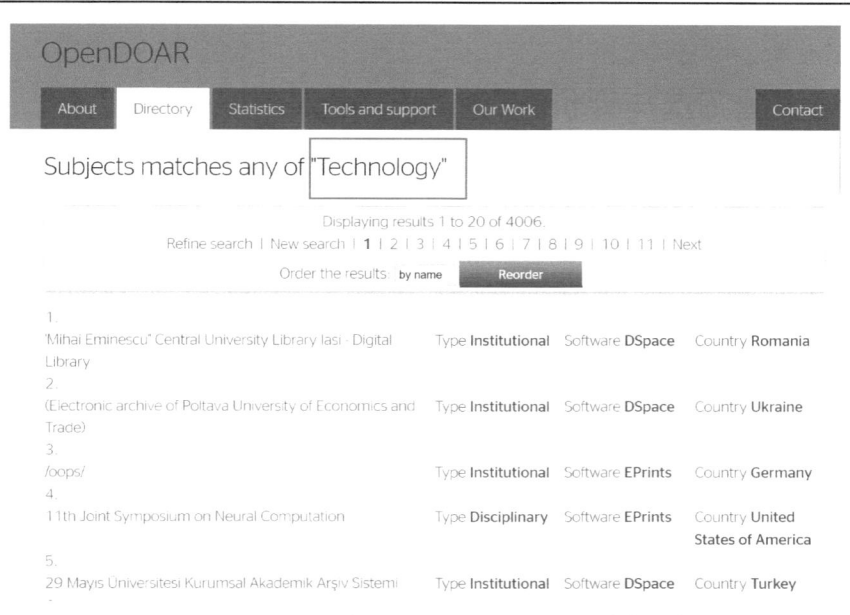

图 5-25　OpenDOAR 收录的"Technology"相关数据库页面

2）综合性搜索引擎式的 OALib

OALib 是一种虚拟图书馆，提供"一站式"服务，其提供的服务分为金色 OA 和绿色 OA 两种，OALib 用户可以直接使用 OALib 检索功能。OALib 检索功能致力于实现 OA 文章检索，网络上一切可以抓取的 OA 文章均可通过 OALib 检索，但 OALib 只对可全文查看的论文提供元数据。

金色 OA 就是 OALib Journal，是经同行评审的开放存取型学术期刊，覆盖科学、技术、医学和社会科学等领域。OALib Journal 为投稿稿件提供同行评审、排版和出版服务，每篇文章收取一定的版面费。绿色 OA 则是学科资源库，作者可以提交稿件到 OALib PrePrints 免费发表，并存储在学科领域资料库内；也可以提交其他期刊的预印本元数据或后印本到 OALib 学科资源库。

对于作者在其他 OA 期刊上已发表的文章，若作者愿让其被 OALib 收录或链接，则可向 OALib 申请检索服务。其他非论文作者也可主动提交检索服务。OALib 检索服务对公众免费。

3）科学公共图书馆

科学公共图书馆在众多诺贝尔奖得主和慈善机构的支持下，收录全球范围内科技领域和医学领域的文献，并编制成公众可获取的信息资源，使所有在线用户均可免费获得全文。

4）美国国家学术出版社（National Academies Press，NAP）

NAP 目前将其出版的所有 PDF 版图书对所有读者免费开放下载，其每年更新 200 多种图书，涉及生物、生命科学、计算机、信息科学、工程、技术、能源、社会科学、教育等多个学科领域。

其他常用的预印本系统还有 arXiv、Highwire Press 及其免费电子期刊、CiteSeer、奇迹文库等。

5.5 网络资源筛选与评价

通过以上四种免费获取网络资源的方法，以及日常学习、查询网络资源所积累的经验，我们已经能获得非常丰富的网络文献信息资源了。然而，我们又困惑于如何在大量的网络文献资源中筛选出适合的部分，也就是如何评价其使用价值，用较少的时间获得更有效用的网络资源。

对于通过以上四种方法获得的免费网络资源，可以用以下三个标准去评价。

一是查看网页和内容来源地。网页和内容来源地是衡量信息可行度的首要条件。如果网页和内容来源于国家或某些研究机构、高校等可信度较高的单位，如中华人民共和国国家知识产权局、OpenDOAR，中国经济网（查询国内外各类经济统计数据）等，那么其可靠性高、准确性强。

二是看准信息资源的原作者和推荐者。可用百度学术搜索文章原作者的成果发表刊物、成果数量、工作单位等，看其是否是本专业或本领域的专家，或者看其推荐者是否是专业人士。如 OA 期刊中发布的论文多为同行评审推荐的，或是专业领域内学术性较强的机构、学会、协会的学术会议成果等，因此可以作为质量保障。

三是选择可信度高的学术门户、学术搜索系统。如中国科学院科技期刊开放获取平台（COAJ）、中国国家数字图书馆、CALIS 重点学科网络导航门户，以及 CNKI Scholar（知网学术搜索）、INFOMINE（网络学术虚拟图书馆）、GlobalSpec（工程搜索引擎）等，此类网站中的资源是经过组织的、与学术和科技密切相关的信息，可以保证我们获得与所需资源相关度较高的学术性网络资源，而不用花费时间去删掉大量冗杂的、商业性宣传的信息和图像等。

第6章 常用中文数据库

我们利用搜索引擎、学术门户、专门性网站、开放获取资源等虽然能获得海量的文献，但一方面其包含大量的冗余信息难以甄别，内容收录没有明确标准，筛选费时费力，另一方面其提供的信息深度达不到撰写论文、课题研究、技术开发等要求，因此需要更专业的检索工具和检索系统，以便我们更有效地获得所需学术资源。

各种中外文数据库是专业性的学术资源提供者，具有数字化、网络化、智能化的特点，更符合深入研究者的检索要求。各种专业化数据库不仅能大规模集成、整合信息资源，整体提高资源的综合利用价值，而且建设有知识资源互联网传播扩散与增值服务平台，能为全社会提供资源共享、数字化学习、知识创新信息化的条件；其还建设有知识资源的深度开发利用平台，能为检索者提供知识管理与知识服务的信息化手段。专业化数据库整合的资源质量与网络中免费资源的质量不可同日而语，其检索方式更科学，结果也更准确。总而言之，当网络免费资源和搜索引擎不能满足使用要求时，专业化数据库就成了最有效的"武器"。

常用的专业化数据库有电子书数据库、电子期刊数据库、学位论文数据库、会议论文数据库、行业知识库、专利数据库、标准数据库、科技报告数据库等，如表6-1所示。

表6-1 常用的专业化数据库

数据库类型	中文常用数据库	外文常用数据库
电子书数据库	书生之家数字图书馆、方正Apabi数字图书馆、超星汇雅数字图书馆、超星读秀	SpringerLink、OCLC（Online Computer Library Center）eBook
电子期刊数据库	CNKI中国期刊全文数据库、万方数据期刊库、维普科技期刊数据库	EI（The Engineering Index）、SCI（Science Citation Index）、IEL（IEEE Electronic）、Elsevier、Wiley
学位论文数据库	万方中国学位论文数据库、CNKI博硕士论文全文数据库	PQDT（ProQuest数字化博硕士论文文摘数据库）
会议论文数据库	CNKI中国重要会议论文数据库、万方中国学术会议论文数据库、中国科技信息研究所	ISTP（科技会议录索引）、IEL、CNKI国际会议论文全文数据库
行业数据库	商业评论数据库、中国年鉴网络出版总库 中国经济社会发展统计数据库、中国经济信息文献数据库、中国法律知识资源总库法律法规库 CNKI中国科技项目创新成果鉴定意见数据库 万方电力、冶金、船舶行业知识库 CNKI医药、农业、教育、法律、城建、党和国家行业数据库	商业评论数据库、EBSCO ASRD-学术研发情报分析库、EBSCO BSC-全球产业（企业）案例分析库、EBSCO EPS-国际能源情报分析库、EBSCO MGC-军事政治情报分析库、DynaMed-循证医学数据库
专利数据库	CNKI中国专利全文数据库、万方中文专利数据库、佰腾专利数据库	CNKI海外专利摘要数据库、万方外文专利数据库
标准数据库	国家标准全文数据库、万方国家标准数据库、国家标准馆；中国标准信息服务网	万方外文标准题录数据库、CNKI外文标准数据库
科技报告数据库	CNKI科技成果数据库、万方科技成果数据库、中国科技成果数据库、国家科技报告服务系统	美国四大科学报告：PB报告、AD报告、NASA报告、DOE报告；NCSTRL（Networked Computer Science Technical Reference Library，网络计算机参考图书馆）

各数据库目前均采用先进技术实现了集中在同一个平台上进行跨库复合检索，即"一框式"检索的功能，检索者输入检索词后能同时检索出其收录的所有数据库的相关主题信息资源。

6.1 中国知网

中国知网（China National Knowledge Infrastructure，CNKI）由清华大学、清华同方发起，始建于 1999 年 6 月。CNKI 是目前全球最大的中文文献数据库，其"中国知识资源总库"共包含 50 余种全文数据库，学科范围涉及自然科学、工程技术、人文与社会科学等多个领域，年更新数据量已超过了中国当年更新数据总量的 80%以上，提供期刊论文、博士学位论文、优秀硕士学位论文、会议论文、专著、报纸、年鉴、统计数据、商业评论、专利、标准、词典、百科、成果、法律、古籍、知识元等文献资源，开发有数据资源、行业知识库、特色资源库、作品欣赏、指标索引、国外资源六大类文献信息数据库。CNKI 的特色功能是大规模整合知识信息资源，形成知识内容关联的知识网络；建设知识资源的深度开发利用平台，形成以知识管理和知识发现功能为主的知识发现平台；开发数字化学习和数字化研究平台、知识元、指数索引等服务，形成个人学习和研究的引导平台。

CNKI 建设的数据库共分成 10 个专辑：基础科学、工程技术Ⅰ辑、工程技术Ⅱ辑、农业科技、医药卫生科技、哲学与人文科学、社会科学Ⅰ辑、社会科学Ⅱ辑、信息科技、经济与管理科学，下分 168 个专题和近 3600 个子栏目，CNKI 数据库 10 个专辑和 168 个专题如表 6-2 所示。

表 6-2　CNKI 数据库 10 个专辑和 168 个专题

文 献 分 类	各专辑详细分类
基础科学	自然科学理论与方法、数学、非线性科学与系统科学、力学、物理学、生物学、天文学、自然地理学和测绘学、气象学、海洋学、地质学、地球物理学、资源科学
工程技术Ⅰ辑	化学、无机化工、有机化工、燃料化工、一般化学工业、石油天然气工业、材料科学、矿业工程、金属学及金属工艺、冶金工业、轻工业手工业、一般服务业、安全科学与灾害防治、环境科学与资源利用
工程技术Ⅱ辑	工业通用技术及设备、机械工业、仪器仪表工业、航空航天科学与工程、武器工业与军事技术、铁路运输、公路与水路运输、汽车工业、船舶工业、水利水电工程、建筑科学与工程、动力工程、核科学技术、新能源、电力工业
农业科技	农业基础科学、农业工程、农艺学、植物保护、农作物、园艺、林业、畜牧与动物医学、蚕蜂与野生动物保护、水产与渔业
医药卫生科技	医药卫生方针政策与法律法规研究、医学教育与医学边缘学科、预防医学与卫生学、中医学、中药学、中西医结合、基础医学、临床医学、感染性疾病及传染病、心血管系统疾病、呼吸系统疾病、消化系统疾病、内分泌腺及全身性疾病、外科学、泌尿科学、妇产科学、儿科学、神经病学、精神病学、肿瘤学眼科与耳鼻咽喉科、口腔科学、皮肤病与性病、特种医学、急救医学、军事医学与卫生、药学、生物医学工程
哲学与人文科学	文艺理论、世界文学、中国文学、中国语言文字、外国语言文字、音乐舞蹈、戏剧电影与电视艺术、美术书法雕塑与摄影、地理、文化、史学理论、世界历史、中国通史、中国民族与地方志、中国古代史、中国近现代史、考古、人物传记、哲学、逻辑学、伦理学、美学、心理学、宗教
社会科学Ⅰ辑	马克思主义、中国共产党、政治学、中国政治与国际政治、思想政治教育、行政学及国家行政管理、政党及群众组织、军事、公安、法理、法史、宪法、行政法及地方法制、民商法、刑法、经济法、诉讼法与司法制度、国际法

(续表)

文献分类	各专辑详细分类
社会科学Ⅱ辑	社会科学理论与方法、社会学及统计学、民族学、人口学与计划生育、人才学与劳动科学、教育理论与教育管理、学前教育、初等教育、中等教育、高等教育、职业教育、成人教育与特殊教育、体育
信息科技	无线电电子学、电信技术、计算机硬件技术、计算机软件及计算机应用、互联网技术、自动化技术、新闻与传媒、出版、图书情报与数字图书馆、档案及博物馆
经济与管理科学	宏观经济管理与可持续发展、经济理论及经济思想史、经济体制改革、经济统计、农业经济、工业经济、交通运输经济、企业经济、旅游、文化经济、信息经济与邮政经济、服务业经济、贸易经济、财政与税收、金融、证券、保险、投资、会计、审计、市场研究与信息、管理学、领导学与决策学、科学研究管理

CNKI 的主要数据库如表 6-3 所示（数据截止至 2022 年 7 月 29 日）。

表 6-3 CNKI 的主要数据库

数据库名称	资源介绍	特色	文献产出收讫	文献量和出版时效
中国学术期刊网络出版总库	完整收录学术期刊 8540 种，收录完整率达 99.9%。以学术、技术、政策指导、高等科普及教育类期刊为主，内容覆盖自然科学、工程技术、农业、哲学、医学、人文社会科学等领域	核心期刊收录率高于 95%，重要特色期刊（如农业、中医药等）收录完整率达 100%。专有授权期刊约有 1260 种，网络首发期刊约有 2290 余种	1915 年至今（部分刊物回溯至创刊）	文献量：6000 万篇以上。出版时效：平均不迟于纸质期刊出版之后 2 个月；网络首发平均提前 75 天
中国优秀博士论文数据库	供稿单位有 507 家（涉及国家保密的单位除外），覆盖全国博士培养单位的 99%，占同期全国博士学位论文出版量的 90%以上。"一流大学""一流学科"建设高校学位论文覆盖率达到 100%	241 家培养单位与 CNKI 独家合作，包括"一流大学"建设高校 16 家，"一流学科"建设高校 63 家，分别占"一流大学"建设高校、"一流学科"建设高校总数的 38%和 45%	1984 年至今	文献量：48.1 万余篇。出版时效：大多数论文出版不晚于授予学位之后 2 个月
中国优秀硕士论文数据库	供稿单位有 787 家（涉及国家保密的单位除外），覆盖全国硕士培养单位的 96%，占同期全国可公开出版硕士学位论文的 90%。"一流大学""一流学科"建设高校学位论文覆盖率达到 100%。	464 家培养单位与 CNKI 独家合作，包括"一流大学"建设高校 16 家，"一流学科"建设高校 63 家，分别占"一流大学"建设高校、"一流学科"建设高校总数的 38%和 45%	1984 年至今	文献量：480.6 万余篇。出版时效：大多数论文出版不晚于授予学位之后的 2 个月
中国重要会议全文数据库	收录由国内外近 3500 余家授权单位推荐的 20664 余次国内重要学术会议的论文，收录完整率达 90%以上	独家收录国家重大项目承担单位主办的会议论文。国家一级学会、协会召开的会议产出的论文收全率占 95%以上	1953 年至今	文献量：253 万余篇。出版时效：平均不迟于会议结束后 2 个月
国际会议论文全文数据库	重点出版 IEEE（美国电气和电子工程师协会）、SCIRP（美国科研出版社）、SPIE（国际光学工程学会）、IACSIT（新加坡国际计算机科学与信息技术协会）、中华人民共和国科技部、中国核学会等知名国际组织或国内学术机构主办或承办的国际会议论文	收录由国内外 3400 余家授权单位推荐的 7800 余次国际学术会议的论文。重点出版 2010 年以来知名国际组织或国内学术机构主办或承办的国际会议论文；其中，国内机构主办的国际会议收录完整率达 90%	1981 年至今	文献量：91 万余篇（截至 2022 年 2 月）。出版时效：整体上不晚于会议结束 2 个月

（续表）

数据库名称	资源介绍	特色	文献产出收讫	文献量和出版时效
中国重要报纸全文数据库	收录2000年以来中国国内重要报纸刊载的学术性、资料性文献，截至2022年，共收录报纸500余种	我国第一个以重要报纸刊载的学术性、资料性文献为收录对象的连续动态更新的报纸全文数据库	2000年至今	文献量：1406万余篇 出版时效：平均滞后报纸印刷出版3天，当天更新当日出版的报纸种类约有300种
中国年鉴网络出版总库	收录我国正式出版发行的专类年鉴和综合年鉴，收录5376余种，共43689册	目前国内较大的连续更新的动态年鉴资源全文数据库	1949年至今	文献量：3976万余篇
中国经济社会大数据研究平台	收录由中国统计出版社及各统计年鉴编辑单位授权的、正式出版的统计类资料	收录我国历年出版的统计年鉴（资料）2589种、共29382册，其中包括普查、调查资料和分析报告等统计资料796种、2380册，我国仍在连续出版的193种统计年鉴被全部收录	1994年至今	出版时效：网络数据每周更新
中国专利数据库	收录1985年9月以来的发明公开、发明授权、实用新型、外观设计四大类型的全部专利。由国家知识产权局和中国专利信息中心开发，收录的专利文献数据是国家知识产权出版社出版的《专利公报》的电子版数据	准确地反映中国最新的专利发明，具有较高的权威性，是国内较好的专利数据库检索系统之一。网站数据库可以查询公开日及之前的全部中国专利数据	1985年至今	文献量：3922万多条 出版时效：每周更新一次
国家标准全文数据库	收录由中国标准出版社出版的，国家标准化管理委员会发布的所有国家标准，占国家标准总量的90%以上	可以通过标准号、中文标准名称、起草单位、起草人、采用标准号、发布日期、中国标准分类号、国际标准分类号等检索项进行检索	1964年至今	文献量：6.1万余项，现行标准4.1万余项，即将实施标准1276项 出版时效：实时更新
中国行业标准全文数据库	收录现行、废止、被代替及即将实施的行业标准，包含轻工业、文化、中医药、有色金属、稀土、黑色冶金、包装、纺织、海洋、粮食、林业、煤炭、卫生、物资管理、烟草、医药、新闻出版、电子等行业的行业标准全文	可通过中文标准名称、标准号、出版单位、主要起草人、实施日期、中国标准分类号、国际标准分类号等检索项进行检索	1964年至今	文献量：3万余条标准 出版时效：实时更新
中国工具书网络出版总库	该库收录上海辞书出版社、商务印书馆、中华书局等120余家出版社的工具书资源，分为语文、专业和百科分库。截至2022年，共收录12000余部工具书，约34亿汉字，2200多万个词条，300多万张图片	是高度集成、方便快捷的工具书检索系统，是读者全方位了解科学知识，并向广度和深度进展的桥梁和阶梯	1999年至今	文献量：1.2万余部工具书 出版时效：每季度更新

就其资源和人们日常的使用频率来说，CNKI是人们目前使用最频繁的数据库。

CNKI 的检索平台也是以知识管理和知识发现的最新技术开发的"一站式"服务、"一框式"检索平台，不仅能让检索者直接获得有效的学术文献信息资源，还可以引导检索者通过其条目获得潜在的信息。下面我们就以 CNKI 检索为例，详细介绍数据库的检索方法和技巧。

6.1.1 CNKI 检索

检索者无论以何种方式登录，都可以免费检索查看 CNKI 所有数据库的题录信息，但全文的获得将受到一定的限制。

1. 登录

目前机构用户的使用一般分为镜像站点和网络包库两种形式，高校多采用镜像站点方式，即在局域网有效 IP 范围内的已联网计算机终端都能使用该数据库进行免费检索、浏览和下载。也有的高校同时开通网络包库使用方式，保证师生全天候、不间断使用 CNKI。本单位 IP 范围内的用户既可以使用内部镜像站点，也可以使用外部链接，二者之间的区别是，内部镜像站点数据库更新滞后于外部链接 3～6 个月。个人用户则可以购买知网卡，利用用户名和密码远程登录。

（1）IP 自动登录。高校 IP 范围内用户进入图书馆首页，在数字资源（或电子期刊等）列表中单击"中国知识资源总库 CNKI"或"中国期刊全文数据库 CNKI"等链接，可直接进入检索首页，IP 自动登录页面如图 6-1 所示。

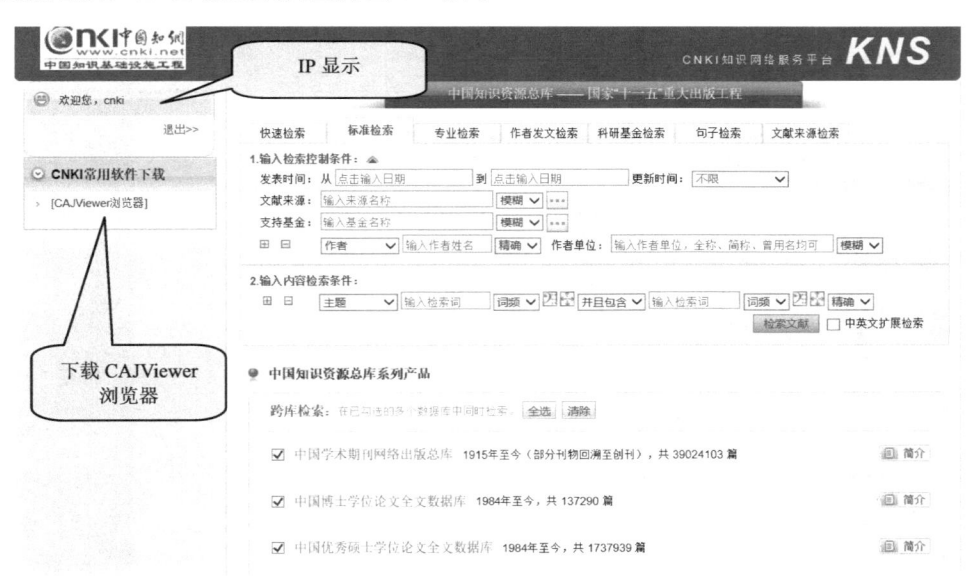

图 6-1　IP 自动登录页面

（2）用户名、密码登录。先登录 CNKI 官网，机构用户或个人用户都可以采用输入用户名、密码的方式进入检索首页，用户名、密码登录页面如图 6-2 所示。

2. 阅读器的下载与安装

CNKI 文献的全文可通过 CAJ、PDF、HTML 三种格式阅读。CAJ 格式文献可通过 CAJViewer 浏览器浏览，其是 CNKI 专用的全文阅读器，功能强大。PDF 格式文献可通过

Adobe Reader 等软件浏览。这里建议选择 CAJViewer，因为其功能较齐全，支持如缩放、文本、图像选择/复制、OCR 识别，高亮线、下画线、删除线、注释等标注功能，以及知识元搜索，具有页面缩略图导航和目录导航，支持 CAJ、KDH、PDF、CAA、TEB、NH 多种格式文档的阅读，CAJViewer 全文浏览界面如图 6-3 所示。

图 6-2 用户名、密码登录页面

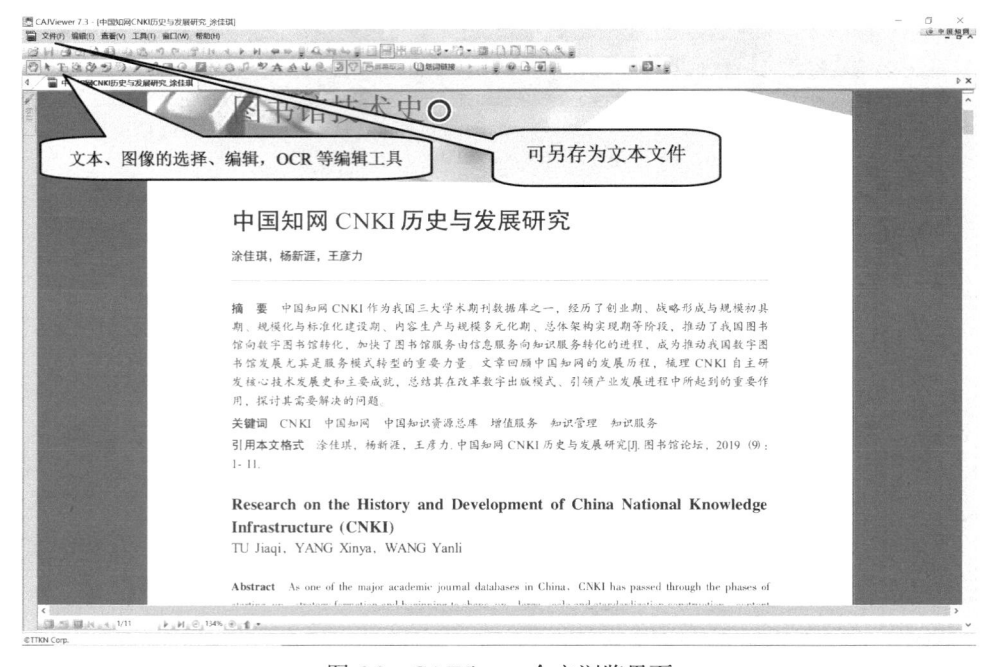

图 6-3 CAJViewer 全文浏览界面

3．检索方式和实例

CNKI 文献检索页面如图 6-4 所示。

第 6 章　常用中文数据库

图 6-4　CNKI 文献检索页面

CNKI 的检索方式主要有三种：一框式检索、高级检索、专业检索。

1）一框式检索

如图 6-4 所示，一框式检索是指在检索框内直接输入检索词进行查找，检索范围包括学术期刊、学位论文、会议、报纸、年鉴、专利、标准、成果等，简单易用。检索结果不仅提供了相关主题的文献资源，而且通过"知网节"推送功能提供了同主题文献信息的知识网络和链接，帮助检索者形成关于某主题知识的较全面的知识体系。

检索时，检索者可以选择单库检索，也可以选择多库和全部数据库的跨库检索。单库检索是指在 CNKI 所有数据库中任选单独文献库进行检索，如只勾选"学术期刊"复选框，即选定中国学术期刊和中国学术期刊网络出版总库，检索结果全部是其收录的期刊论文。跨库检索时可以同时选择 CNKI 的几个数据库或全部数据库，实现在同一个检索框下进行学术期刊、学位论文、会议、报纸等不同类型数据库的跨库检索，如同时勾选"学术期刊""学位论文""会议""报纸""成果""图书""学术辑刊"等复选框，检索结果就会包含所选的多种文献。单库检索与跨库检索选择页面如图 6-5 所示。

以"永磁直驱风力发电机组仿真与最优运行研究"的检索为例，抽取"篇名=永磁直驱风力发电机组"，一框式检索页面如图 6-6 所示。

检索完成后，如果想阅读某篇论文，可以采取以下方法。

（1）引文保存或下载。具体方法是：在检索结果页面中勾选所需文献前方的复选框，可通过全选或标记记录的形式，选中一批相关性较高的文献，然后单击"导出文献"按钮。值得注意的是，系统提供多种文献导出格式，用户可根据需求调整和选用。

图 6-5 单库检索与跨库检索选择页面

图 6-6 篇名为"永磁直驱风力发电机组"的一框式检索页面

（2）批量下载论文。用户可以根据显示的篇名等信息初步筛选所需文献，通过勾选文献前方的复选框及批量下载功能实现一键下载（需下载"知网研学"软件）。

（3）直接查看或下载某篇论文的全文。单击论文篇名，在弹出的页面中单击"CAJ下载"或"PDF下载"按钮可获得全文。例如，单击"CAJ下载"按钮，然后在弹出的对话框中单击"打开"按钮，如图 6-7 所示，即可用 CAJViewer 对论文进行阅读和编辑，用 CAJViewer 阅读论文页面如图 6-8 所示。检索者还可以通过"手机阅读"和"HTML 阅读"实现全文在线阅读。

2）高级检索

仍以"永磁直驱风力发电机组仿真与最优运行研究"的检索为例，介绍采用跨库高级检索的过程。抽取"篇名=永磁直驱风力发电机组*仿真"，查找"作者=朱亮，作者单位=华北电力大学"的文献，CNKI 的高级检索页面如图 6-9 所示，CNKI 的高级检索结果页面如图 6-10 所示。

第 6 章 常用中文数据库

图 6-7 CNKI 论文下载页面

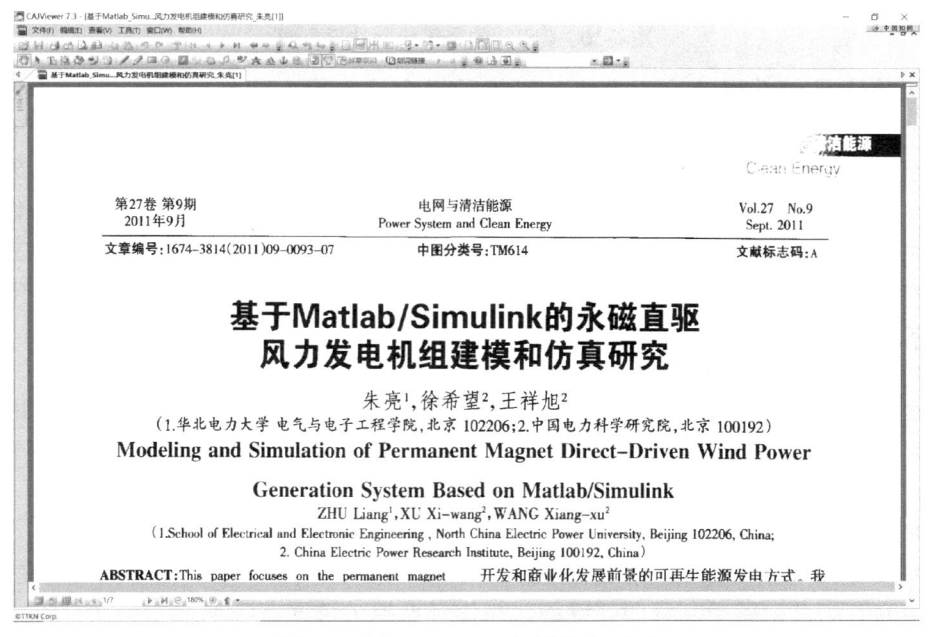

图 6-8 用 CAJViewer 阅读论文页面

图 6-9 CNKI 的高级检索页面

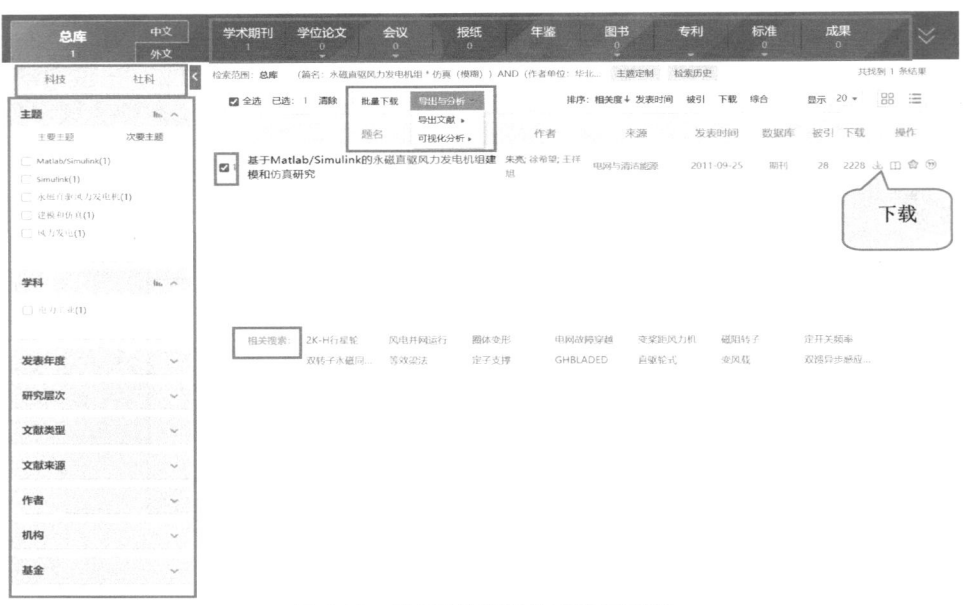

图 6-10　CNKI 的高级检索结果页面

高级检索是最常用的检索方式，提供了多个检索框，检索框之间可用逻辑运算符"AND""OR""NOT"进行组合，检索者可以方便地构造检索式，控制多个检索项和检索词，还可以通过"发表年度""文献类型""文献来源"等选项缩小检索范围。在高级检索页面中，单击"+"按钮，可以添加文献内容特征作为检索项，最多可添加七个条件行，期刊的种类也可以选择，如在 SCI 来源期刊、EI 来源期刊、北大核心、CSSCI（中文社会科学引文索引）、CSCD（中国科学引文数据库）中进行选择。此外，高级检索支持中英文扩展和同义词扩展检索，可以提高查全率。

高级检索页面各项功能解读如下。

检索项。CNKI 检索平台提供了近 20 个检索项（检索途径），各检索项含义如下。

（1）主题：默认检索字段，在中英文篇名、中英文关键词、机标关键词、中英文摘要中检索。

（2）篇名：在中英文篇名中检索。

（3）关键词：包括中英文关键词、机标关键词。机标关键词是由计算机根据文章内容，依据一定的算法自动赋予文章的关键词，与作者自拟关键词有区别。

（4）摘要：在中英文摘要中检索。

（5）作者：出现在文章中的由作者提供的中英文作者姓名。

（6）第一作者：文章发表时，有多个作者时排名在首位的作者姓名。

（7）作者单位：作者发表文章时所在的工作单位。检索时不能使用简称，如应输入"北京大学"，不能输入"北大"。

（8）期刊名称：中英文刊名。如果刊名发生变更，则输入曾用名、现用名均可检出。例如，输入"新世纪图书馆"时，"江苏图书馆学报""新世纪图书馆"的结果均可检出。

（9）参考文献：在文章所列"参考文献"中进行综合检索。

（10）全文：在文章的正文中进行检索，可输入一个词、一个短语或一句话，如"黄河之水天上来""奔流到海不复回"，可以选择"并且""或含""不含"等关系进行组合检索。

（11）出版年度：以阿拉伯数字表示，如"2022"。

（12）指定期：以 2 位阿拉伯数字表示的期刊刊期，如"01"表示该刊的第一期，"10"表示该刊的第 10 期；增刊以"s"表示，如"s1"表示增刊的第一期，"s2"表示增刊的第二期，以此类推；合刊以"z"表示，如"z1"表示某刊在某年的第一次合刊，"z2"表示某刊在某年的第二次合刊。

（13）更新时间：限定数据更新日期，包括不限、最近一周、最近一月、最近半年、最近一年、今年迄今、上一年度。

（14）来源检索：全部期刊、EI 来源期刊、SCI 来源期刊、北大核心、CSSCI、CSCD。

（15）中图分类号：通过《中图法》对文献内容分析，用分类号作为检索词进行检索，如 TM7、TP393 等。

（16）ISSN：ISSN 是指国际标准期刊号，如 ISSN1673-1603、ISSN1008-3979。

（17）DOI：DOI 是指数字对象唯一标识符，如 10.16565/j.cnki.1006-7744.2021.12.37。

（18）基金检索：专门检索得到某项基金资助发表的成果，可输入基金名称或按提示选择基金名称进行检索。

匹配。匹配方式分"精确"和"模糊"两种。

（1）精确：检索结果完全等同或包含与检索字/词完全相同的字/词，为默认选项。

（2）模糊：检索结果包含检索字/词或检索字/词中的词素。

例如，以作者途径检索，输入"张力"，选择"精确"匹配方式，只有"张力"的信息被检出；如选择"模糊"匹配方式，则"张力明""张力青""张力远""张力杰"等的信息均会被检出。如果不能确定作者姓名，则可以只输入姓名中的一个字或两个字，选择"模糊"匹配方式进行检索。

显示。表示检索结果单个页面能显示的记录条数，有 10、20、50 三个选项，并可按照主题、期刊、来源类别、学科、作者、机构、基金等分组浏览。

排序。可按照相关度、发表时间、被引、下载进行排序。

（1）相关度：按词频、位置的相关度从高到低顺序输出。

（2）发表时间：按文献入库或发表时间逆序输出，为默认方式。

（3）被引：按该文献被引次数从高到低顺序输出。

（4）下载：按该文献被下载次数从高到低顺序输出。

结果中检索。"结果中检索"又称为"二次检索"，是指在当前检索结果内进行的检索，主要作用是进一步精选文献。如果当前查找出的文献量太大，则可以再次缩小检索范围，以便获得与检索主题相关性更高的文献，精选出更适合的部分。二次检索这一功能设置于检索实施后的检索结果页面中。

3）专业检索

专业检索用于图书情报专业人员完成查新、信息分析等工作，可使用逻辑运算符和关键词构造检索式进行检索。构造检索式的步骤如下：

第一步，选择检索项。专业检索支持对以下检索项的检索：SU=主题，TKA=篇关摘，TI=篇名，KY=关键词，AB=摘要，FT=全文，AU=作者，FI=第一责任人，RP=通信作者，AF=机构，JN=文献来源，RF=参考文献，YE=年，FU=基金，CLC=分类号，SN=ISSN，CN=统一刊号，IB=ISBN，CF=被引频次。

第二步，使用逻辑运算符构造表达式。

（1）TI='生态' AND KY='生态文明' AND（AU % '陈'+'王' ）可以检索到篇名包括"生态"、关键词包括"生态文明"且作者的姓氏为"陈"或"王"的所有文章。

（2）SU='北京'*'奥运' AND FT='环境保护'可以检索到主题包括"北京"及"奥运"、全文中包括"环境保护"的所有文章。

（3）SU=（'经济发展'+'可持续发展'）*'转变'－'泡沫' 可以检索到主题包括"经济发展"或"可持续发展"且有关"转变"的信息，同时可以去除与"泡沫"有关的部分内容。

CNKI 平台还提供了"作者发文检索""句子检索""知识元检索""引文检索"等检索方式。

作者发文检索。通过输入作者或第一作者姓名及其单位信息，即可检索某作者发表过的全部文献成果。

句子检索。用来在全文中进行检索，可选"同一句"或"同一段"，如输入"永磁直驱风力发电机组"和"仿真"两个检索词，选择"同一段"选项，则当某文献的某一段同时出现这两个词时，其才会被检出。

知识元检索。知识元是显性知识的最小可控单位，是指不可再分割的具有完备知识表达的知识单位，其能够表达一个完整的事实、原理、方法、技巧等。知识元检索，就是对一个个完整的知识元进行检索，可以把知识元看成一篇文章。

引文检索。引文检索就是根据关键词查找被引用的文献。

4．导航式的查找资源方法

除上述集中检索文献信息的方式以外，CNKI 还开发了导航式的查找资源方法，CNKI 出版物检索及导航页面如图 6-11 所示，其导航分为出版来源导航、期刊导航、学术辑刊导航、学位授予单位导航、会议导航、报纸导航、年鉴导航、工具书导航。使用导航方式进行检索时，不需要掌握检索方式中较复杂的检索技能，操作比较简单。导航提供了查找所需文献信息资源的一种简便途径。

图 6-11　CNKI 出版物检索及导航页面

下面分别对期刊导航、学术辑刊导航、会议导航予以介绍。

1）期刊导航

期刊导航可使检索者直接查找要阅读的期刊，检索者可通过刊名（曾用刊名）、主办单位、ISSN、CN 四种途径进行查找。如查找刊名中含有"电力"的期刊检索页面如图 6-12 所示。

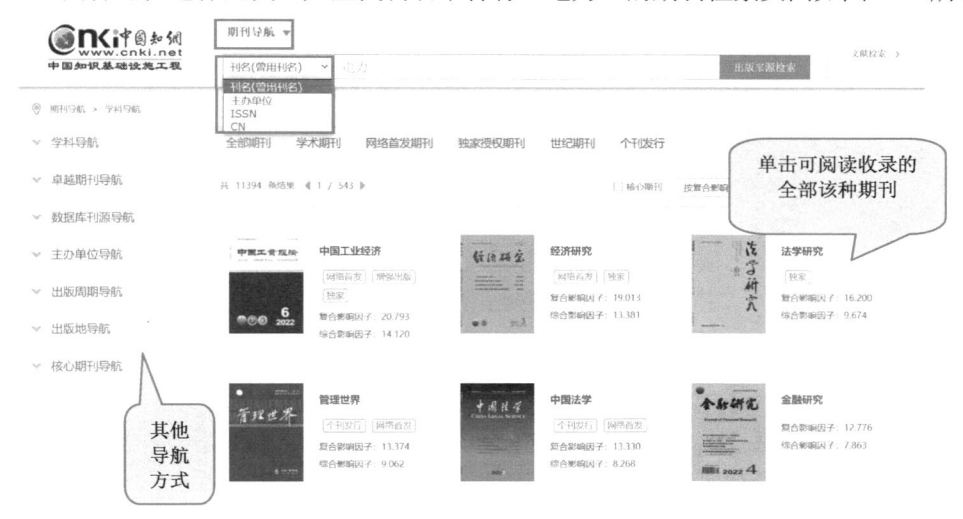

图 6-12　查找刊名中含有"电力"的期刊检索页面

单击《中国工业经济》期刊封面图片，可进入该期刊页面，阅读《中国工业经济》期刊的页面如图 6-13 所示。

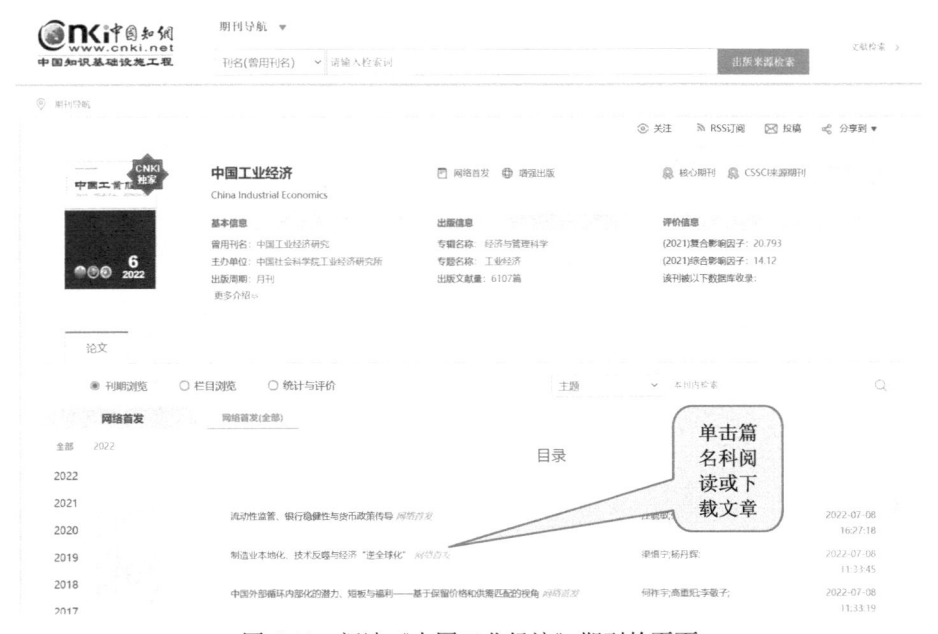

图 6-13　阅读《中国工业经济》期刊的页面

2）学术辑刊导航

学术辑刊导航收录自 1979 年至今国内出版的重要学术辑刊。学术辑刊的编辑单位多为高校和科研院所，其内容覆盖自然科学、工程技术、农业、哲学、医学、人文社会科学等领域。学术辑刊编者的学术素养高、论文质量好、专业特色强，具有较强的学术辐射力和带动效应。学术辑刊导航页面如图 6-14 所示。

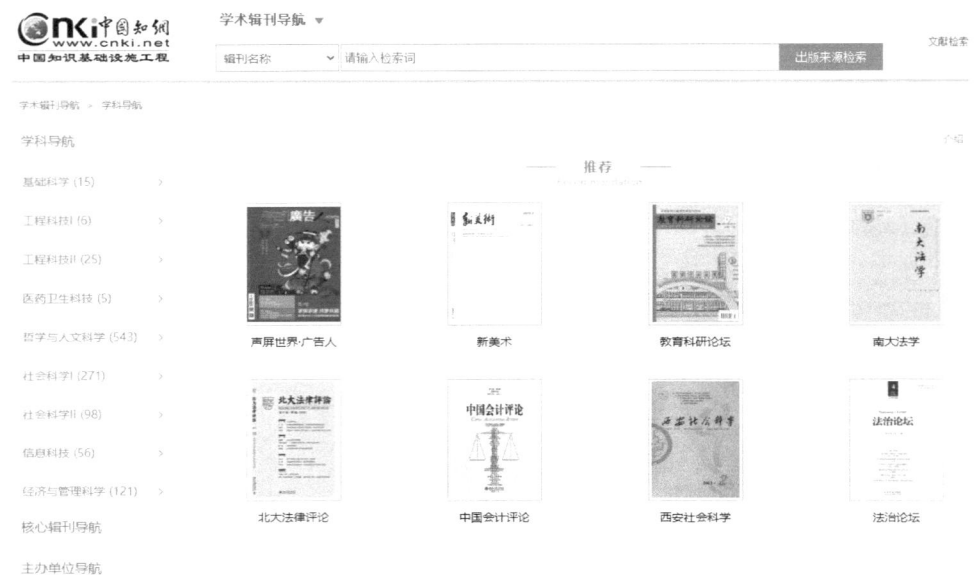

图 6-14 学术辑刊导航页面

3）会议导航

会议导航用于查找某一类型会议的会议论文，分为学科导航、行业导航、党政导航三种，检索项中提供了"论文集名称""会议名称""主办单位""网络出版投稿人"四种途径。会议导航是检索者获得会议论文的较简捷途径。利用会议导航查找会议论文页面如图 6-15 所示。

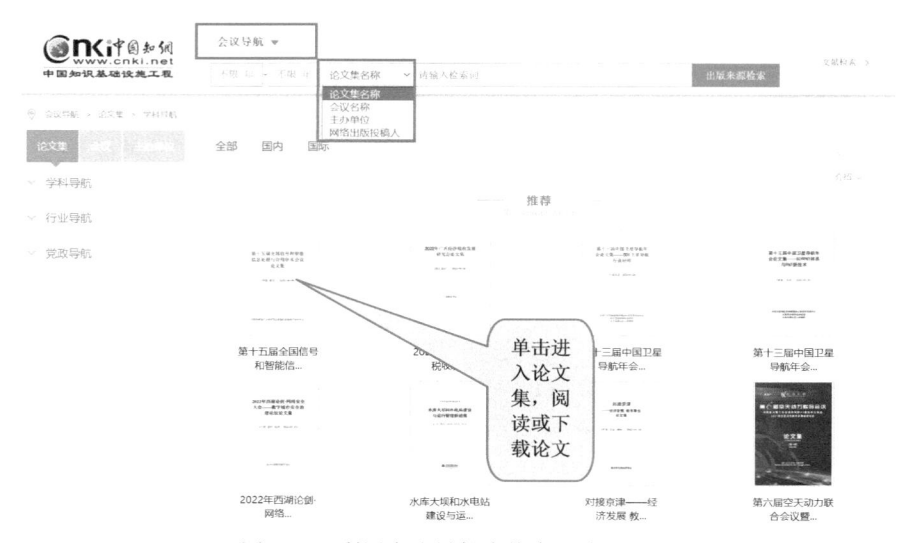

图 6-15 利用会议导航查找会议论文页面

此外，我们推荐检索者更多利用专业数字图书馆的导航，从一个馆延伸链接出某学科内的专业领域、相关领域、学科博导、学科院士、专业热词、文献成果统计、国省级课题成果、重要学术成果、学术会议、学术最新报道、学术热点等知识网络。例如，利用导航延伸链接出的电力科技创新知识服务平台首页如图 6-16 所示。

图 6-16　电力科技创新知识服务平台首页

实际上，很多导航都从不同角度为我们提供了获取某一方面资源的途径，只要我们善加运用，就会便利地获得各种文献资源。

5．"知网节"推送

"知网节"是知识网络节点的简称，知网节提供单篇文献的详细信息和扩展信息的浏览页面，以一篇文献作为一个节点文献，形成包含节点文献的题录摘要和相关扩展文献的知识网络，包括本文链接的文献网络、参考文献、相似文献、同行关注文献、相关作者文献、相关机构文献、文献分类导航、引证文献、同被引文献、共引文献等。"知网节"是知识发现式检索的一个应用，有助于我们发现和学习新知识，激发潜在需求，从而实现在获取知识的同时向知识发现式学习转变。"知网节"会在检索结果的浏览区页面详细列出。

仍以"永磁直驱风力发电机组仿真与最优运行研究"为例，查得其中一篇文献，单击"文献知网节"选项，打开"知网节"内容，节点文献页面知识网络如图 6-17 所示，节点文献相关扩展文献页面图 6-18 所示。

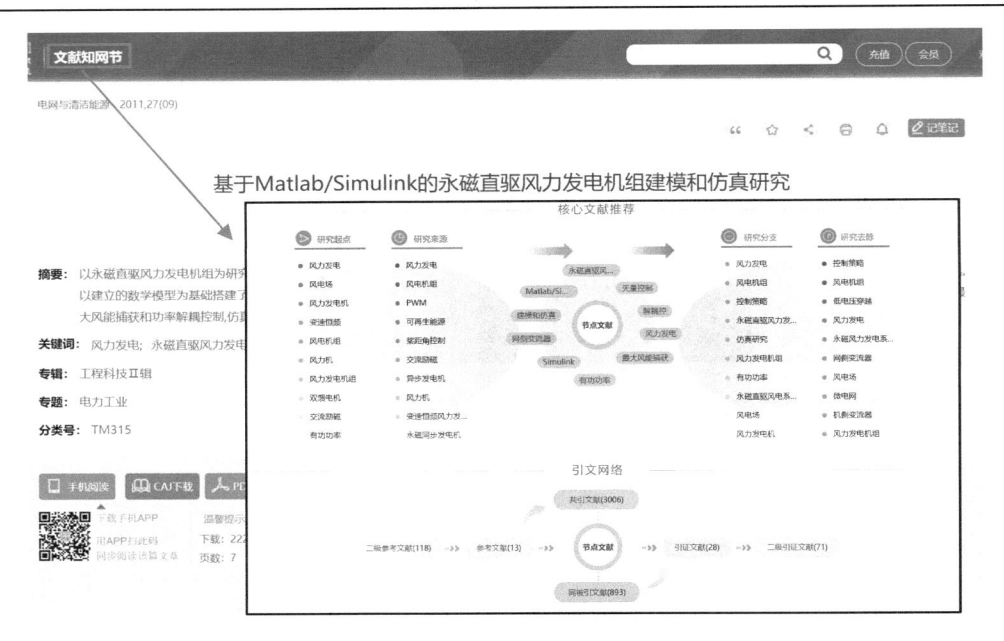

图 6-17　节点文献页面知识网络

图 6-18　节点文献相关扩展文献页面

"知网节"功能解读如下。

（1）节点文献的题录摘要：包含篇名、作者、作者单位、来源、关键词、摘要、刊名、刊期等，通过阅读可初步评价该篇文章的使用价值。

（2）参考文献：是本文引用或参考的文献，能发现本文研究内容的背景和依据。

（3）引证文献：引用或参考本文的文献，是本文研究内容的延续、应用、发展、融合和评价。

（4）共引文献：是与本文有相同参考文献的文献，能发现与本文研究内容相同的文献的研究背景或依据。

（5）同被引文献：与本文同时被作为参考文献引用的文献，可与本文共同作为进一步研究的基础。

（6）二级参考文献：是本文参考文献的参考文献，能发现早期与本文研究内容相关的研究背景和依据。

（7）二级引证文献：是本文引证文献的引证文献，能发现本文研究内容的延续和发展，是引证文献的延伸成果。

（8）相似文献：与本文研究内容相近的文献，能发现更多与本文内容相近的信息。

（9）读者推荐：与本文同时被读者关注的文献。

（10）相关基金文献：与本文研究内容相关的基金下的其他文献。

（11）关联作者：本文作者的其他文献。

（12）相关视频：与本文研究领域相同的文献的相关视频。

"知网节"可推送"知网节下载""免费订阅"功能。"知网节"的推送功能与CNKI导航的学科专业数据库的揭示功能都是CNKI知识发现系统的典型应用。"知网节"从单篇文献中在不同的范围内引申出同主题的相关学科、相邻学科和交叉学科的大量文献、成果、研究学者和机构、研究热点和趋势等，形成一个较完整和立体的知识网络系统，为我们的研究与学习提供了有效、便捷的工具。

此外，CNKI在知识发现网络（KDN）平台中提供了国际文献总库、行业知识库、个人/机构数字图书馆、数字化学习研究平台、CNKI Scholar、CNKI学术趋势等服务。

6.1.2 CNKI 的特色功能

1．个人/机构数字图书馆

个人数字图书馆适合从事科学研究、学术活动、企业创新、知识学习等相关工作的全体读者使用，读者可以根据个人的研究、学习领域，预先选择所需的主题、成果、学者圈、项目、阅览室、互联网、学科、会议、热点、趋势等，还可以按需添加更多个性化项目。创建个人数字图书馆的步骤非常简单：进入CNKI首页，单击"个人/机构馆"按钮，再单击页面左侧的"立即创建"按钮，按提示填写真实信息即可。个人数字图书馆可免费创建，远程使用。

2．知网研学

"知网研学"（原E-Study）集文献检索、下载、管理、笔记、写作、投稿于一体，为人们学习和研究提供全过程支持，是使用CNKI检索、管理、下载和撰写论文的利器，是一种探究式学习工具。熟练运用"知网研学"有助于检索者掌握知识的纵横联系，洞悉知识脉络，使用"知网研学"搜索文献页面及阅读、编辑文献页面如图 6-19 所示。

（a）搜索文献页面

（b）阅读、编辑文献页面

图 6-19　使用"知网研学"搜索文献页面及阅读、编辑文献页面

3. CNKI Scholar

CNKI Scholar 是为了加快国际学术资源在中国的传播速度而建设的学术搜索产品。其目标是基于版权合作，将各类国际学术资源整合在一起，为广大读者提供免费的题录检索服务，成为学术资源的统一发现平台。CNKI Scholar 目前已与 530 多家国际出版社进行了版权合作，整合出版了数百个重要的学术数据库、3 亿多篇中外文文献，与 Elsevier、Springer、

Taylor & Francis、ProQuest、Wiley、Pubmed、Cambridge University Press 等成为合作伙伴。其收录的外文文献类型包括期刊、会议论文、学位论文、专利、标准、图书等，文献内容涵盖科学、生物医学、化学、药剂学、地球科学、医疗与公共卫生、计算机科学、地理学、建筑学、生命科学、数学、物理学、统计学、工程学、环境等学科领域，能为检索者提供全面、权威、系统的知识网络。CNKI Scholar 检索页面如图 6-20 所示。

图 6-20　CNKI Scholar 检索页面

以"永磁直驱风电机"为关键词进行检索，检索结果如图 6-21 所示。

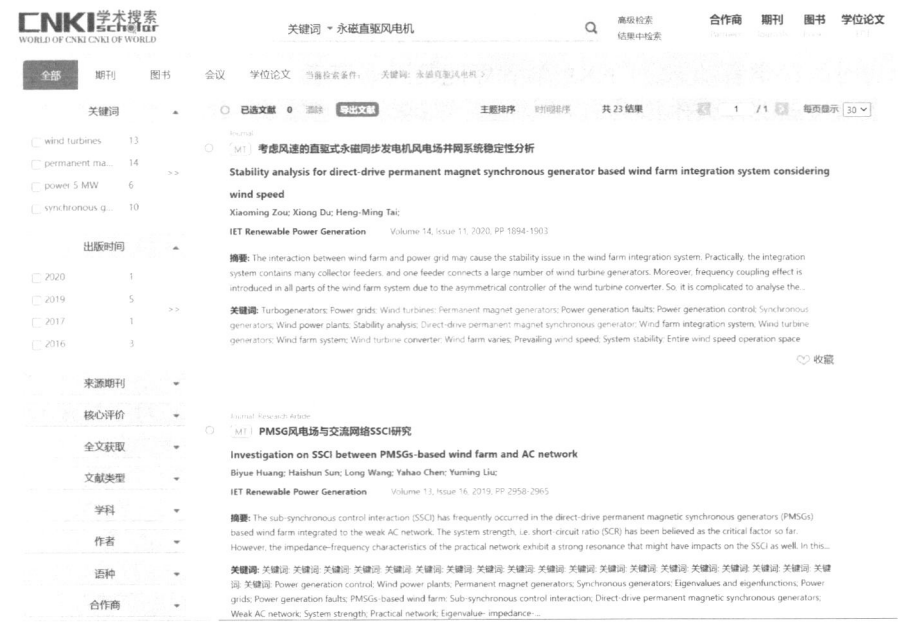

图 6-21　CNKI Scholar"永磁直驱风电机"的检索结果

CNKI Scholar 有以下六大特点。

（1）资源基于版权合作。CNKI Scholar 上发布的所有资源都来自与出版社的版权合作，若没有获得出版社的正式授权，则资源不会在 CNKI Scholar 上发布。

（2）拥有全球最大的读者群。CNKI Scholar 面向 2 万多个机构用户、2000 多万个个人用户提供免费的学术资源检索服务，日均检索量达 1000 多万次，并持续增长。

（3）支持跨库、跨语言检索。基于一系列全球领先的数字出版技术，CNKI Scholar 能够对中外文学术资源进行跨库、跨语言的文献检索，是统一的内容发现平台。

（4）支持中外文语言辅助翻译。基于先进的机器翻译技术，CNKI Scholar 能够将外文文献的重要内容自动翻译成中文，如篇名、关键词、文献中出现的重要学术术语等，帮助中国读者快速浏览、理解文献内容。

（5）建设有统一的知识网。CNKI Scholar 通过智能标引和深度知识挖掘，揭示和发现中外文文献之间存在的相互引用、内容相似等各类固有关系，建设全球统一的知识网络，帮助读者全面、系统、快速地发现要找的内容。

（6）发布简单快捷。与 CNKI Scholar 合作的出版社只需提供原始数据，之后的发布工作都将由 CNKI 完成。CNKI 在收到出版社数据后的 2 天之内，会将数据发布到 CNKI Scholar 上，并对外提供服务。

4．CNKI 学者库

CNKI 学者库（以下简称"学者库"）是一个以作者为节点的信息服务类数据库产品，主要收录 CNKI 源数据库文献的作者及其文献等相关信息，如个人基本信息（单位、职称、学科领域、个人简介等）、学术信息、学术关系网络等。该库为想寻找专家学者的个人、单位、企业等提供题录信息服务，同时也为作者本人提供丰富完善的学术信息首页和免费下载本人文献服务。通过加入学者库，研究者可以实现：

（1）快速建立学者关系网。CNKI 学者库会根据发文、研究领域、工作单位为研究者自动推送学者，并快速建立学者关系网，以传播学术影响力。

（2）实时跟踪学者动态。CNKI 学者库能帮助研究者第一时间获得学者的中外文发文动态、项目申报动态及合作动态。

（3）与学者在线交流。CNKI 学者库能帮助研究者快速找到感兴趣的学者，与他们在线交流，探讨学术问题。

5．CNKI 查重服务

2022 年 6 月 12 日，同方知网（北京）技术有限公司在 CNKI 官方网站及微信公众号发布公告：即日起向个人用户直接提供查重服务。由于 CNKI 过去只面向机构提供查重服务，忽略了广大个人用户学术规范自检与查新等实际需求，客观上造成了黑市与高价的问题，因此 CNKI 个人版定价参照市场通行的按字符数收费的方式，定为 1.5 元/千字，不高于市场主流同类产品价格，从而满足个人查重的需求。

6.1.3　CNKI 检索平台的优势

综上所述，CNKI 检索平台有以下独特的优势。

（1）单刊展示：包括原版封面、版权页、目次页、封底及封面链接、历史沿革及检索系统收录情况。

(2)导航功能:支持专辑、期刊、作者、内容分类、会议、工具书、博硕士授予单位、学科专业数字图书馆、学术网址大全等多种类别的导航功能。

(3)分类功能:提供以用户为导向的 168 个专题的分类体系,分类层次达到 4~6 层。

(4)检索功能:支持 CNKI 系列数据库文献统一跨库检索;支持整刊、引文、基金、主题词、中英文混合检索;支持数值、概念、事实、图表等知识元检索。

(5)分组功能:分为学科、发表年度、基金、研究层次、作者、机构。

(6)排序功能:支持主题、发表时间、被引、下载等排序方式。

(7)知识网络:"知网节"构造以文献为基础的知识网络,包括参考文献、二级参考文献、引证文献、二级引证文献、共引文献、同被引文献,以及相似文献、读者推荐、相关基金文献、关联作者、相关视频等,可对作者、机构、刊名、关键词及文中涉及的概念、数字等实现超链接。

(8)整合资源:整合了期刊、学位论文、会议论文、报纸、年鉴、专利、标准、科技成果、图书、Springer 期刊等多个 CNKI 收录的系列数据库资源。

(9)按需推送定制:支持专业知识库汇编、个人/机构数字图书馆按需定制等。

(10)下载功能:支持 CAJ 格式、PDF 格式全文下载。

(11)免费订阅:支持题录信息的邮件订阅和短信通知。

(12)订阅检索式:支持编制检索式,并定制到个人/机构馆的主题文献馆中,用户无须重复检索,即可跟踪该主题的最新发文,还可以查看关于该主题的全面、系统的分析报告,使学习和研究更加便捷。

(13)知网研学:通过学术资源管理、分析、学者圈交流等,让用户实现自主学习。

总之,通过 CNKI 我们可以实现主题跟踪、学科跟踪、本人成果跟踪、学者跟踪、科研项目跟踪、网络资源跟踪、期刊跟踪、研究趋势跟踪、研究热点跟踪、学术会议跟踪等诸多目的。

此外,CNKI 旗下有许多细分领域网站,如中国医院数字图书馆、中国法律数字图书馆、中国城市规划知识仓库、中国工具书库、互联网学术资源、CNKI 学术知识图片库、CNKI 翻译助手、CNKI 概念知识元库、CNKI 中小学数字图书馆等,读者可按需要选择。

6.1.4 全球学术快报

在移动端,CNKI 推出了"全球学术快报"手机 App,其基于 CNKI 网站,为用户提供定制个性化推送服务,让用户可以简易地搜索亿万文献,实时掌握最新科技动态。全球学术快报 App 界面如图 6-22 所示。

6.2 万方数据知识服务平台

6.2.1 万方数据知识服务平台资源介绍

万方数据知识服务平台(以下简称"万方")是由北

图 6-22 全球学术快报 App 界面

京万方数据股份有限公司在原有数据资源系统的基础上不断改进和创新的成果，是国内集高品质资源出版服务、资源增值服务等为一体的核心知识服务平台之一，收录了超过4亿条覆盖各学科、各行业的高品质学术资源，资源内容实时更新，资源质量较高。其数据库产品包括中国学位论文全文数据库、中国学术期刊数据库、中国学术会议文献数据库、中国科技成果数据库、外文文献数据库、中国法律法规数据库、中外科技报告数据库、中外专利数据库、中外标准数据库、中国机构数据库、中国科技专家库、中国地方志数据库等，涵盖了自然科学、工程技术、社会科学和人文地理等专业领域。文献类型囊括了中外学术期刊论文、学位论文、会议论文、专利、标准、图书、法规、科技成果、机构和专家等。万方提供检索、多维知识浏览等多种人性化的信息揭示方式，以及知识脉络分析、查新咨询、学术圈、论文相似性检测、引用通知等多元化增值服务，以满足用户对深度层次信息获取和分析的需求。2018年，万方推出了手机App"万方数据"。

万方系列数据库的简介如下。

中国学位论文全文数据库（CDDB），源于中国科技信息研究所，收录1980年以来的学位论文，年增约35万篇论文，论文总量超过570万篇，覆盖范围占研究生授予学位单位的85%以上，涵盖理、工、农、医、人文社科、交通运输、航空航天、环境科学等学科。检索可免费获得题录和文摘。

中国学术期刊数据库（CSPD），收录1998年以来国内出版的各类期刊8000余种，其中核心期刊3000余种，年增约300万篇，每周更新2次，涵盖理、工、农、医、经济、教育、文艺、社科、哲学、政法等学科。论文总量超过5000万篇。

中国学术会议文献数据库（CCPD），收录1982年以来的学术会议文献，每年收集约3000个重要的学术会议，年增约20万篇论文，每月更新，论文总量超过300万篇。收录内容以国家级学会、协会、研究会、部委、高校召开的全国性学术会议为主，是目前国内收录会议数量最多、质量最高、学科覆盖最广的数据库。

中国科技成果数据库（CSTAD），收录1978年以来的科技成果，数据主要源于各省、市、部委鉴定后上报科学技术部的科技成果及星火科技成果，涵盖新技术、新产品、新工艺、新材料、新设计等众多学科领域，收录总量超过60万项。

外文文献数据库（NSTL），由万方与NSTL合作建设，支持"一框式"检索及原文传递。外文期刊收录始于1995年，包含世界知名出版社2万余种学术期刊，年增百万余篇论文，论文总量达2000万篇；外文会议收录始于1985年，包含世界各学会、协会、出版机构出版的3万册论文集，年增约20万篇论文，论文总量达500万篇。

中国法律法规数据库（CLRD），收录始于1949年，数据源自国家信息中心，信息来源权威、专业，内容涵盖国家法律法规、行政法规、地方法规、国际条约及惯例、司法解释、合同范本等，论文总量达140万篇。

中外科技报告数据库包括中文科技报告和外文科技报告。中文科技报告收录始于1966年，数据源于科学技术部，收录报告已超2.6万份。外文科技报告收录始于1958年，主要收录美国四大科技报告（AD、DE、NASA、PB），收录数量达110多万份。

中外专利数据库（WFPD），收录始于1985年，共收录3800余万项专利，年增25万项，收录范围涉及中国、美国、澳大利亚、加拿大、瑞士、德国、法国、英国、日本、韩国、俄罗斯、世界专利组织、欧洲专利局。收录总量达1亿项。

中外标准数据库（WFSD）收录250多万条标准，其中全文数据源于国家指定标准出版单位,专有出版、文摘数据来自中国标准化研究院国家标准馆,数据权威。

中国机构数据库(CIDB),收录了企业机构、科研机构、信息机构各类信息总计约20万条,是查找我国机构发展现状及成就的重要途径,每月更新。

中国科技专家库(CESD),收录国内自然科学技术领域的专家名人信息,介绍各专家在相关研究领域内的研究内容及所取得的进展,为国内外相关研究人员提供检索服务,有助于用户掌握相关研究领域的前沿信息。收录的专家信息包括:姓名、性别、工作单位、工作职务、教育背景、专业领域、研究方向、研究成果、专家荣誉、获奖情况、发表的专著和论文等,总量达8万条。

中国地方志数据库(CLGD),包括新方志和旧方志。新方志收录始于1949年,总量达5万多册,旧方志收录1949年以前的地方志近8600种,总量达10万多卷。

6.2.2 万方数据知识服务平台检索

用户可以直接打开万方首页通过输入账号和密码登录平台,或通过购买机构库的单位的IP地址控制,在指定网页中单击链接登录平台。

万方为用户提供了分类浏览模式和快速检索、跨库检索等多种检索方式,以帮助用户在海量资源中快速命中结果,提高检索效率。

1. 分类浏览模式

万方的大部分数据库都提供了分类浏览模式,方便用户从学科、专业、行业、产品、时间、地区、期刊名称、资源等级等角度逐一展开浏览。

以万方中国学位论文全文数据库检索为例,该库提供了"学科""专业""授予单位"三种浏览模式,万方中国学位论文全文数据库分类浏览页面如图6-23所示。

图 6-23 万方中国学位论文全文数据库分类浏览页面

若进一步结合学科、专业、学位、年份等分类浏览模式,逐步缩小检索范围,则可大大提高查准率，这种浏览模式虽不如跨库检索灵活、迅速，但更适合从学科、专业、地区、行业等角度进行较精准的检索。

实例：检索"学位>专业>电力系统及其自动化"，万方中国学位论文全文数据库分类浏览检索结果如图 6-24 所示。

图 6-24　万方中国学位论文全文数据库分类浏览检索结果

将分类浏览模式和检索模式结合起来使用，将大大提高检索效率。

实例：先用分类浏览模式检索"学位>专业>电气工程"，并在检索结果中二次检索"学位授予单位：沈阳工程学院，时间：2020-2021"。分类浏览模式和检索模式结合使用如图 6-25 所示。

图 6-25　分类浏览模式和检索模式结合使用

最终命中了精确的检索结果，如图 6-26 所示。

第 6 章 常用中文数据库 89

图 6-26 精确的检索结果

2. 快速检索

在万方首页可默认进行快速检索，快速检索又称为经典检索、简单检索。首先，用户需要选择检索范围，即在期刊、学位、会议等资源库中做选择，然后单击检索框空白处，页面会根据所选资源库弹出不同的检索项，系统将默认对用户输入的检索词在该检索字段内进行比对，并输出相关结果，快速检索页面如图 6-27 所示。

图 6-27 快速检索页面

其中，不同的资源库分别从分类、学科、地区、行业等角度提供了资源导航，如期刊资源库列出了学科分类导航（细分为"哲学政法""社会科学""经济财政"等类目）、刊首字母导航、核心收录导航，方便用户浏览查询，期刊资源库资源导航页面如图 6-28 所示。

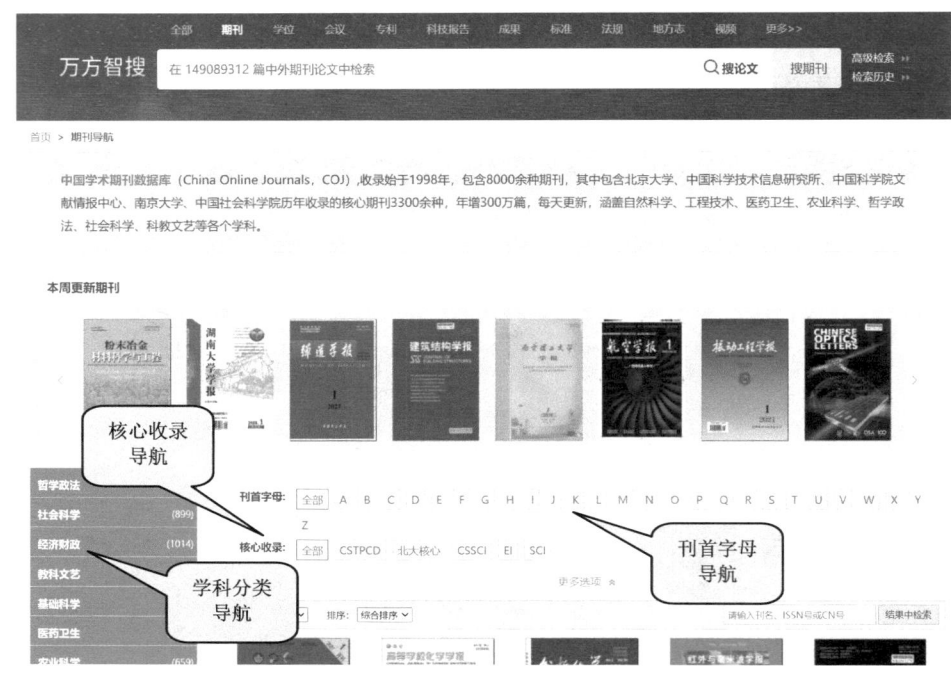

图 6-28 期刊资源库资源导航页面

实例：选择万方中国学位论文全文数据库，输入检索词"模拟器"，当用户执行检索并命中后，即显示检索结果，确定检索途径、输入检索词并执行检索页面如图 6-29 所示。

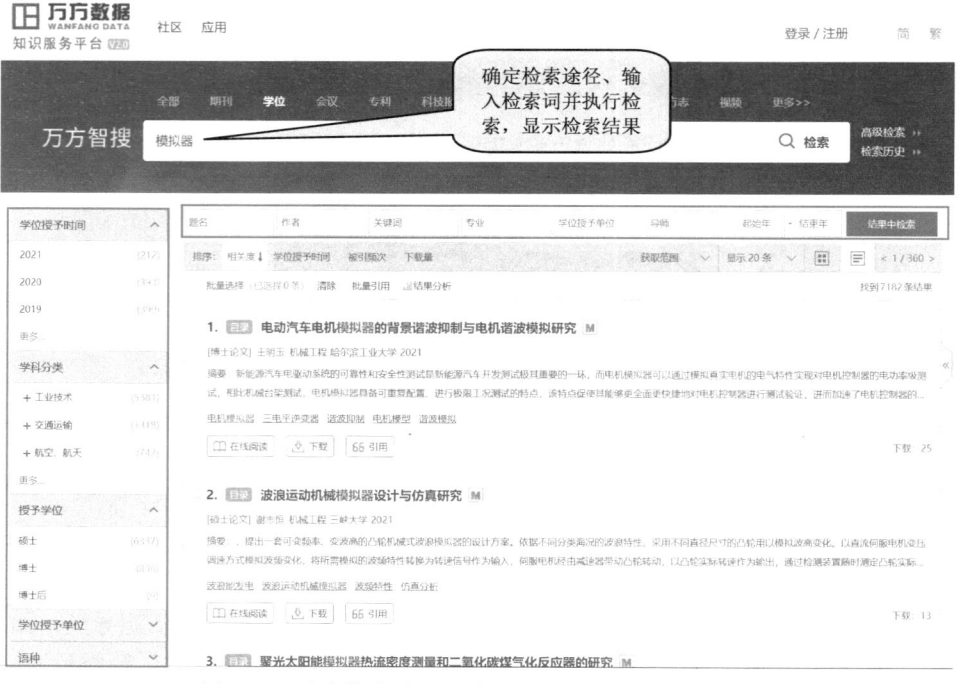

图 6-29 确定检索途径、输入检索词并执行检索页面

图 6-29 所示的页面还提供了分类浏览、二次检索和排序功能。首先，用户可通过页面左侧的学位授予时间、学科分类、授予学位、学位授予单位等选项分类浏览结果；其次，用户可以通过页面右上方的"结果中检索"按钮进行二次检索，通过增加检索条件进一步缩小检索范围；最后，用户可以对检索结果进行排序，该系统允许用户从相关度、学位授予时间、被引频次、下载量等角度对检索结果进行排序。

在页面右上方，用户还可限制检索结果的获取范围、显示数量、显示格式，更加便利地筛选与获取相关信息。切换检索结果显示格式后的页面如图 6-30 所示。

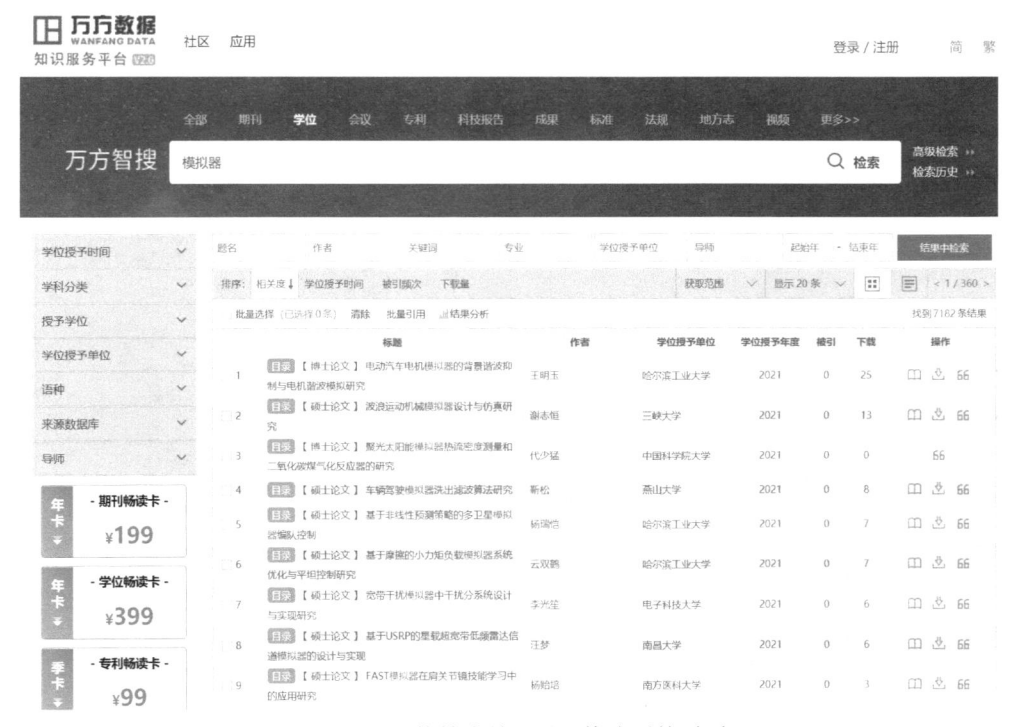

图 6-30　切换检索结果显示格式后的页面

3．跨库检索

虽然万方首页提供了"全部"检索入口，可实现一键检索，但快速检索方式仍然限制了用户在多个条件下完成更加精准的"一步检索"，而高级检索、专业检索、作者发文检索很好地解决了这一问题。在万方首页单击"高级检索"选项，即进入该系统的高级检索页面，如图 6-31 所示。注意，CNKI 检索中的"篇名"在万方检索中写为"题名"，二者意思相同。

首先，用户可通过勾选文献类型确定检索范围，同时用户可在高级检索、专业检索和作者发文检索间进行切换，以确定检索方式。确定好资源库后，用户可根据需求在高级检索页面下增删检索项，选择检索途径、匹配方式及各字段间的逻辑关系，以进行复合检索。

实例：在期刊论文资源库、学位论文资源库、会议论文资源库中检索题名包含"模拟器"且作者姓名包含"沈"字的 2022 年以前的文献，检索信息输入如图 6-32 所示，系统自动将信息翻译为检索式"（题名：（模拟器）and 作者：（沈*））and Date：*-2022"。

图 6-31 高级检索页面

图 6-32 在期刊论文资源库、学位论文资源库、会议论文资源库中进行跨库检索

执行检索后，在检索结果页面，系统自动对论文的发表年份、来源资源库及篇数等做出统计，用户可有选择地进行浏览。在确定检索结果后，用户可选择下载、在线阅读等处理方式。值得一提的是，每次开始新的检索时，万方的跨库检索并不会关闭前一次的检索结果页面（需要用户自行关闭），方便用户比较和保留检索结果。

用户输入的检索限定条件越多，检索结果就越精确，查准率就越高；相反，用户输入的检索词越模糊，限定条件越少，检索结果就越多。因此，用户需要注意检索技巧。

专业检索比高级检索功能更强大，但需要用户熟练掌握该系统的检索语法并编制检索式进行检索。专业检索页面提供的常用检索字段、逻辑运算符、检索举例、推荐检索词、检索历史等功能能更好地在词汇选择方面协助用户进行检索，专业检索页面如图 6-33 所示。

第 6 章 常用中文数据库　　93

图 6-33　专业检索页面

6.2.3　万方数据知识服务平台特色功能

除提供了上述资源库以外，万方还提供了许多特色资源库，如"红色文化专题库""民俗文化专题库"等，以及许多特色服务功能，在首页选择"创研平台"选项，即可看到其相关功能，创研平台页面如图 6-34 所示。

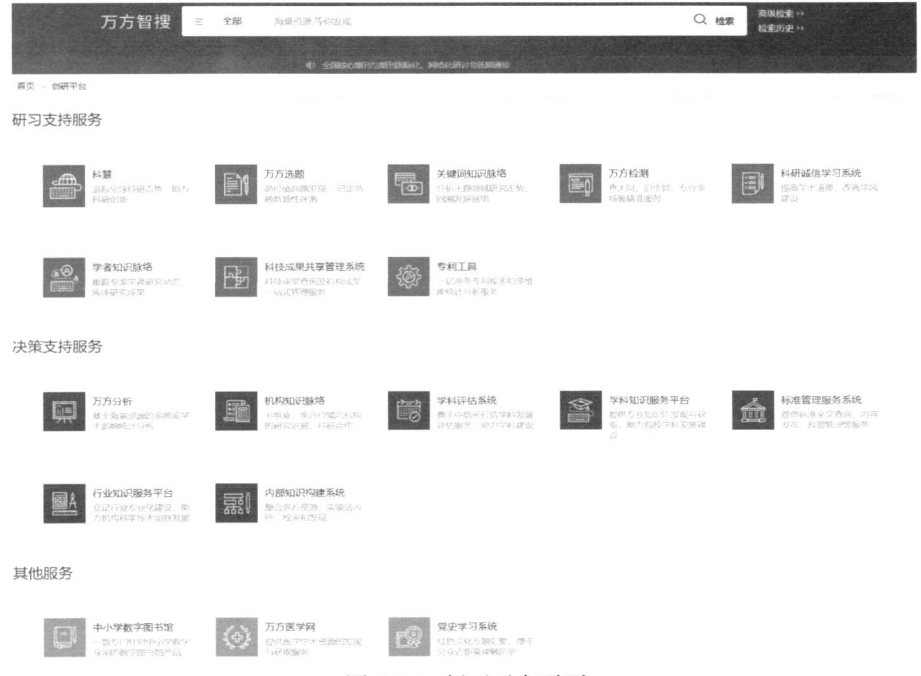

图 6-34　创研平台页面

1. 万方分析——学术知识脉络

万方分析基于海量资源的多维度学术影响进行统计分析，包括：

(1) 学者知识脉络，如图 6-35（a）所示。
(2) 机构知识脉络，如图 6-35（b）所示。
(3) 关键词知识脉络，如图 6-35（c）所示。
(4) 其他（学科分析、地区分析、期刊分析），需要购买使用。

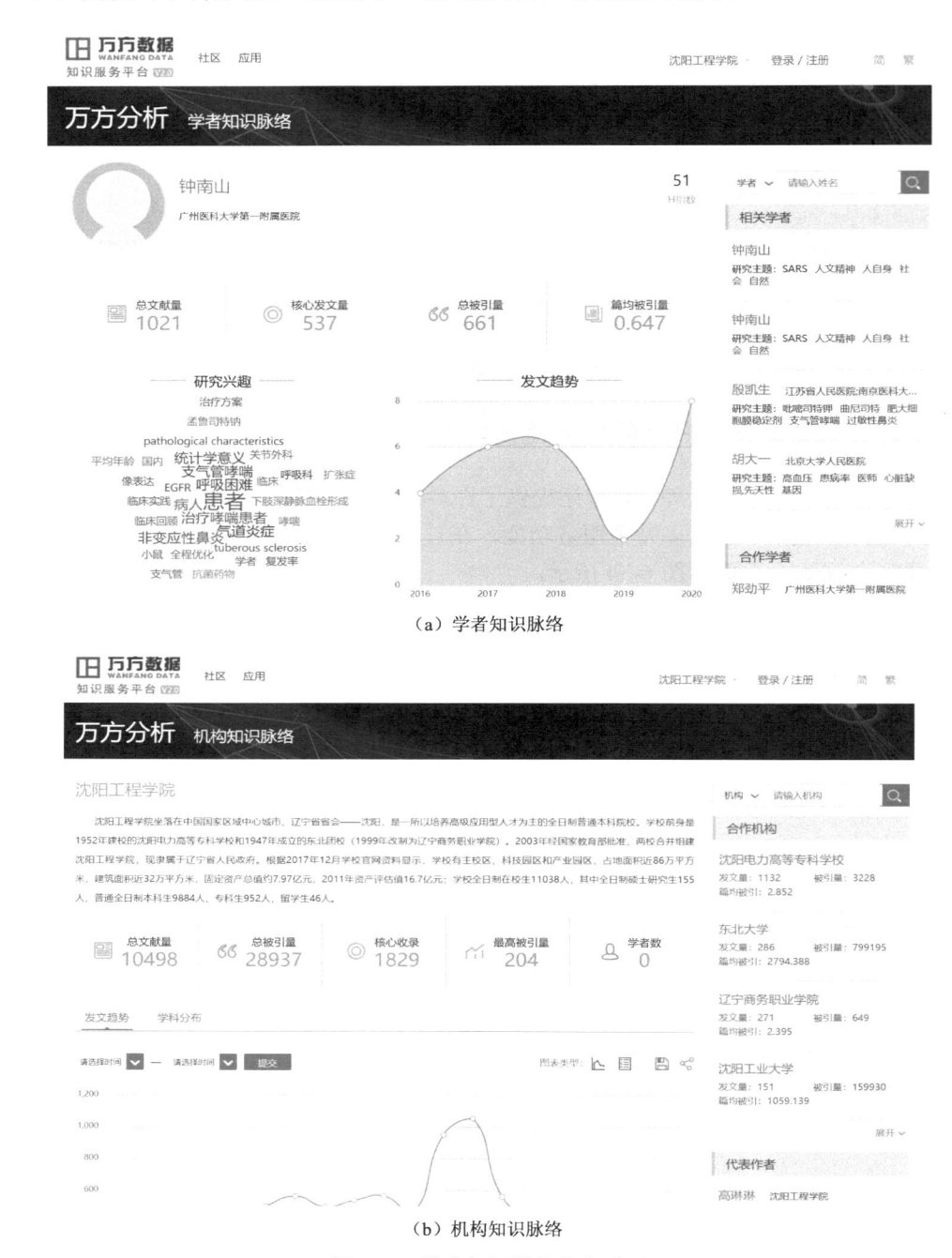

（a）学者知识脉络

（b）机构知识脉络

图 6-35　学术知识脉络检索页面

第 6 章　常用中文数据库

(c) 关键词知识脉络

图 6-35　学术知识脉络检索页面（续）

2．学科知识服务平台

学科知识服务平台的主要功能是按工业技术、基础科学、教科文艺、经济财政、农业科学、社会科学等学科分类，从"高关注度""高上升趋势""高下降趋势""新兴研究"等角度分别做出知识点分析，在每个分析报告内，允许用户通过单击其所列出的"知识点"查看其"知识脉络分析"，通过单击所列出的"共现研究"词汇查看具有高关联度的文献，以进行学科领域热点、前沿及知识点的关注度变化分析。学科知识服务平台中的电力学科知识服务平台页面如图 6-36 所示。

图 6-36　学科知识服务平台中的电力学科知识服务平台页面

万方还有其他特色功能，如"科技文献分析""万方学术圈"等，都是十分实用的特色功能。

此外，万方旗下有许多细分领域网站，如万方医学网、万方数据技术创新服务平台、万方中小学数字图书馆、万方创新助手、发现·地球等，读者可按需要使用。

6.3 维普系列产品

重庆维普资讯有限公司（Vip Information）的前身为中国科技情报所重庆分所数据库研究中心，其主导产品"中文科技期刊数据库"是我国最大的数字期刊数据库，受到国内图书情报界的广泛关注。其于 2000 年建成维普资讯网（现称"维普网"），该网站是整合全文、文摘、题录等多种形式的一体化综合性文献数据库系统。维普的主要系列产品有维普网、中文期刊服务平台、中文科技期刊数据库（全文版）、中文科技期刊数据库（引文版）、中国科技经济新闻数据库、外文科技期刊数据库、中国科学指标数据库、智立方知识资源服务平台、中文科技期刊评价报告、中国基础教育信息服务平台、维普考试资源系统、图书馆学科服务平台、文献共享服务平台、维普机构知识服务管理系统、文献共享平台、维普论文检测系统等。目前，维普网已推出手机 App。下面分别对维普网、中文期刊服务平台、中文科技期刊数据库（引文版）、智立方知识资源服务平台进行介绍。

6.3.1 维普网

维普网首页提供了"一框式"检索功能，平台提供了文献搜索、期刊搜索、学者搜索、机构搜索四种检索方式和标题/关键词、作者、机构、刊名四种检索途径。如查找"永磁直驱风力发电机"方面文献资料时，先选择"文献检索"类型，选定"标题/关键词"检索途径，输入"永磁直驱风力发电机"，单击"开始搜索"按钮，检索页面如图 6-37 所示。

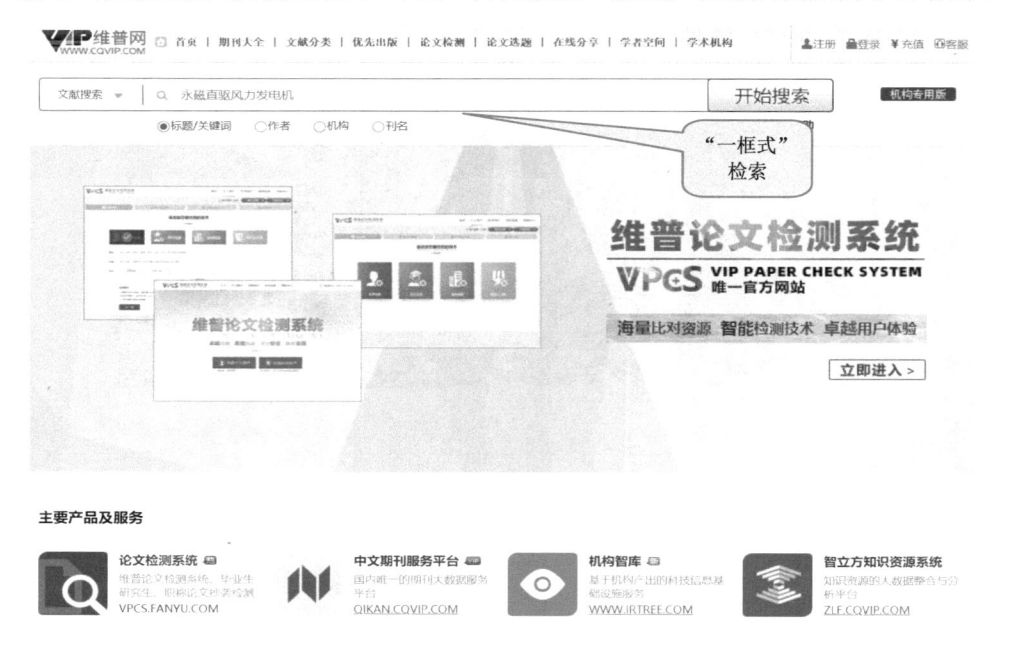

图 6-37 "一框式"检索"永磁直驱风力发电机"页面

第 6 章　常用中文数据库

检索结果如图 6-38 所示。可以看到，检出 689 篇文献，可在结果中进行二次检索，获得相关度更高的文献；检索结果中推送了来自平台内的相关文献。

图 6-38　"一框式"检索"永磁直驱风力发电机"结果

6.3.2　中文期刊服务平台

中文期刊服务平台是中文科技期刊资源"一站式"服务平台，是从单纯的全文保障服务延伸到引文、情报等服务的产品。中文期刊服务平台贯穿读者对期刊资源使用需求的各个环节，提供多层次、纵深度的集成期刊文献服务，从一次文献保障到二次文献分析、再到三次文献情报加工，深入整理期刊文献服务价值，为用户提供最具创新力的期刊资源研究学习平台。

中文期刊服务平台中的中文科技期刊数据库（全文版）提供了"一框式"检索，全文保障，截止到 2022 年 7 月，其共收录了中文期刊 15000 余种，现刊 9000 余种，文献总量 7000 多万篇。数据可追溯至 1989 年，期刊学科范围涵盖社会科学、自然科学、工程技术、农业科学、医药卫生、经济管理、教育科学和图书情报，分为 8 个专辑：工程技术、医药卫生、农业科学、自然科学、图书情报、教育科学、经济管理、社会科学；外文科技期刊数据库收录了 30 余个国家、11300 余种外文期刊、800 余万篇外文文献，对期刊题录中的刊名和关键词进行了汉化，支持中英文混合检索，数据每周更新，并联合了国内 20 余个图书情报机构提供原文传递服务。

中文期刊服务平台整合了期刊文献检索、文献引证追踪、科学指标分析、高被引析出文献、搜索引擎服务五大模块，各模块之间功能数据互联，检索更方便；提供了基本检索、检索式检索、高级检索、期刊导航、检索历史五种检索方式。

下面仍以"永磁直驱风力发电机"为例分别介绍各种检索方式。

1. 基本检索

基本检索提供的字段分别是题名（T）、关键词（K）、题名或关键词（M）、摘要（R）、刊名（J）、作者（A）、第一作者（F）、分类号（C）、参考文献、机构（S）、作者简介（Z）、基金资助（I）、栏目信息（L）、任意字段（U）；可以使用布尔逻辑运算符 AND、OR、NOT 进行逻辑组配。例如，"永磁直驱风力发电机"基本检索页面如图 6-39 所示。

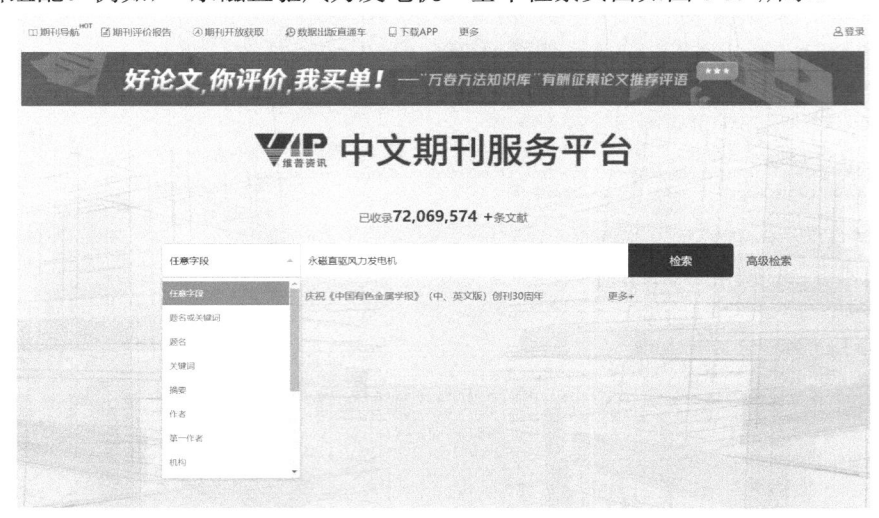

图 6-39 "永磁直驱风力发电机"基本检索页面

2. 检索式检索

检索式检索通过逻辑运算符和字段标识符的组配进行专业检索，用户可以选配"直接输入检索式+更多检索条件"检索方式，"直接输入检索式"对于检索专业人员或熟练掌握布尔逻辑运算符检索技能的用户更为方便，可以在输入编辑的检索式后，选择时间限定项，期刊范围（全部期刊、北大核心期刊、EI 来源期刊、SCIE 期刊、CAS 来源期刊、CSCD 期刊、CSSCI 期刊）限定项和学科限定项等条件，单击"检索"按钮开始检索。灵活选用限定项可以提高查全率和查准率，优化检索效果。"永磁直驱风力发电机"检索式检索页面如图 6-40 所示。

图 6-40 "永磁直驱风力发电机"检索式检索页面

3. 高级检索

高级检索提供了更详实、更强大的多项复合检索功能，检索者可在更多的检索框内输入检索词进行布尔逻辑运算符组合，检索框支持"与"（AND/and/*）、"或"（OR/or/+）、"非"（NOT/not/－）三种简单逻辑运算；逻辑运算符 AND、OR、NOT 前后须空一格；逻辑运算符优先级为 NOT>AND>OR，且可通过英文半角括号进一步提高优先级；表达式中，检索内容包含 AND/and、NOT/not、OR/or、*、－等运算符或特殊字符检索时，需加半角引号单独处理，如"multi-display""C++"；精确检索需使用检索框后方的"精确"选项。检索字段和字段标识符分别如下：任意字段（U）、机构（S）、题名或关键词（M）、刊名（J）、关键词（K）、第一作者（F）、作者（A）、题名（T）、分类号（C）、摘要（R）。字段标识符必须为大写字母，每种检索字段前，都必须带有字段标识符，相同字段检索词可共用字段标识符，如 K=CAD＋CAM。例如，检索式"S=维普资讯 AND A=范兴丰"表示查找机构中含有"维普资讯"且作者为"范兴丰"的文献，该检索式也可以写为"S=维普资讯 and A=范兴丰""S=维普资讯 * A=范兴丰"；检索式"（K=（CAD OR CAM）OR T=雷达）AND R=机械 NOT K=模具"表示查找摘要中含有"机械"，且关键词中含有 CAD 或 CAM、或者题名中含有"雷达"，但关键词中不包含"模具"的文献，该检索式也可以写为"（K=（CAD or CAM）or T=雷达）and R=机械 not K=模具"或"（K=（CAD＋CAM）＋T=雷达）* R=机械－K=模具"。

每个检索框后设置了检索项对应的"同义词扩展"功能，配合其他限定项，能极大地提高检索结果命中的准确率，避免出现如图 6-37 所示的检索到 689 篇文献，不得不进行二次检索来获得相关度更高的检索结果的情况。以查找华北电力大学朱亮学者关于"永磁直驱风力发电机"的文献为例，高级检索页面如图 6-41 所示。

图 6-41 高级检索页面

4. 期刊导航

期刊导航提供了按学科分类导航、核心期刊导航、国内外数据库收录导航、地区导航、主题导航五个模块，用户可从不同角度直接查找某种期刊，也可按期刊刊名顺序查找期刊，还可通过在检索框中输入刊名、ISSN、CN、主办单位等，来查找某种期刊。对于查到的期刊，用户可以按期、按篇在线阅读、下载全文和导出题录。期刊导航页面如图 6-42 所示。

图 6-42　期刊导航页面

5. 检索历史

检索历史是中文期刊服务平台比较有特色的功能，用户登录后，可以查询最近使用的多个检索表达式与检索结果，并用逻辑运算符组成更恰当的检索策略，还可以单击"订阅"按钮，通过邮件定期获取相关文献动态。检索历史页面如图 6-43 所示。

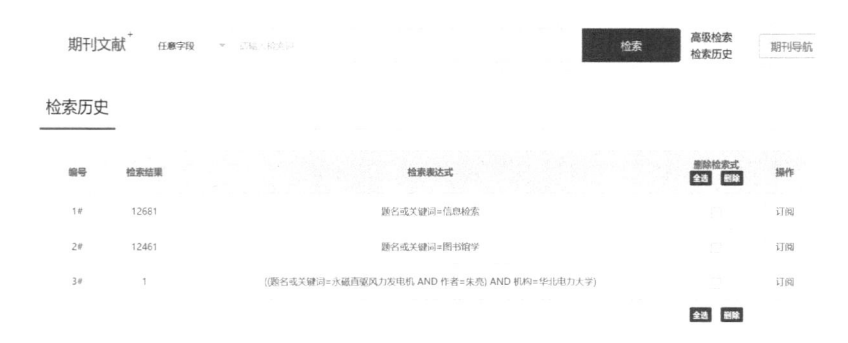

图 6-43　检索历史页面

6.3.3　中文科技期刊数据库（引文版）

中文科技期刊数据库（引文版）于 2010 年建立，能检索 2000 年以来国内 8000 多种中文科技期刊，采用科学计量学中的引文分析方法，对文献之间的引证关系进行深度数据挖掘。该数据库除提供基本的引文检索功能外，还提供基于作者、机构、期刊的引用统计分析功能，是广泛用于课题调研、科技查新、项目评估、成果申报、人才选拔、科研管理、期刊投稿等的强有力工具。

6.3.4 智立方知识资源服务平台

智立方知识资源服务平台是一个大数据知识服务平台，整合了期刊、学位论文、会议论文、专利等 10 种类型的文献，总计 2 亿多条数据，可提供"一框式"检索、分析、挖掘和全文保障服务功能。智立方知识资源服务平台检索页面如图 6-44 所示。

图 6-44 智立方知识资源服务平台检索页面

6.3.5 维普系列产品的优势

从维普收录的期刊数量和提供的功能可以看出，维普的确为检索者提供了专业化的数据库，维普系列产品的优势总结如下：

（1）可实现精确检索。在维普的传统检索中，用一个文本窗口就可以实现逻辑组配，这一点非常方便，另外，在检索方式上，其有许多的扩展功能，如查看同义词、查看同名作者、查看变更情况、查看分类表、查看相关机构等，更加便于用户精确检索。

（2）具有独有的复合检索表达方式。例如，要检索作者"张三"关于林业方面的文献，检索者只需利用"A=张三*K=林业"这样一个简单的检索式即可实现。这种通过简单的检索式来实现字段之间组配检索的方式，是领先于其他国内数据库产品的。

（3）检索途径多样。维普支持多样化的检索途径，可对题名、关键词、摘要、刊名、作者、第一作者、参考文献、分类号、机构、作者简介、资金资助、栏目信息和任意字段等字段进行检索，并可实现各个字段之间的组配检索，提供多个题录文摘的输出内容，满足检索者的不同需求。检索者只要掌握了一定的信息，就可以利用这些检索途径检索出相关文献，如果对于检索结果不满意，还可以通过调整检索策略、范围及途径继续检索。

（4）检索便捷。"文献搜索""期刊搜索""学者搜索""机构搜索""期刊导航"这 5 种主要的检索方式设置简洁明了，让检索者可以非常迅速地进行相关检索。检索者也可以直接选择不同的检索方式进行检索。

（5）具有特色的参考文献检索入口。检索者可实现与引文数据库的无缝链接操作，在全文数据库中实现对参考文献的检索；可通过检索参考文献获得原文献，并查看相应的被引情况、耦合文献等。维普系列产品提供查看"参考文献的参考文献"及查看"引用文献的引用文献"的文献关联漫游使用功能,提高检索者获取知识的效率,并提供有共同引用的耦合文献功能,方便检索者对知识求根溯源。

(6)具有丰富的检索功能。维普系列产品支持二次检索、逻辑组配检索、中英文混合检索、繁简体混合检索、精确检索、模糊检索,可限制检索年限、期刊范围等。

(7)支持受控的关键词标引。维普期刊库的标引具有鲜明的特点,是一种典型的自然语言和受控词语相结合的标引,维普的标引主要分为作者、题名、分类和关键词四大类。其中,作者和题名直接采自原文,具有一定的精确性,便于检索者进行专指性检索和引文回溯检索;分类直接由标引人员进行,具有较高的准确性和专业性,便于检索者进行族性检索,具有高度的检全性,可提高课题研究的质量;关键词标引最具特色,与CNKI等数据库不同,维普的关键词标引不仅采用了受控词语标引,而且所采用的标引词并不完全根据题名和原文关键词确定,其在具体分析原文内容的基础上生成通用的、受控的标准检索词,是一种较为规范化、受控的关键词标引,在一定程度上过滤了自然语言中的模、同义、近义、异义词的干扰,使得标引趋于规范化,使关键词标引专业化、精确化,使用户便于从通用的受控词入手检索信息,在专指性方面提高了检索的质量。

(8)检索结果页面直接支持全记录显示。检索者可以通过标记单个或者多个结果进行打印和下载等操作,只需单击"全文下载"图标即可下载全文,快捷方便。在检索结果页面,检索者可以直接看到题名、作者、时间、单位等文献外部信息,当进一步点开链接之后,还可以看到摘要、关键词等更具体的信息。

(9)个性化。检索者可以通过注册个性化的标识名使用"我的维普"功能,如充值,查看下载记录、我的收藏等,并可使用手机客户端实现检索等功能。

6.4　国研网

国务院发展研究中心信息网(简称"国研网")由国务院发展研究中心主管、北京国研网信息有限公司承办,创建于1998年3月,是中国著名的专业性经济信息服务平台。国研网以国务院发展研究中心丰富的信息资源和强大的专家阵容为依托,与海内外众多著名的经济研究机构和经济资讯提供商紧密合作,以专业性、权威性著称,全面汇集、整合国内外经济、金融领域的信息和研究成果,建设"精品数据库",打造中国先进权威的经济研究、决策支持平台,准确把握国内外宏观环境,经济金融运行特征、发展趋势及政策走向,为企业的管理决策、理论研究、微观操作提供有价值的参考。

国研网已建成了内容丰富、检索便捷、功能齐全的以全文数据库、统计数据库、研究报告数据库、专题数据库和世界经济数据库为主的大型经济信息数据库集群,包括对国务院发展研究中心1985年以来的研究成果,国研网自主研发报告,与国内知名期刊、媒体、专家合作取得的信息资源进行数字化管理和开发而形成的国研视点、宏观经济、金融中国、行业经济、区域经济、高校参考、基础教育等60多个文献类数据库,以及全面整合国内外权威机构提供的统计数据,采取先进的数据挖掘分析工具加工形成的宏观经济、对外贸易、工业统计、金融统计、财政税收、固定资产投资、国有资产管理等50多个统计类数据库。同时,国研网针对党政用户、高校用户、金融机构、企业用户的需求特点开发了党政版、教育版、金融版、企业版四个专版产品,并应市场需求变化推出了世经版以及经济·管理案例库、战略性新兴产业数据库、文化产业数据库、国务院发展研究中心行业景气监测平台、中国电子商务数据库等专业化产品。

此外，国研网以高效率、专业化的研究咨询团队，为政府部门、企事业单位和海内外机构提供深度的市场研究与决策咨询服务，以及个性化信息、专项课题研究、经济类综合性高层论坛、职业化培训和网络广告等领域的咨询服务。

国研网首页如图 6-45 所示。使用国研网进行检索时，检索者可以根据自己的检索需求在检索平台首页上方选择不同的专版平台。对不同的专版平台来说，检索页面虽有不同，但基本的检索方式是相同的，其提供简单检索（对应"检索"按钮）和高级检索（对应"高级检索"按钮）两种方式。

图 6-45　国研网首页

1. 简单检索

检索者可通过在检索框内输入检索词，选择标题、关键词、来源或全文检索字段，并单击"检索"按钮完成一次简单检索。

2. 高级检索

在国研网首页，单击"高级检索"按钮，可打开"高级搜索"页面，如图 6-46 所示。在"高级搜索"页面中，检索者可以更精确地设置检索信息的限制条件，以提高检索查准率。在多个检索框中输入检索词后单击"立即搜索"按钮即可进行高级检索。

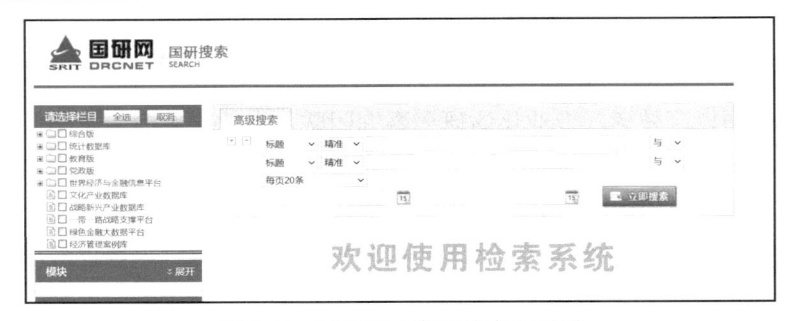

图 6-46　国研网"高级搜索"页面

6.5　其他财经、金融、商业类网站

1. 中国经济信息网

中国经济信息网（简称中经网）是国家信息中心组建的、以提供经济信息为主要业务的专业性信息服务网络，于 1996 年 12 月 3 日建立。它继承了国家信息中心多年来丰富的信息资源和信息分析经验，利用自主开发的专网平台和互联网平台，为政府部门、金融机构、高等院校、企业集团、研究机构及海内外投资者提供宏观经济、行业经济、区域经济、法律法规等方面的动态信息、统计数据和研究报告，帮助其准确了解经济发展动向、市场变化趋势、政策导向和投资环境，为其经济管理和投资决策提供强有力的信息支持。

中经网是互联网中最大的中文经济信息库，是描述和研究中国经济的权威网站。中经网下还设有中经专网，是各类经济研究人员深入探讨各类经济问题的得力智库和交流的有效平台，中经网和中经专网都提供"一框式"检索，中经专网还提供高级检索。

中经网包含综合频道、宏观频道、金融频道、行业频道、区域频道、国际频道六个板块。例如，若要检索我国"一带一路"的数据，可以单击中经网首页（如图 6-47 所示）"一带一路"链接进入"一带一路"统计数据库页面（如图 6-48 所示）。

图 6-47　中经网首页

第 6 章 常用中文数据库 105

图 6-48 "一带一路"统计数据库页面

2．中国资讯行

中国资讯行于 1995 年成立于中国香港，专门从事中国商业经济资讯的收集、整理和传播工作，已成为全球性的中文商业数据库平台。目前拥有 14 个庞大的网上数据库（分别是中国经济新闻库、中国商业报告库、中国法律法规库、中国统计数据库、中国上市公司文献库、中国医疗健康库、INFOBANK 环球商讯库、中国人物库、English Publications、中国中央及地方政府机构库、中国拟建在建项目数据库、中国企业产品库、香港上市公司资料库、名词解释库），并以每日逾 2000 万汉字的速度更新。中国资讯行通过网络、光盘、纸媒等多种形式提供信息服务。其数据库适用于经济、工商管理、财经、金融、法律、政治等专业，包括专业报道（2000 多万篇）、统计数据、法律法规、动态信息等特色内容。其准确的行业分类有效支撑了在海量数据库中的跨库快速检索。

例如，检索中国经济新闻库中有关"生态文明"的信息，检索页面如图 6-49 所示，检索结果如图 6-50 所示。

图 6-49 检索中国经济新闻库中有关"生态文明"的信息

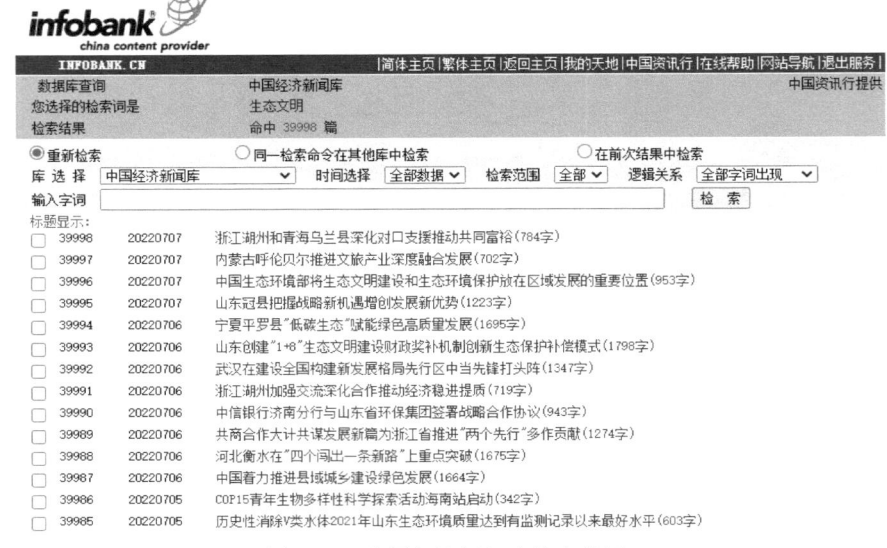

图 6-50　中国经济新闻库检索结果

3. 高校财经数据库

高校财经数据库是中国资讯行在教育网内专为中国大陆地区的高等院校开通的网站。高校财经数据库检索首页如图 6-51 所示。

图 6-51　高校财经数据库检索首页

6.6　北大法宝

6.6.1　数据库介绍

北大法宝又称为北大法律信息网或中国法律检索系统，是由北京大学法制信息中心与北大英华科技有限公司联合推出的智能型法律信息检索平台。其 1985 年诞生于北京大学法律系（现更名为法学院），经过 30 多年不断的改进与完善，是目前成熟、专业、先进的法律信息全方位检索系统。北大法宝首页如图 6-52 所示，北大法宝的数据库内容丰富、检索功能强大。

第 6 章　常用中文数据库

图 6-52　北大法宝首页

北大法宝系列数据库包括法律法规、法学期刊、律所实务、检察文书等，加上司法案例、专题参考两个检索系统，已全面涵盖法律信息的各种类型，在内容和功能上全面领先，成为法律工作者的必备工具，其特色功能如下。

（1）法条联想功能：用户不仅能直接链接所查文件中引用的法律法规和司法解释及其条款，还可链接与本文件相关的所有法律法规、司法解释、案例、裁判文书、法学论文、修订沿革、条文释义、实务指南等全方位的法律信息。

（2）以法"查法查条"，以法查案，以案"查法查条"功能：法案相通的双向超文本链接极大拓宽了法律从业人士的参考领域。

（3）修订沿革功能：通过对我国法律、法规的历次修订及相关法条异动情况的梳理，全面回溯数据。

（4）英文法条功能（需另购中英文在线数据库）：是新开发的法条中英文对照体系，建立了条款级的中英文对照功能，方便用户实现中英文法条的同步浏览，为涉外法律事务提供最佳工具。

北大法宝系列数据库中的法律法规数据库包括 12 个中文子数据库，各子数据库主要内容如下。

（1）中央法规。收录全国人大（常委会）[①]、国务院、各部委、最高人民法院、最高人民检察院批准和颁布的各类现行法律、行政法规、部门规章、规范性文件、司法解释等。

（2）地方法规。收录全国地方人大（常委会）、地方政府颁布的地方性法规、规章、规范性文件、地方自治条例和单行条例等。

（3）立法资料。收录全国人大常委会工作报告、立法草案及其说明、全国人大常委会执法检查、国务院政府工作报告、中国政府白皮书、有关法律问题答记者问、国家与政府

---

① "人大"为"人民代表大会"的简称；"常委会"为"常务委员会"的简称

机构简介。

（4）立法计划。收录全国人大（常委会）、国务院、各部委、全国地方人大（常委会）、地方政府颁布的立法计划（规划）。

（5）中外条约。收录新中国成立以来与世界各国签订的经济、科技协定和其他双边条约，以及中国缔结或加入的多边条约。

（6）外国法规。收录外国法律、国际组织发布的国际惯例和规范性文件。

（7）香港法规。收录中国香港特别行政区立法会及相关部门订立的法律法规。

（8）澳门法规。收录中国澳门特别行政区立法会及相关部门的法律法规。

（9）台湾地区法规。收录中国台湾地区立法院及相关部门订立的法律法规。

（10）法律动态。收录全国各地的时政要闻，以及立法动态、热点案例、司法关注、学界视角、法学教育等新闻。

（11）合同范本。收录官方和非官方发布的合同模板或协议模板。

（12）法律文书。收录刑事、民事、经济合同书、行政、仲裁、公证类法律文书、通用法律文书以及其他常用文书范本和格式文书。

6.6.2 数据库检索

1. 检索页面

北大法宝的检索页面分法律法规、司法案例、法学期刊、律所实务、专题参考、法宝视频、类案检索、法宝书城等多个栏目，每个栏目的检索页面都按照文献特性划分了不同的功能区，每个栏目检索内容输入区的检索途径和限制条件有所区别，但主要检索方式类似，使用时稍加注意即可。图6-53展示了司法案例检索首页。

图6-53 北大法宝司法案例检索首页

2. 使用指南

进入北大法宝首页，单击页面最上方一行中的"使用指南"链接，可以查看网站的使用指南，如图 6-54 所示。使用指南详细介绍了北大法宝的具体检索方式。

图 6-54 北大法宝使用指南

3. 高级检索

在北大法宝首页，单击"高级检索"按钮，可进入高级检索页面，如图 6-55 所示。

图 6-55 北大法宝高级检索页面

4. 检索结果排序和全文查看

检索结果提供了按发布日期、实施日期、相关度和引用量排序的功能（如图 6-56 所示）。此外，北大法宝数据库的全文资源是纯文本格式的，检索者可以直接阅读原文。

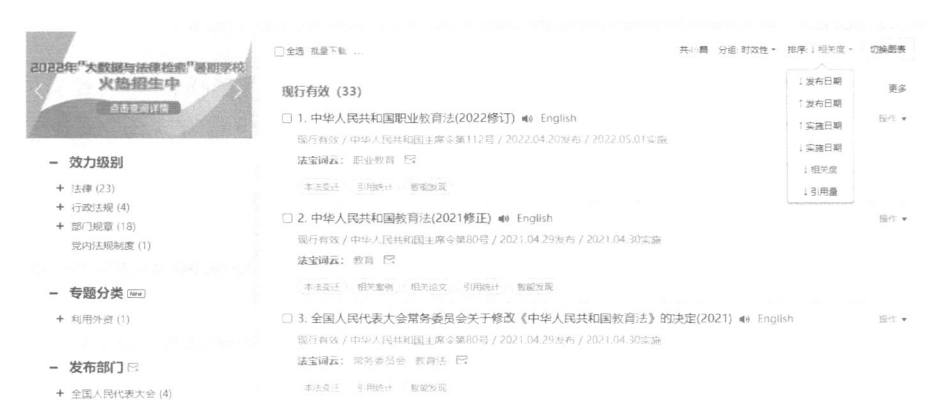

图 6-56 北大法宝检索结果排序

除北大法宝之外，与法律法规相关的数据库还有北大法意，它是北京法意科技有限公司开发的法律数据库和法律检索系统，提供本地镜像和网络在线的检索功能，先后推出了法律法规数据库高端专业版、中国司法案例数据库、律师合同业务支持系统、企业合同事务支持系统、人民法院审判质量和效率评估管理系统、人民法院裁判文书纠错系统、律师事务所管理信息系统、企业法律事务管理与风险控制信息系统等产品。

6.7 人大复印报刊资料

中国人民大学书报资料中心成立于 1958 年，是新中国最早从事人文社会科学文献搜集、整理、编辑的现代出版机构和学术信息服务机构。中国人民大学复印报刊资料简称人大复印报刊资料，是人大数媒科技（北京）有限公司以中国人民大学书报资料中心的复印报刊资料系列数据库为内容基础，辅以先进的检索方式创建的由优质的期刊、论文组成的人文科学、社会科学资料库，其首页如图 6-57 所示。

图 6-57 人大复印报刊资料首页

第 6 章 常用中文数据库 111

人大复印报刊资料数据库的登录方式分为两种，一是在其官网直接登录，二是在机构用户 IP 地址控制范围内，直接单击某链接登录（针对购买机构用户）。

人大复印报刊资料数据库提供全文检索、分类导航、期刊导航、高级检索等检索方式，设置有 8 个检索入口，分别是主题词、标题、副标题、作者、作者简介、关键词、全文、原文出处。其数字期刊库检索页面如图 6-58 所示。

图 6-58　数字期刊库检索页面

人大复印报刊资料收录国内公开出版的 3000 余种报刊上的社会科学、人文科学文献，通过对它们按学科领域或专题进行不同层次的整理加工，形成了系列纸本专题资料，包括全文和索引两部分。其学科范围涵盖人文与社会科学下的所有门类。除了纸质出版物，中国人民大学书报资料中心网站还建设有数据库产品，主要包括全文数据库、报刊摘要库、报刊索引库、目录索引库、专题研究库、数字期刊库 6 种，并和中国人民大学法制信息中心共同创办了大型法律综合网站。

1. 全文数据库

人大复印报刊资料全文数据库囊括了人文、社会科学领域的各个学科，包括政治学与社会学类、哲学类、法律类、经济学与经济管理类、教育类、文学与艺术类、历史学类、文化信息传播类及其他类，每个类别分别涵盖了相关专题的期刊文章。其特色为，以专家和学者的眼光，依循严谨的学术标准，在全面的基础上对海量学术信息进行精心整理、加工、分类、编辑，去芜存菁、优中选优，提供高质量的学术信息产品。其数据信息量大，涵盖范围广，便于用户了解与自己的课题相关的研究状况，把握本领域的研究动态。其收录年限为 1995 年至今，部分专题已回溯到创刊年。

2. 报刊摘要库

报刊摘要库是人文社科文献要点摘编形式的数据库，收录年限为 1993 年至今，收录了中国人民大学书报资料中心出版的 14 种专题文摘，内容均为经过高等院校和研究单位的专业人员提炼和浓缩的学术资料。其特色为，所收录的摘要能简明扼要地摘写文章的论点、论据和重要材料，记录科研成果，反映学术动态，帮助用户积累有关数据。其数据量大，涵盖范围广，便于用户了解与自己的课题相关的研究状况，把握本领域的研究动态。通过报刊摘要库，用户既能通过任意词等常见字段进行检索，满足快速获取文献信息的需求，又能以丰富的字段逻辑组合进行检索，满足复杂的准确检索需求。对于分类号、作者、主题词、关键词、期刊等，其均具备无限链接功能。

3. 报刊索引库

报刊索引库是题录型数据库，汇集了 1978 年至今的国内公开发行的人文社科报刊上的全部题录。按专题和学科体系分为九大类，包括法律类、经济学与经济管理类、教育类、历史类、文学与艺术类、文化信息传播类、哲学类、政治学与社会学类及其他类。拥有 600 多万条数据，包含专题代号、类目、篇名、著者、原载报刊名称及刊期、人大复印报刊资料专题期刊名称及刊期等多项信息。报刊索引库在报刊文献从无序到有序的转化及促进报刊文献资源的开发与利用方面发挥着关键性的作用，可以让用户及时了解本专业的研究状况和热点问题。

4. 目录索引库

目录索引库是题录型数据库，汇集了 1978 年至今人大复印报刊资料系列期刊的全部目录，按专题和学科体系分类编排而成，累计数据达 70 多万条。每条数据包含专题代号、类目、篇名、著者、原载报刊名称及刊期、选印在人大复印报刊资料上的刊期和页次等多项信息。该数据库是订购人大复印报刊资料系列刊物的用户提供查阅全文文献资料的得力工具。用户只需单击几个按钮就能获取准确的信息，得到科研工作所需的详尽资料，并从中归纳出该专题的历史研究规律和趋势。

5. 专题研究库

专题研究库于 2008 年 10 月建成，是根据特色选题，通过分类整理、合理组合，从人大复印报刊资料全文数据库中整理生成各类专题研究资料而形成的新的数据库产品。该库主要设有 24 个专题，包括中国立法、司法、政治、民族、社会等方面的问题研究，每个专题又下设若干子库。专题研究库的选题遵循专题原则、实用性原则和需求原则，内容涵盖人文社会科学领域中的理论前沿和社会热点问题。

6. 数字期刊库

数字期刊库以整刊形式面向用户，用户可以查看期刊封面、刊期等信息，同时提供期刊学科、期刊首字母拼音、期刊分类号、期刊属性等不同形式的查询方式，方便用户进行资源检索。其按刊物类别可分为复印报刊资料系列、原发刊系列、文摘系列，其收录年限为 1995 年至今。

6.8 电子书数据库

目前国内的电子书数据库主要有超星数字图书馆、书生之家数字图书馆、方正 Apabi 数字图书馆、畅想之星电子书等。

6.8.1 超星数字图书馆

1. 超星汇雅数字图书馆

超星汇雅数字图书馆是北京世纪超星信息技术发展有限责任公司（以下简称超星公司）与中国国家图书馆合作开发建设的数字图书馆，成立于 1993 年。其与全国 30 多家图书馆和情报中心建立了数据共享及战略合作伙伴关系，是目前世界上最大的中文在线数字图书馆，拥有数字图书 160 多万种，其中 2000 年以后出版的新书达 30 多万种，覆盖范围涉及哲学、宗教、社科总论、经典理论、民族学、经济学、自然科学总论、计算机等学科门类。

1）登录

超星汇雅数字图书馆的登录方式有两种，一是通过访问首页登录，二是在机构用户 IP 范围内通过首页链接直接登录（针对订购机构用户）。通过沈阳工程学院图书馆中的首页链接登录超星汇雅数字图书馆首页后的页面如图 6-59 所示。

图 6-59　通过沈阳工程学院图书馆中的首页链接登录超星汇雅数字图书馆首页后的页面

2）检索方式

超星汇雅数字图书馆提供简单检索、高级检索两种检索方式。

（1）简单检索：首页默认的检索方式为简单检索，提供书名、作者、目录及全文检索 4 种检索途径。

实例：采用书名检索，检索书名中包含"风力发电"的图书。在检索框中输入"风力发电"进行检索,选择"书名"选项,单击"检索"按钮,检索结果如图6-60所示。

图 6-60　书名检索结果

如果检索结果过多,还可以进行二次检索,缩小检索范围。

(2) 高级检索:单击"高级检索"按钮,可以进入高级检索页面,在高级检索页面可以输入多个条件进行复合检索,提高检索的查准率。

实例:检索"叶杭冶"在2015—2022年期间出版的"风力发电"相关的书籍。书名输入为"风力发电",作者输入为"叶杭冶",年代选择为"2015年至2022年"。检索结果如图6-61所示。当作者重名或者书名不确定时,可用页面右侧"分类"或"中图分类号"下拉菜单进行学科类别的限制检索,提高检索结果的准确率。

图 6-61　高级检索的检索结果

超星汇雅数字图书馆根据《中图法》对图书进行分类，分类情况如图6-62所示。在页面左侧的"图书分类"列表中，可选择所需检索的类目，在其下将会出现该类目所包含的下级类目，继续选择下级类目直到找到相应类目后，页面将显示该类目收录的所有图书。

图6-62　超星汇雅数字图书馆高级检索分类情况

实例：利用分类找出发电、发电厂的相关书籍。在"图书分类"列表中选择"工业技术->电工技术->发电、发电厂"选项，检索结果如图6-63所示。

图6-63　"发电、发电厂"检索结果

3)检索结果处理

针对检索结果,超星汇雅数字图书馆提供了在线阅读、下载本书、纠错等功能。其中,在线阅读分为阅读器阅读、PDF 阅读、EPUB 阅读三种方式。

阅读器阅读:超星汇雅数字图书馆提供了专门的阅读器,可在其首页下载,按提示安装使用即可,推荐使用阅读器阅读方式。例如,针对检索到的《发电厂、变电所电气设备运行与维护》一书,直接单击"阅读器阅读"按钮,书籍内容页面如图 6-64 所示。

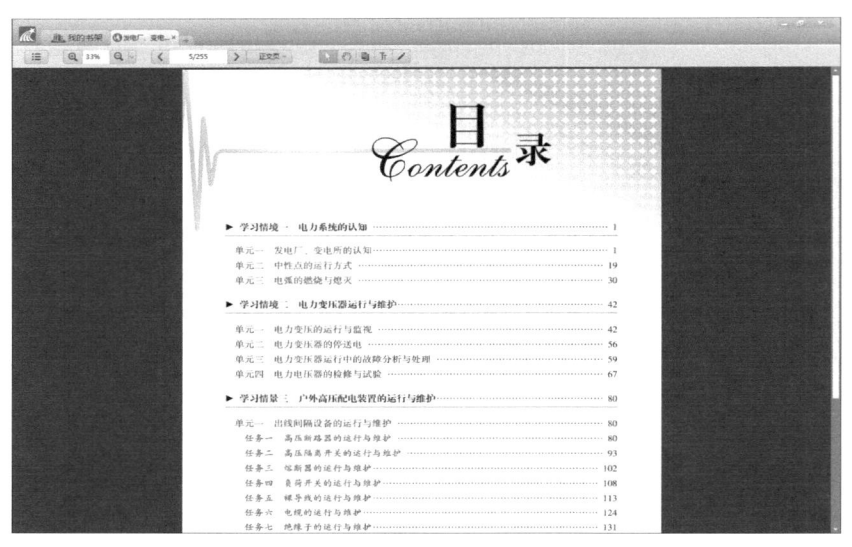

图 6-64 书籍内容页面

用户可以在阅读之后将其下载到本地的计算机中,也可以对下载的图书进行编辑,如进行文字识别、图像识别、复制粘贴等操作,还可以对其进行打印、自动滚屏、更换阅读底色、导入导出、添加书签、标注等操作。单击工具栏中的文字识别工具,在需要识别的文字上画框,文字就会被识别成文本,显示在弹出的对话框中。识别文字界面如图 6-65 所示。

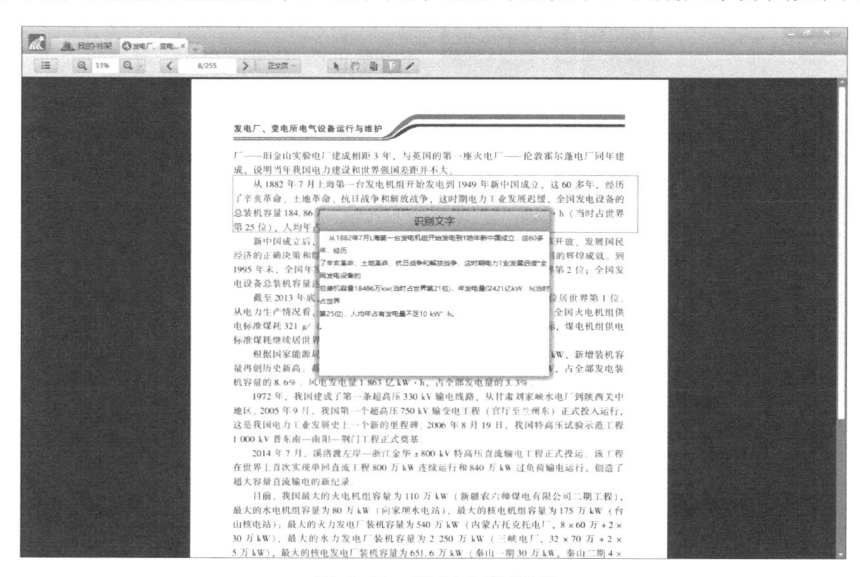

图 6-65 识别文字界面

第 6 章 常用中文数据库

PDF 阅读：PDF 阅读是一种在线阅读方式。直接单击检索结果页面中的相应按钮，即可进行 PDF 阅读。若想查找书中的某些内容，可单击阅读界面右上角的"放大镜"标志进行，但 PDF 阅读方式不支持用户对书籍内容进行过多处理。PDF 阅读页面如图 6-66 所示。

图 6-66　PDF 阅读页面

EPUB 阅读：EPUB 阅读也是一种在线阅读方式，提供目录和设置功能，用户可以单击目录直接跳转章节，也可以对阅读页面的主题颜色、正文字体和字体大小进行调节，EPUB 阅读页面如图 6-67 所示。

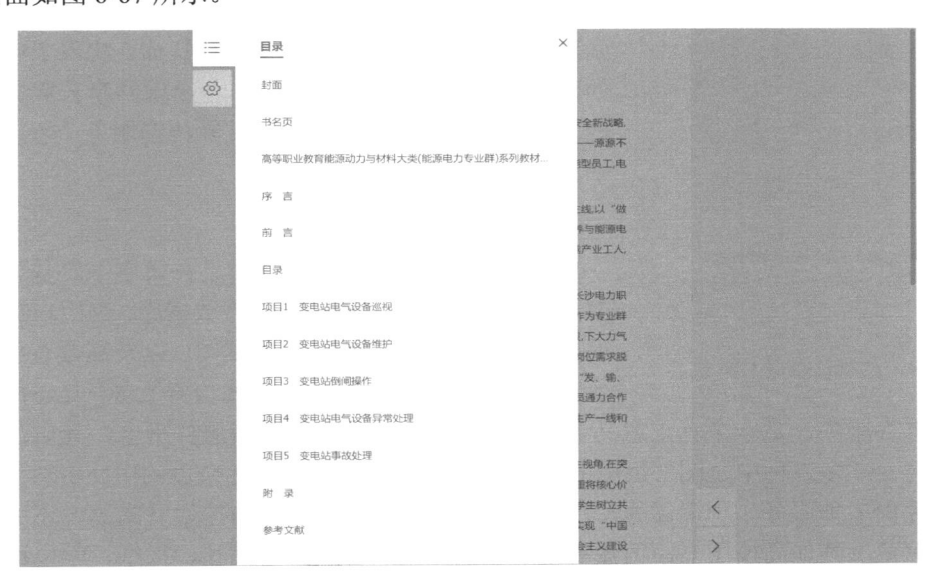

图 6-67　EPUB 阅读页面

超星汇雅数字图书馆阅读器提供的"本地书架""最近阅读""我的最爱"等模块，可以存储查到的图书，以备用户实现日后的查找与阅读。超星汇雅数字图书馆还提供"使用帮助"功能，在遇到检索问题时，可打开首页的"使用帮助"模块，其将指引用户更有效地检索、阅读和管理电子书。使用帮助页面如图 6-68 所示。

图 6-68　使用帮助页面

2. 超星移动图书馆

超星移动图书馆是一个移动阅读平台，用户在手机、平板电脑等移动设备上安装超星移动图书馆 App 后，可以自助进行馆藏查询、个人借阅查询、图书馆最新公告浏览等。超星移动图书馆拥有超百万册电子书、海量报纸文章及中外文献元数据，用户可自由选择。超星移动图书馆与图书馆书目检索系统集成，实现了纸质馆藏文献的移动检索与自助服务；与数字图书馆门户集成，实现了电子资源的一站式检索和全文移动阅读；与全国共享云服务体系集成，实现馆外资源联合检索与文献传递服务。超星移动图书馆首页如图 6-69 所示。

3. 超星读秀

读秀即读秀学术搜索，是超星公司旗下的基于海量全文数据及资料基本信息的超大型数据库，为用户提供图书的全文检索，部分文献的原文试读，以及高效查找、获取各种类型学术文献资料的一站式检索服务，其还提供周到

图 6-69　超星移动图书馆首页

的参考咨询服务，是一个真正意义上的学术搜索引擎及文献资料服务平台。其后台建构在超星公司 630 多万种中文图书组成的超大型数据库上，以 16.5 亿余页的中文资料为基础，为用户提供多种服务。利用读秀，用户不仅可以实现对电子书的搜索及阅读，还可以实现对本馆馆藏及其他高校图书馆馆藏的搜索。读秀集成了图书、期刊、报纸、学位论文、会议论文、文档等多种文献，实现了中文、外文、文献分析等知识搜索和文献服务功能。

1）简单检索

读秀的简单检索提供全部字段、书名、作者、主题词、丛书名、目次 6 种检索途径，读秀简单检索页面如图 6-70 所示，在检索框内输入检索词，然后单击"中文搜索"按钮，

即可在图书数据资源中进行查找。

图 6-70　读秀简单检索页面

2）高级检索

单击"高级搜索"选项，可进入读秀高级检索页面，如图 6-71 所示。用户可以通过图书的书名、作者、主题词、出版社、ISBN、分类、中图分类号、年代等来准确地检索图书。

图 6-71　读秀高级检索页面

3）专业检索

在高级检索页面，单击"切换至专业搜索"选项，可进入专业检索页面。在中文图书专业检索文本框中输入需要查找的任意词的布尔逻辑组合，可以使搜索的范围更精确。

实例：检索题名或关键词中含有"课程思政"，且出版年代范围是 2020 年至 2022 年（含边界）的图书。输入表达式"（T=课程思政|K=课程思政）*（2020<=Y<=2022）"，单击"搜索"按钮，如图 6-72 所示。

图 6-72 读秀专业检索页面

4）分类导航

读秀分类导航提供《中图法》中的 22 个大类，用户可逐级分类到下一层的子类目，页面右侧将显示该分类下图书的详细信息。读秀分类导航页面如图 6-73 所示。

图 6-73 读秀分类导航页面

6.8.2 书生之家数字图书馆

书生之家数字图书馆是北京书生科技有限公司出品的全球性的书报刊开架交易平台，集成了图书、报纸、期刊、论文等文献的目录、文摘、章节、全文等丰富资源，其推出的"书生阅读器"提供阅读、编辑等多种强大功能。

书生之家数字图书馆提供分类检索、字段（书名、丛书名、出版机构、作者、ISBN、提要、主题）检索、目次检索、组合检索、全文检索、二次检索等多种检索功能。其全文检索功能可实现对所有图书的内容检索。

6.8.3　方正 Apabi 数字图书馆

方正 Apabi 数字图书馆是北京方正阿帕比技术有限公司推出的产品，目前有超 220 万册、2.2 亿章节可供阅读的电子书。其中可全文下载的图书共 68.9 万册，可试读的图书共 183 万册，支持移动阅读的图书共 17 万册。其通过镜像技术提供服务，用户也可自购读书卡登录使用，其推出的"Apabi Reader"阅读器提供全文检索、章节跳转、画线、批注等功能。方正 Apabi 数字图书馆提供一框式检索和高级检索两种检索方式。

6.8.4　畅想之星电子书

畅想之星电子书收录了 50 多万种新书电子书，年更新约 4 万种，以学术类电子书为主，学术类电子书占 60%以上，近 3 年的新书电子书占 34%以上，近 5 年的新书电子书占 63%以上，纸电同步比例高达 59%。其收录的电子书涵盖全学科的海量学术专著和畅销阅读作品，部分可作为专业参考书使用。畅想之星电子书首页如图 6-74 所示。畅想之星电子书也推出了移动端 App，支持移动端阅读。

图 6-74　畅想之星电子书首页

6.9 中文社会科学引文索引（CSSCI）

6.9.1 CSSCI 概况

中文社会科学引文索引（Chinese Social Sciences Citation Index，CSSCI）是由南京大学中国社会科学研究评价中心开发研制的数据库，用来检索中文社会科学领域的论文收录和文献被引用情况。

1. CSSCI 的发展

1997 年，南京大学提出研制 CSSCI 的计划。

1998 年，南京大学和香港理工大学合作研制出 CSSCI 网络版。

2000 年，南京大学成立中国社会科学研究评价中心。

CSSCI 已开发 1998 年以来的文献数据，其中来源文献 200 余万篇，被引文献 1100 余万篇。

CSSCI 已被北京大学、清华大学、中国人民大学、复旦大学、国家图书馆、中国科学院等 100 多个单位包库使用，并作为地区、机构、学术、学科、项目及成果评价与评审的重要依据。教育部已将 CSSCI 数据作为全国高校机构与基地评估、成果评奖、项目立项、名优期刊评估、人才培养等方面的重要指标。

CSSCI 遵循文献计量学规律，采取定量与定性评价相结合的方法从全国 2700 余种中文人文社会科学学术性期刊中精选出学术性强、编辑规范的期刊作为来源期刊。收录包括法学、管理学、经济学、历史学、政治学等在内的 28 个大类的 500 多种学术期刊。

2. CSSCI 的作用

作为我国人文社会科学主要文献信息查询的重要工具，CSSCI 可以为广大用户提供以下服务：

对于社会科学研究者，CSSCI 可以从来源文献和被引文献两个方面向研究人员提供相关研究领域的前沿信息和各学科学术研究发展的脉络。用户可利用 CSSCI，通过不同学科领域的相关逻辑组配检索挖掘学科新的生长点，获得实现知识创新的途径。

对于社会科学管理者，CSSCI 可以提供地区、机构、学科、学者等多种类型的统计分析数据，帮助用户制定科学研究的发展规划，为科研政策提供科学合理的决策参考。

对于期刊研究与管理者，CSSCI 可以提供被引频次、影响因子、即年指标、期刊影响广度、地域分布、半衰期等多种定量数据，并对多种定量指标进行分析统计，为期刊评价、栏目设置、组稿选题等提供科学依据。此外。CSSCI 还可为出版社与各学科著作的学术评价提供定量依据。

6.9.2 CSSCI 数据库检索

CSSCI 数据库检索分为来源文献检索和被引文献检索两种。利用来源文献检索，用户可以检索到普通论文、综述、评论、传记资料、报告等类型的文章。利用被引文献检索，用户可以检索到论文（含学位论文）、专著、报纸等文献被他人引用的情况。

CSSCI 数据库提供多种信息检索途径。来源文献检索途径包括篇名、作者、机构、刊名、关键词、中图分类号、学科类别、学位类别、基金、期刊年代卷期等。被引文献检索途径包括被引作者、被引篇名、被引刊名、被引年代、被引文献类型、被引文献细节等。用户可以按需对多个检索途径进行优化检索，如进行精确检索、模糊检索、逻辑检索、二次检索等。

1. 来源文献检索

CSSCI 的来源文献检索提供了 10 余种检索途径，大多数检索途径自身可以实现逻辑组配检索，这种逻辑组配包含两种运算方式，即"或"和"与"。

（1）篇名（词）检索。篇名（词）检索为用户提供了用篇名中的词段进行检索的手段。用户可以在篇名输入框中输入整个篇名，也可以只输入一个词，甚至一个字。如篇名为"我看北大"的论文只有一篇，而篇名中含有"北大"一词的论文则有 36 篇。

（2）作者检索。若希望查找某一作者或某团体作者（如课题组）的发文情况，则可在作者输入框中输入该作者的姓名或团体作者名称，若查找的作者为第一作者，则选中"第一作者"复选框，输入后单击"检索"按钮，即可在查看本次检索的命中结果，在检索结果中，会显示出本次检索的条件及命中篇数等。

在作者检索中，可采取模糊检索或前方一致的方式进行。例如，用"费孝"或"孝通"查询可以得到"费孝通"先生发表的所有文章，当然，采用这样的方式，出现误检的可能性会增加（如可能把"费孝成"或"李孝通"的文章都检索出来）。

（3）机构检索。机构检索为检索某一机构发表的文章提供了最佳途径。例如，想知道北京大学在 CSSCI 所收录的期刊上发表了多少篇论文，可以在机构输入框中输入"北京大学"，若查找的是第一机构，则选中"第一机构"复选框，然后单击"检索"按钮，则可得到 CSSCI 上所收录的北京大学发表的所有论文情况。

在机构检索中，同样可采用模糊检索或前方一致的方式，如用"复旦大学"检索，命中了 760 条结果，而用"旦大"检索，也命中了 760 条结果。

（4）刊名检索。刊名检索主要用于对某种期刊上的论文情况进行查询。若欲查看在《中国社会科学》上发表的论文，则可以在刊名输入框中输入"中国社会科学"，然后单击"检索"按钮，得到 CSSCI 收录该刊论文情况。当然，也可以通过卷期来限制该刊某卷某期发表论文的情况。

（5）关键词检索。关键词是用来反映论文主题意义的词汇，关键词检索提供了通过关键词找到相关论文的途径。检索式中的关键词组配对象可以有多个。

（6）中图分类号检索。根据指定的中图分类号进行检索。

（7）学科类别检索。选择相应的学科类别进行检索，可与其他项组配检索。

（8）学位分类检索。选择相应的学位分类进行检索，可与其他项组配检索。

（9）基金检索。对来源文献的基金来源进行检索，包括基金类别和基金细节，可以使用精确、前方一致或模糊检索等方式。

（10）期刊年代卷期检索。在相应的年代卷期输入框中输入阿拉伯数字进行检索，即可将检索结果控制在划定的时间范围内。

2. 被引文献检索

（1）被引作者检索。通过被引作者检索，可以了解到某一作者发表的论文在 CSSCI 中被引用的情况。如查询刘国光先生的论文被引用的情况，可在输入框中输入"刘国光"得到结果。

（2）被引篇名（词）检索。被引篇名（词）的检索与来源文献的篇名（词）检索相同，可输入被引篇名、篇名中的词段或逻辑表达式进行检索。

（3）被引刊名检索。主要用于查询期刊被引情况。在输入框中输入刊名，可得到该刊在 CSSCI 中的所有被引情况。

（4）被引年代检索。通常作为某一出版物某年发表的论文被引用情况的限制。

（5）被引文献类型检索。主要用于查询期刊论文、报纸、汇编（丛书）、会议文集、报告、标准、法规、电子文献等的被引情况。

（6）被引文献细节检索。具有较强的灵活性，可对文献题录信息进行检索，如输入某人的名字时，既可以对作者为某人的文献进行检索，又可以对篇名（词）中含有某人的文献进行检索。

6.10 全国报刊索引

全国报刊索引由上海图书馆《全国报刊索引》编辑部负责编辑和研制，创刊于 1955 年，是国内最早出版发行的综合性中文报刊文献检索工具。60 多年来，它由最初的《全国报刊索引》月刊，发展成为集印刷版、电子版及网站为一体的综合信息服务产品。全国报刊索引是目前国内收录数据总量最多、报道时间最早、时间跨度最长的特大型文献数据库之一，也是报道报刊品种最多的报刊数据库产品，收录全国的报刊篇名索引，年更新量在 50 万条左右，其总数据量已达到 560 万条，是查询晚清以来国内出版中文报刊文献信息的十分重要的检索工具。

从 2000 年起，其分为哲学社会科学版和自然科学技术版两个版本发行。该库的分类标引采用《中图法》，严格按照国家有关标准，其著录字段包括顺序号、分类号、题名、著者、著者单位、报刊名、年卷期、所在页码、主题词、摘要等。

6.10.1 检索方式

全国报刊索引提供机构和个人用户授权，个人用户可以通过登录全国报刊索引网站，注册并订购数据库服务，个人用户成功注册后，可免费获得 5 篇原文文献，同时每天还可以免费查看 10 幅大图。全国报刊索引数据库提供普通检索、高级检索、专业检索、文献导航、图片检索 5 种检索方式。

1. 普通检索

数据库的检索方式默认为普通检索，用户可以直接在检索框中输入检索词，在复选框里勾选数据库或文献来源。普通检索的检索范围默认为近代期刊和现代期刊。如查找题名含有"文化自信"的期刊，全国报刊索引普通检索页面如图 6-75 所示。

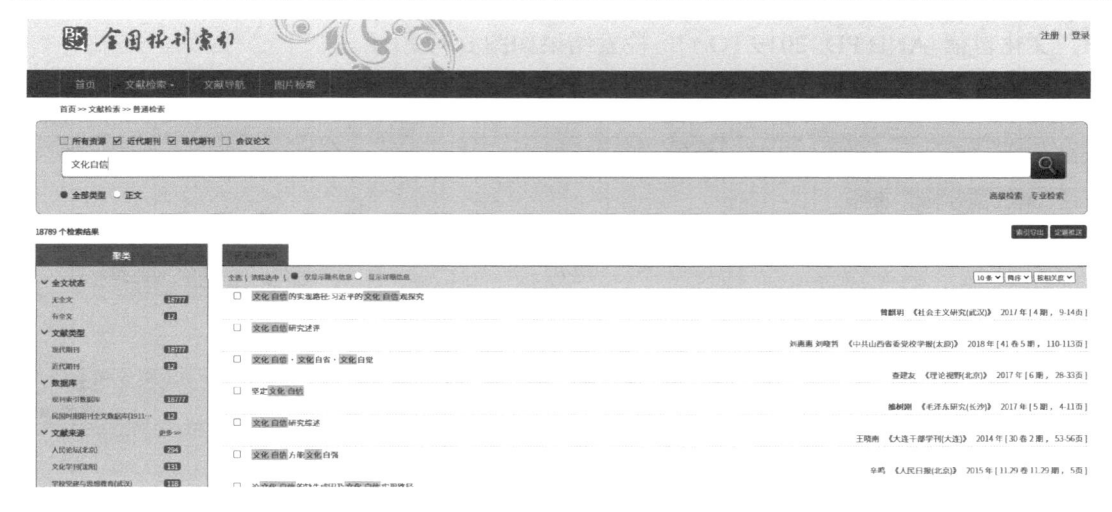

图 6-75　全国报刊索引普通检索页面

2. 高级检索

在高级检索页面，可以进行多字段组配检索，字段可以选择逻辑运算符 AND、OR、NOT 进行组配。在高级检索中可供选择的检索字段包括题名、作者、作者单位、文献来源、近代期刊-期、近代期刊-分类号、近代期刊-摘要、现代期刊-期、现代期刊-主题词、现代期刊-分类号、现代期刊-摘要。用户在检索之前可以在左侧"文献数据库"列表中选择需要检索的数据库。全国报刊索引高级检索页面如图 6-76 所示。

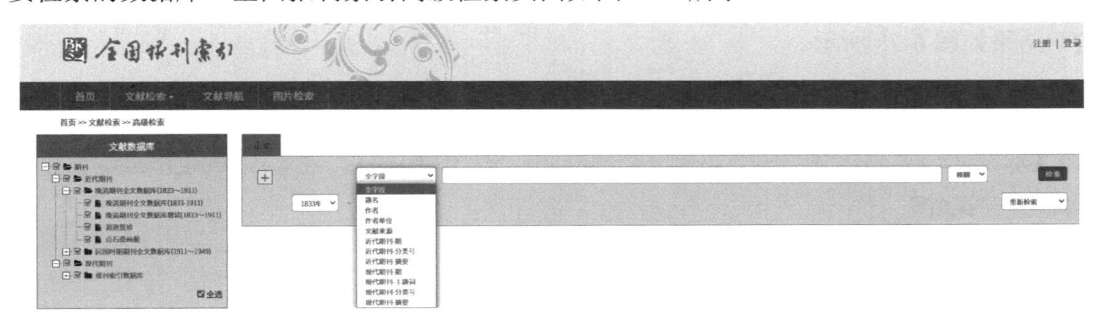

图 6-76　全国报刊索引高级检索页面

3. 专业检索

在专业检索页面，用户可以通过使用逻辑运算符和检索词构造检索式进行检索，专业检索功能更适用于图书情报专业人员进行课题检索、查新和信息分析等工作。

输入检索式时可采用字段代码和逻辑运算符，说明如下。所有数据库检索字段通用代码为：题名（TI）、刊名/报名（JTI）、作者（AU）、作者单位（AF）、时间（PD）。近代期刊数据库检索字段代码为：正文类别（AT）、正文栏目（ACOL）、分类号（CLC）、摘要（AB）、期（ISS）、卷（VO）。现代期刊数据库检索字段代码为：主题词（SU）、分类号（CLC）、期（ISS）、卷（VO）、摘要（AB）。

逻辑运算符中，NOT 优先级最高，AND 次之，OR 最低，括号可改变优先级，输入时必须在英文半角状态下输入。

例如，查找题名中含有"文化自信"，2019 年以后发表的文献，可以输入以下检索式：

TI：文化自信 AND PD:[2019 TO *]，检索结果如图 6-77 所示。

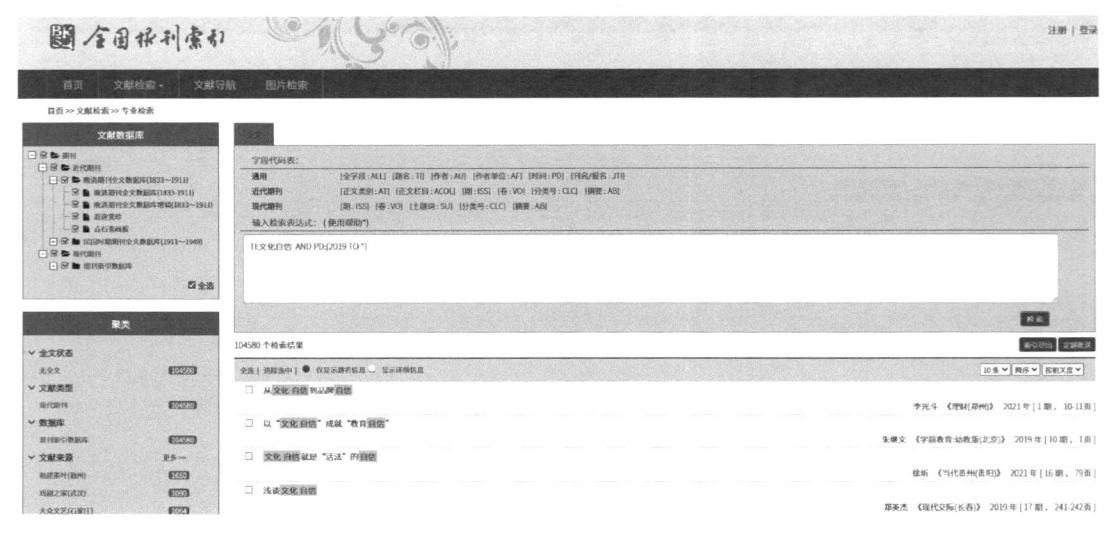

图 6-77　全国报刊索引专业检索结果

4．文献导航

在文献导航页面，可以按照刊名导航浏览 2 万余种近代期刊、1 万余种现代期刊及 6700 余种会议论文集。用户找到相应的期刊后，可以根据数据库的收录情况，选择直接浏览下载或者付费传递全文。例如，查找出版地是"长春"、刊名中含有"图书馆"的现代期刊，检索结果如图 6-78 所示。

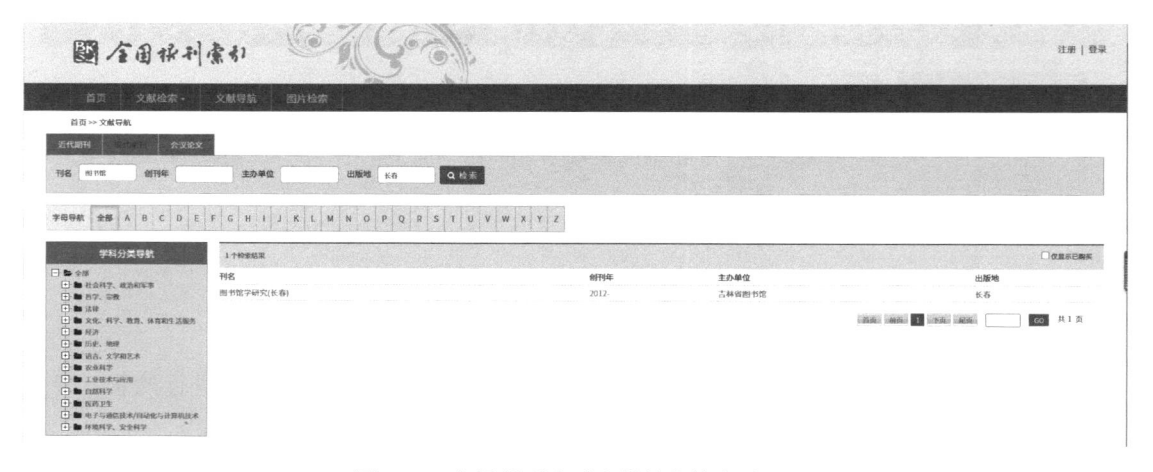

图 6-78　全国报刊索引文献导航检索结果

5．图片检索

近代期刊图片数据库收录了 25000 余种近代期刊中的图片，用户可以选择检索照片、绘画、书法、木刻、手稿、漫画、地图、雕塑、曲谱、歌谱、石刻、题词、图表等多种类型的近代期刊图片。检索字段包括全字段、图片标题、图片责任者及文献来源。全国报刊索引图片检索页面如图 6-79 所示。

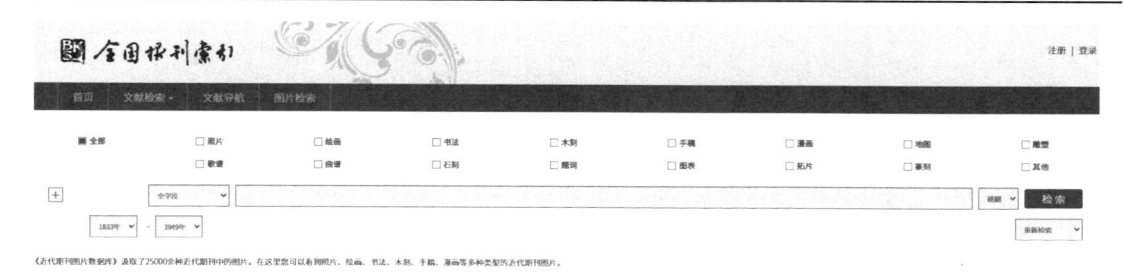

图 6-79 全国报刊索引图片检索页面

6.10.2 检索结果

在检索结果页面，聚类功能实现了将所有检索结果按不同的方式分组，用户可以根据需要利用此功能对检索结果进行分析，聚类的依据包括全文状态、文献类型、数据库、文献来源、主题词、作者、出版时间等。用户也可以选择按年份或相关度来进行重新排序。全国报刊索引检索结果详细信息页面如图 6-80 所示。

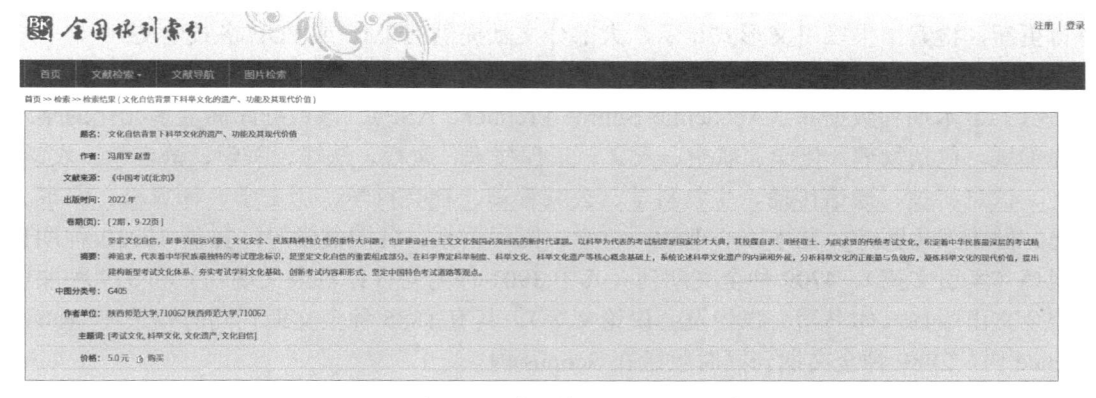

图 6-80 全国报刊索引检索结果详细信息页面

第 7 章 常用外文数据库

7.1 EBSCOhost 数据库

7.1.1 EBSCOhost 概况

EBSCO Publishing 于 1994 年率先推出网上（Online）全文数据库——EBSCOhost。EBSCO Publishing 是世界上最大的全文期刊数据集成出版商，通过 EBSCOhost 平台可以访问超过 375 种全文和辅助研究数据库，包括期刊、杂志、图书、产业报告、行业出版物、专著、市场研究报告、工业综述、回忆录、专利等类型资源，学科涵盖自然科学、社会科学、人文与艺术、教育学、医学等领域，收录文献来源权威性高，数据可回溯至 19 世纪，每日更新，检索结果以引文形式显示，大部分文献提供 HTML 或 PDF 格式全文。

EBSCOhost 主要的全文期刊数据库介绍如下。

（1）学术期刊数据库（Academic Source Premier，ASP）。该数据库涵盖多元化的学术研究领域，包括物理、化学、航空、天文、工程技术、教育、法律、医学、语言学、农学、人文、信息科技、通信传播、生物科学、公共管理、社会科学、历史学、计算机、军事、文化、健康卫生医疗、艺术、心理学、哲学、国际关系、各国文学等，提供 17932 种期刊的索摘（索引文摘）、4709 种全文期刊（其中 3901 种为同行评审全文期刊）和 379 种非期刊类全文出版物（如书籍、报告及会议论文等），其有 1885 种全文期刊同时收录在 Web of Science 内，2889 种全文期刊同时收录在 Scopus 内。

（2）商业资源数据库（Business Source Premier，BSP）。该数据库涵盖商业相关领域的议题，如金融、银行、国际贸易、商业管理、市场行销、投资报告、房地产、产业报道、经济评论、经济学、企业经营、财务金融、能源管理、信息管理、知识管理、工业工程管理、保险、法律、税收、电信通信等，提供 6775 种期刊索摘、2166 种全文期刊（其中 1075 种为同行评审全文期刊）、28061 种非刊全文出版物（如案例分析、专著、国家及产业报告等）、1200 多种知名出版社出版的国家/地区报告和 2 万多种企业报告，其中有 406 种全文期刊收录在 Web of Science 内。

（3）教育资源信息中心（Education Resource Information Center，ERIC）。收录与各级教育相关的期刊等出版物，包括近 1000 种教育或与教育相关的期刊。

（4）MEDLINE 数据库。提供了有关医学、护理、牙科、兽医、医疗保健制度、临床前科学及其他方面的权威医学信息。

（5）报纸资源数据库（Newspaper Source）。提供 47 种美国和国际报纸的完整全文，该数据库还包含 390 种地区（美国）报纸的精选全文。此外，它还提供电视和广播新闻脚本的全文。

（6）地区商业报纸全文库（Regional Business News）。主要收录美国的地区性商业出版物，包括商业期刊、报纸及新闻专线等。

（7）图书馆与信息科学文摘数据库（Library, Information Science & Technology Abstracts, LISTA）。利用该数据库，用户可检索 20 世纪 60 年代以来的图书馆学和情报学方面的期刊、图书、研究报告等文献。

（8）环境保护文献库（GreenFILE）。内容涵盖全球变暖、绿色建筑、污染、可持续性农业、可再生能源、回收等多方面，其中 4600 多条记录可以检索到全文。利用该数据库，用户可检索人类对环境影响方面的文摘记录约 295000 条。

（9）教师参考中心（Teacher Reference Center）。为专业教育者提供帮助，利用该数据库，用户可检索 270 多种与教师、管理者相关的期刊和杂志的文摘。

（10）从欧洲看美国（European Views of the America 1493 to 1750）。提供 1493 年到 1750 年按年代编写的欧洲印制的有关美国的文献。

（11）美国博士论文数据库（American Doctoral Dissertations™），提供重要的论文索摘数据，反映历年来美国各方面发展趋势与所面临的议题等。

（12）电子书数据库（EBSCO eClassics）。提供经典且适合青年休闲阅读的电子书。

7.1.2 EBSCOhost 检索方式与技术

EBSCOhost 已购数据库的成员馆用户可通过图书馆等机构的 IP 地址授权访问，通过单击链接直接登录，无须用户名和密码。EBSCOhost 的检索页面默认为英文页面，用户可用西班牙语、法语、简体（繁体）中文等 24 种语言浏览检索。

EBSCOhost 数据库支持单库检索和跨库检索，单库检索时，不同的检索字段（检索项）略有差异，跨库检索时，某些功能无法使用，如在各个库使用了不同的主题词表时，就无法使用主题检索字段了。EBSCOhost 数据库常用的检索字段有 TX（All Text，全文）、AU（Author，作者）、TI（Title，题名，在 EBSCOhost 检索页面中写为"标题"）、SU（Subject Terms，主题词）、SO（Source，来源）、AB（Abstract，文摘）、KW（Author-Supplied Keywords，作者关键词）、SO（Journal Name，刊名）、ISSN（国际标准连续出版物编号）等，特殊的检索字段有 IC（NAICS Code or Description，NAICS，是美国工业分类系统分配给期刊和杂志的代码）、DN（DUNS Number，邓氏编码，是国际认可的公司识别符号，使用 DN 字段检索能了解到该公司的名称、地址、业务范围等信息）、TK（Ticker Symbol，股票代码）等。

以 IP 地址控制的链接登录 EBSCOhost 的登录页面如图 7-1 所示。

1．基本检索

在图 7-1 所示的页面中打开任一数据库，即跳转到基本检索页面，如图 7-2 所示，在检索框中输入英文检索词（或其他语种检索词），单击"搜索"按钮进行检索；单击"选择数据库"选项可更换数据库。

2．高级检索

高级检索提供了布尔逻辑运算符组合的复合检索方式，EBSCOhost 高级检索页面如图 7-3 所示。在检索时，可对检索字段和检索词进行组配。在"检索选项"区中，可以在"检索模式和扩展条件"区选择"布尔逻辑词组""查找全部检索词语""查找任何检索词语""智能文本搜索"等选项，并勾选"运用相关词语""同时在全文范围内搜索""应用对等科目"等复选框。通过对检索模式和条件的设定，可以限制或扩大检索范围和结果，例如，选择"检索模式"区中一项或几项，并勾选"运用相关词语""同时在文章的全文范围内搜索"复选框，可扩大检索范围。高级检索时，用户可提供输入尽可能多的检索文本，如词组、句子、篇章等，以保证检索结果命中率。

图 7-1　以 IP 地址控制的链接登录 EBSCOhost 的登录页面

图 7-2　EBSCOhost 基本检索页面

在"限制结果"区，可以对检索结果做进一步限定。"限制结果"区包括"全文""有参考""学术（同行评审）期刊"等复选框，用于缩小检索范围，提高查准率；EBSCOhost 中很多期刊允许在检索时将出版日期提前数月或半年，因此可以通过"出版日期"区把时间设定为目前时间之后的 1~6 个月，以看到未公开出版的文献题录、文摘等信息，了解更

第 7 章　常用外文数据库

多前沿动态；对附带图像的文章可通过勾选"图像快速查看"复选框，并通过"图像快速查看类型"区的复选框进行限定，以提高检索效率。

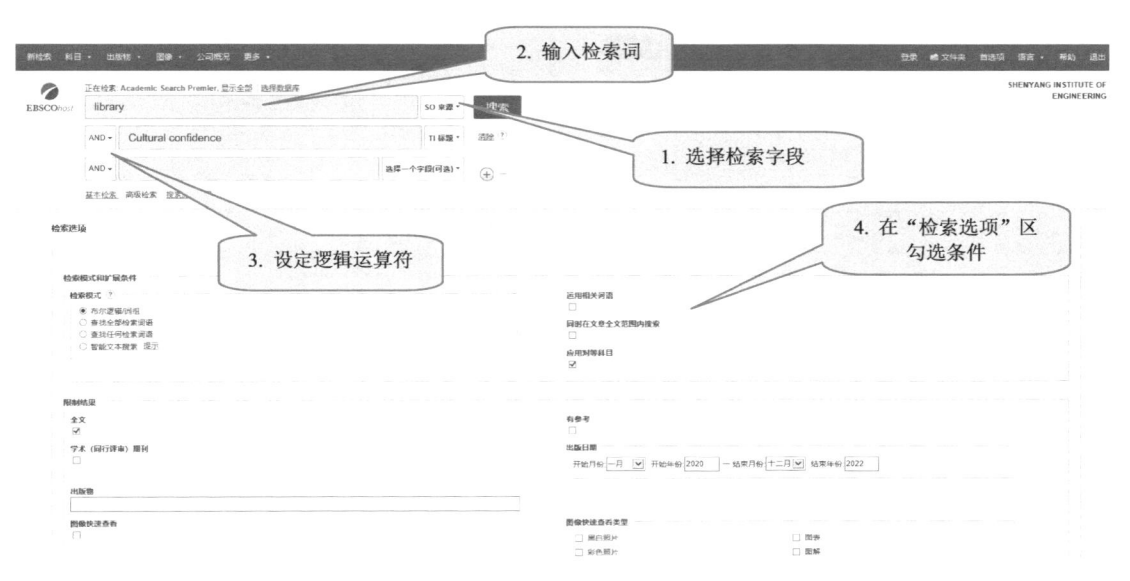

图 7-3　EBSCOhost 高级检索页面

高级检索的基本步骤如下：

（1）选择检索字段，即通过下拉菜单选择检索字段；

（2）输入检索词，可以是单词、词组、检索式；

（3）设定逻辑运算符，选择各检索框之间的逻辑组配方式，如"AND""OR""NOT"；

（4）在"检索选项"区勾选条件，以限制或者扩大检索结果。

实例：检索发表在刊名包含"library"（图书馆）并且题名包含"Cultural confidence"（文化自信）的文章，具体检索步骤如下：

（1）从右侧下拉菜单中选择检索字段：SO 来源；

（2）在左侧文本框输入检索词：library；

（3）从右侧下拉菜单中选择检索字段：TI 标题；

（4）在左侧文本框输入检索词：Cultural confidence；

（5）选择逻辑运算符 AND；

（6）在"检索选项"区，勾选"全文"复选框，将出版日期设为 2020 年一月至 2022 年十二月；

（7）单击"搜索"按钮，开始检索。

3．检索结果的处理

EBSCOhost 检索结果页面如图 7-4 所示，检索结果可按相关性、最近日期、最早日期三种方式排序。在默认显示情况下，结果列表会显示所有的检出文献。列表显示每一条记录的文献题名、刊名、作者、出版社、出版地、出版日期、卷期、页数等。单击记录的题名，即可看到文献的详细题录信息；单击"PDF 全文"选项可以查看相应的全文。对于不能提供全文的记录，即 EBSCOhost 内仅能提供索摘的期刊，用户可直接链接到图书馆订购的其他出版商（如 Elsevier、Wiley 等）提供的全文。

图 7-4　EBSCOhost 检索结果页面

单击题名后，可对详细信息中的单个结果执行打印、发送电子邮件、保存、引用或导出等操作。如果对多个结果执行上述操作，可将其添加至文件夹，然后单击文件夹的相应图标进行。

由于纸质文献出版社对 EBSCOhost 有诸多限制，很多期刊、杂志的全文存在一定的滞后，如 IET 出版物的二次文献是实时的，但全文大都有 12 个月的滞后。

EBSCOhost 支持个性化处理，用户注册登录"我的 EBSCOhost"后，可在个性化的文件夹内，进行打印，电子邮件发送或保存检索结果、图像等操作。将某次检索结果保存下来后，只要登录"我的 EBSCOhost"即可调出。

4．EBSCOhost 的检索技术

1）布尔逻辑运算符

EBSCOhost 支持布尔逻辑运算符：AND（逻辑与）、OR（逻辑或）、NOT（逻辑非），若输入检索词之间有空格，默认为"AND"运算，优先级运算顺序为，英文半角括号->NOT->AND->OR。

2）截词运算符

EBSCOhost 支持一对一的"?"、一对多的"*"截词运算符，只限于中间截断和后截断，不能进行前截断。"?"是单字符通配符，代表一个字符，可以使用多个，如"electri?"可检出"electric"，"po??r"可检出"power""poour"等；"*"只能用一个，放置在单词的任意位置，表示替代零个或任意多个字符，如"electi*"可检出"elctric""electicity""elcctrical""electified"等。

3）字段限制符

可通过字段代码和检索词实施组配检索，常用的字段代码如 TI、AU、SU 等，如输入"AU bekerly""SU power plant"。

4）精确检索

当输入的检索词是词组时，可使用英文半角双引号把词组括起来，词组的单词不会被拆开，次序也不发生变化，以增加查准率。

5）禁用词

不同的数据库禁用词会有所变化，实施检索时应注意避免使用。EBSCOhost 常见的禁用词有：a、and、are、be、because、but、by、for、however、if、not、or、whatever 等冠词和介词。

6）位置运算符

位置运算符表示两个检索词之间能容纳的单词数量。用"n+数字""w+数字"表示。"n"限定检索词之间的单词数量，不限制单词顺序；"w"限定检索词之间的单词数量，同时限定单词顺序。如"law n3 legislative"表示"law"和"legislative"两词之间可以最多有 3 个单词，词序可变；"law w2 legislative"则表示"law"和"legislative"两词之间最多有 2 个单词，词序不能变。

7）页数设定

可以用"-pg"和"pg-"限定输出结果文献的总页数。如"power plant pg-5"，表示获得文献不能少于 5 页；"power plant –pg8"表示获得文献不得多于 8 页。

此外，EBSCOhost 的检索技术还包括输入单词不区分大小写，对标点符号进行自动去除处理，对单词的单复数、拼写差异、同义词、缩略语等，系统会自动扩展，检索时包含所有近似的词等。

5．其他检索方式

（1）科目检索。利用系统提供的规范化科目进行检索。这种方式检索效率高，相关性高，适用于 ASP 和 BSP 两个数据库。

（2）出版物检索。使用出版物名称进行检索。出版物检索可提供按字母顺序、按主题和说明、匹配任意关键字三种方式，在不确定出版物名称的情况时选择此种方式可以实现整刊浏览，如选中 ASP 数据库，在检索框中输入"IEEE"，选择"按字母顺序"选项，单击"浏览"按钮，可检索出 ASP 数据库中所有题名以"IEEE"开头的出版物，单击检索结果中的题名即可查看该出版物的详细信息。EBSCOhost 出版物检索页面如图 7-5 所示。

（3）图像检索。在图像检索中可进行特定种类图像的检索，选项包括所有类型，如人物图像（Photos of People）、自然科学图像（Natural Science Photos）、地理图像（Photos of places）、历史图像（Historical photos）、地图和国旗（Maps and Flags）。输入检索词，检索词之间可用逻辑运算符组配，例如，History and China。可利用页面下面的"图像选项"确定要检索的图片类型，如果不做选择，系统默认在全部图片库中检索。

图 7-5 EBSCOhost 出版物检索页面

（4）索引检索。在对某一个数据库进行检索时，EBSCOhost 提供了索引检索，索引类型包括 Author、Author-Supplied Keywords、Document Type（文献类型）、DUNS Number、Entry Date、ISBN、ISSN 等。如选择"Author-Supplied Keywords"索引类型，在"浏览"文本框输入"logistics"，单击"浏览"按钮，则所有与"logistics"相关的词语均会被检出。索引检索是扩展检索用词的有效途径。EBSCOhost 索引检索页面如图 7-6 所示。

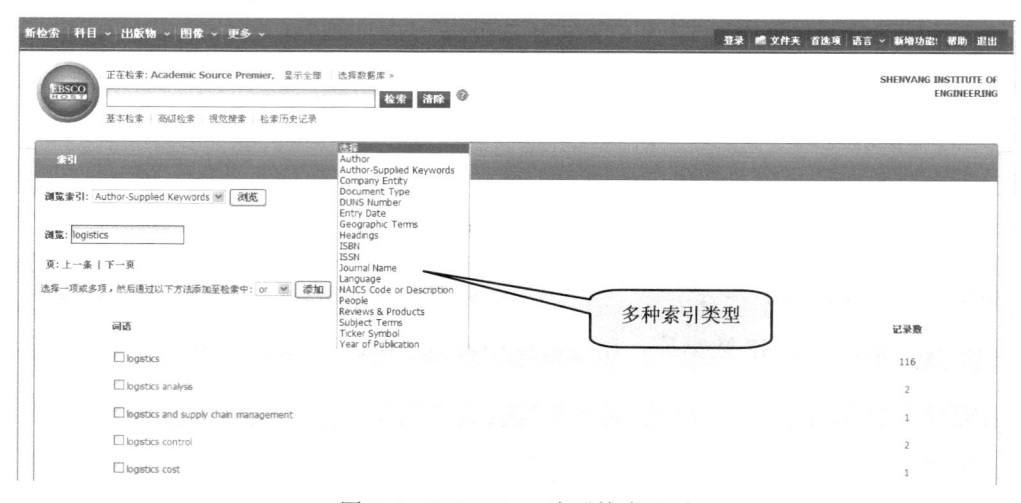

图 7-6 EBSCOhost 索引检索页面

7. EBSCO Discovery Service（EDS，知识发现服务）

EDS 是 EBSCO 平台新推出的知识发现服务，提供类似于 Google 的单一检索框，可以"一框式"检索 Elsevier Science、JSTOR 等机构的信息资源。目前 EDS 中含有大量元数据、涵盖约 64000 多种期刊、600 多万册图书、40 多万篇会议录、80 多万种 CD 和 DVD 等数据。EDS 对于全面系统地查找各类文献具有较大帮助，提供简单检索、高级检索、原文/文摘获取等多种服务。

7.2 Science Direct 数据库系统

7.2.1 Science Direct 概况

Elsevier 是励德·爱思唯尔（Reed Elsevier）集团的科学部，总部位于荷兰，是全球最大的科学文献出版发行商，其数据库产品主要有：Science Direct（全学科的全文数据库）、Scopus（全球最大的二次文献数据库）、CrossFire（最重要的化学事实库之一）、EMBASE.com（重要的生物医学与药理学文摘型数据库）。

Science Direct（SDOL）是全球最大的科学、技术、医学信息提供与出版机构，拥有四大类（物理科学与工程、生命科学、卫生科学、社会科学与人文科学）出版领域，涵盖了 24 个学科、2500 余种同行评审期刊、1800 万篇论文全文、42000 余种图书，大部分期刊可回溯至 1994 年。

SDOL 的特色在于，其提供直观的在线检索页面，更新速度快，抢先收录多数经过同行审查后预定出版纸质版的期刊文章，即"在编文章（Articles in Press）"，用户利用 SDOL 可捕获最新学术信息。其支持个人化的"SDOL Homepage"模块，包含用户最近的使用记录（Recent Actions）、自定义 SDOL 快速链接或个人常用链接（Quick Links）等，提供参考工具书、手册及系列丛书等高质量图书。

7.2.2 SDOL 检索方式

1. SDOL 的检索语言

SDOL 常用运算符见表 7-1。除常用的布尔逻辑运算符、通配符、位置运算符以外，SDOL 的短语检索提供了精确短语检索、宽松短语检索两种方式。

表 7-1 SDOL 常用运算符

名称	表达方式	实例	含义
布尔逻辑运算符	AND	lesion AND pancreatic	逻辑与
	OR	kidney OR renal	逻辑或
	NOT	tumor AND NOT malignant	逻辑非
通配符	*	wom*n	可检出 woman、women
		transplant*	可检出 transplanted、transplantor
	!	behav!	behave、behaviour、behavioural
短语检索	" "	"heart-attack"	宽松短语检索，标点符号、连字符、停用词会被自动忽略
	{ }	{information integration}	精确短语检索，所有符号都被作为检索词严格匹配
位置运算符	W/n	pain W/15 morphine	两词相隔不超过 15 词，词序不定
	PRE/n	behavioural PRE/3 disturbances	两词相隔不超过 3 词，词序固定

2. SDOL 检索技巧

SDOL 检索技巧如下。

（1）尽可能多地选取与检索主题密切相关的近义词、同义词，如 kidney disease OR renal failure。

（2）缩略语与全称的使用，如 mri OR magnetic resonance imaging。

（3）避免使用过于宽泛的词汇，如 influence。

（4）使用名词的单数形式，如输入 city 可以同时检索到 city，cities，city's，cities' 等词。

（5）巧用位置运算符 W/2，如用 W/3、W/4 或 W/5 运算符来检索同一短语词组中的词，用 W/15 运算符来检索同一句话中的词，用 W/50 运算符来检索同一段落中的词。

SDOL 的禁用词表与 WSN 禁用词表相近。代词、副词、连词等没有检索意义的词为 SDOL 的禁用词，但 and、or、not、in、a 等不是 SDOL 的禁用词。not 的使用方式为{not}，如"not contested"应采取{not contested}的形式；同样，当 a 出现在短语中时，"one in a million"应变成{one in a million}，如无法确定某词是否为禁用词时，最好不要用这个词，可以将该词从检索词中去除并使用 W/n 或 PRE/n 位置运算符避开，如"profit PRE/2 loss"可检出"profit and loss"。此外，SDOL 能够处理英美不同的拼写形式，无论输入"behavior"还是"behaviour"，或是"psychoanalyze""psychoanalyse"，系统都会将这些形式全部检出。

3. SDOL 浏览（Browse）与检索（Search）

SDOL 提供按题名浏览、按主题浏览两种浏览查询方式。题名浏览按 A—Z，0—9 的顺序排列，可一一单击浏览；主题浏览按学科划分，SDOL 设有一级学科主题 4 个，分别为物理科学与工程、生命科学、卫生科学、社会科学与人文科学，二级学科主题 24 个。SDOL 首页如图 7-7 所示。

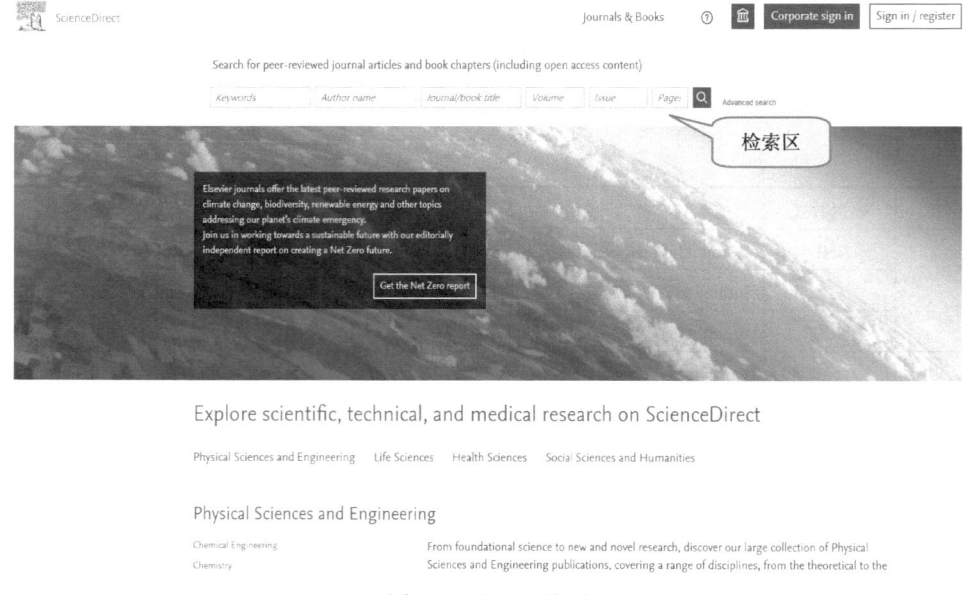

图 7-7 SDOL 首页

SDOL 检索分为"Articles"（文章）与"Images"（图片）两种。

实例：检索与"nuclear power plant"（核电厂）相关的文献。在"All Fields"（所有字段）后的检索框中输入"nuclear power plant"，所有任意位置包含"nuclear power plant"的记录均被命中。SDOL 检索结果页面如图 7-8 所示。

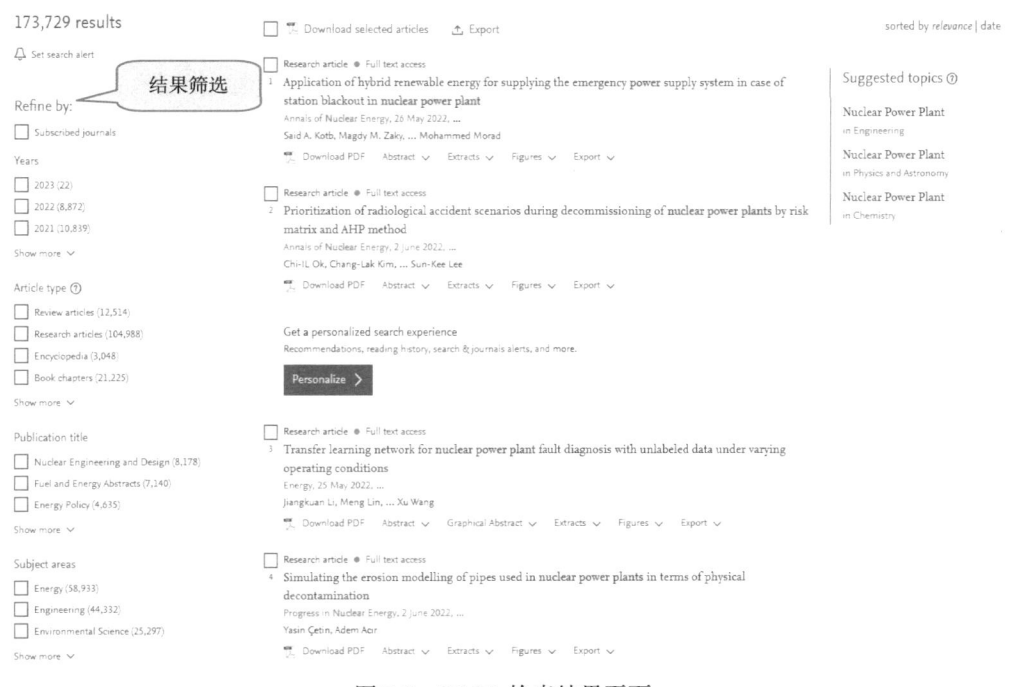

图 7-8　SDOL 检索结果页面

检索结果可按日期（date）或相关性（relevance）两种方式排序，包括题名、出处（刊名、卷、期、月、年、页码）、作者等引文信息，引文检索结果可以直接发送至用户电子邮箱。SDOL 提供的全文有 HTML 和 PDF 两种格式。

4．SDOL 高级检索

SDOL 的高级检索提供题名、作者、特定作者、来源名、关键词、文摘、参考文献、ISSN、ISBN、机构、全文等检索途径，时间范围为 1823 年至今，默认时间为最近 10 年。作者与特定作者检索的区别在于，作者检索只要检索词出现在 Author 字段中即命中，但可能来自不同人的名字，如输入"J Smith"检索结果可能是"Sally E Smith and David J Read"，而特定作者检索时，检索词必须出现在同一个人的名字中。输入 ISSN、ISBN 号时可不加连字符，如输入"0305-0548"或"03050548"均可，输入"978-0-444-52259-7"与"9780444522597"等同。

实例：检索机构为"Tsinghua University"并且题名包含"COVID-19"的 2020—2022 年发表的文献。进行 SDOL 高级检索，高级检索页面如图 7-9 所示，检索结果如图 7-10 所示。

在 SDOL 检索结果页面可通过"Refine by"在检索结果中进行筛选，通过文献类型、刊名/书名、年代等条件缩小检索结果范围，对于执行过的某一次检索，SDOL 还提供了以下几个按钮：

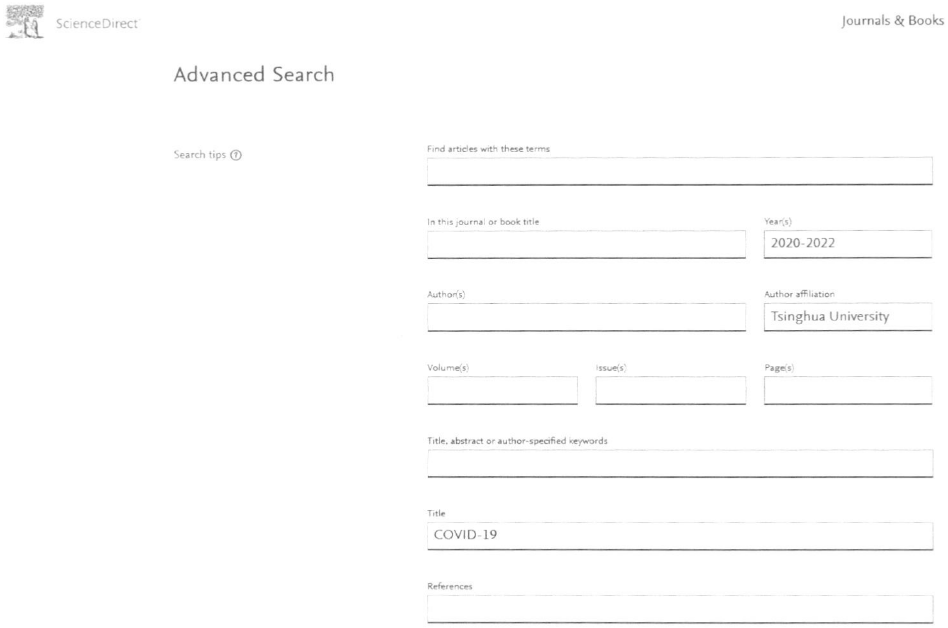

图 7-9　SDOL 高级检索页面

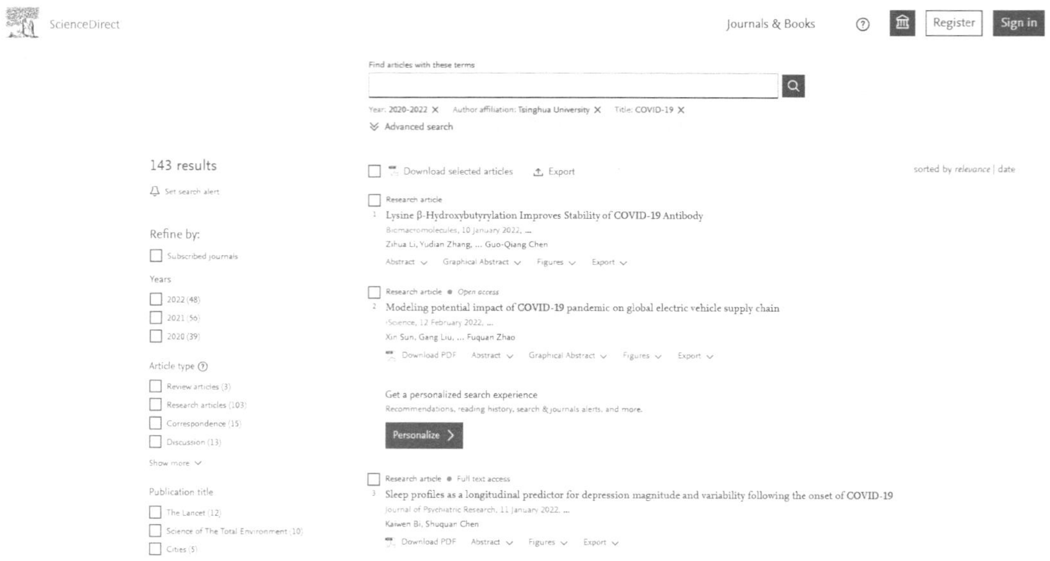

图 7-10　SDOL 检索结果

Edit Search：可回到检索页面，重新构建或修改检索式。

Save Search：可保存当前的检索式以便将来调用并重新检索，得到上次检索后新出现的相关文献或得到符合检索条件的所有相关文献。

Save as Search Alert：可把当前的检索式保存为检索通报，系统会自动按照用户选择的周期，每天、每周或每月通过 E-mail 方式通报新的结果。可单击主页上的"Alerts"按钮进入定题服务页面，修改或取消所保存的检索定题。

RSS Feed：可提供检索式定制到桌面服务。

7.2.3 SDOL 的个性化服务

SDOL 提供了多角度、多层次的个性化服务，用户注册后可以登录到自己的个性化服务页面，查看近期操作及保存的检索式，定制自己喜爱的期刊、图书，还可以从期刊目次、主题检索、文献引文等多角度定制文献通报服务。文献通报服务主要有检索通报（Search Alerts）、专题通报（Topic Alerts）、引文通报（Citation Alerts）、期刊目次通报（Volume/Issue Alerts）等。

7.3 IEEE/IET Electronic Library（IEL）

7.3.1 IEL 概况

美国电气与电子工程师学会（Institute of Electrical and Electronics Engineers，IEEE）成立于 1884 年，是全世界最大的国际性专业技术学会，也是在电气电子与信息技术、电力、太空、生物医学等领域颇具影响力的跨国学术组织。

英国电气工程师学会（Institution of Electrical Engineers，IEE）成立于 1871 年，是欧洲规模最大、历史最悠久的专业工程师协会，2006 年 4 月正式更名为 IET（Institution of Engineering and Technology），中文译名为"英国工程技术学会"。

IEEE 每年组织 300 多次学术会议，还出版电气工程、通信、计算机理论及方法领域的专业技术期刊，包括 IEEE 学报、IEEE 杂志、IEEE 指南，数量达 140 余册；以及适合学生阅读的 *Potentials*、一般性工程技术人员查阅的 *Today's Engineering*。IEEE 制定的标准在业界的影响和使用非常广泛，涉及电气与电子设备、元器件、定义和符号、实验方法、测试方法等方面。

IEEE 出版的专业技术类期刊以研究报道技术发展性文章为主，分为 Proceedings 和 Electronic Letters 两种。专业分为 8 个，即电力、通信工程、计算机及控制、电子系统及软件、工程管理、信息技术、交通运输和工业制造。IEEE 出版的全球工程技术索引 Inspec，是查询世界各国的工程技术及科研论文的文摘型工具，拥有涵盖工程技术领域的 800 多万篇科技论文。

IEEE/IET Electronic Library（IEL）是 IEEE 和 IET 共同出版的电气与电子工程、计算机、通信等领域所有出版物的电子版全文数据库，收录的出版物几乎都属于有关领域的核心文献，是科技工作者的主要参考源。IEL 的内容涵盖前沿科技领域，约占世界电气工程、电子学与计算机文献的 1/3；提供 1988 年至今的 300 余万份文档的全文，共 150 多种期刊与杂志，900 多种会议录，3400 多种技术标准（超过 2000 种标准可回溯至 1893 年），以及 400 余种电子书、200 多门教育课程。IEL 每周更新，每月新增文献 25000 余篇。

IEL 以 IEEE Xplore 作为检索平台，其首页提供智能"一框式"检索功能，可自动推荐检索词，查找关键字的变体形式，最多支持同时输入 10 个检索词，检索结果显示 AND 关系。IEEE Xplore 首页如图 7-11 所示。

图 7-11 IEEE Xplore 首页

7.3.2 IEEE Xplore 检索方式

1. 浏览

IEEE Xplore 浏览功能的使用无须用户名、密码，可按期刊/杂志（Journals & Magazines）、会议录（Conference Proceedings）、标准（Standards）、图书（Books）、教育课程（Educational Courses）、技术调查（Technology Surveys）六种方式浏览。以期刊/杂志的浏览为例，用户可通过刊名（By Title）、主题（By Topic）两种方式浏览。刊名浏览时，既可输入刊名的关键词浏览，又可按字母顺序（A—Z）浏览，如输入"electric"一词，所有刊名中包含"electric"的期刊/杂志被命中。IEEE Xplore 期刊查询浏览页面如图 7-12 所示，。

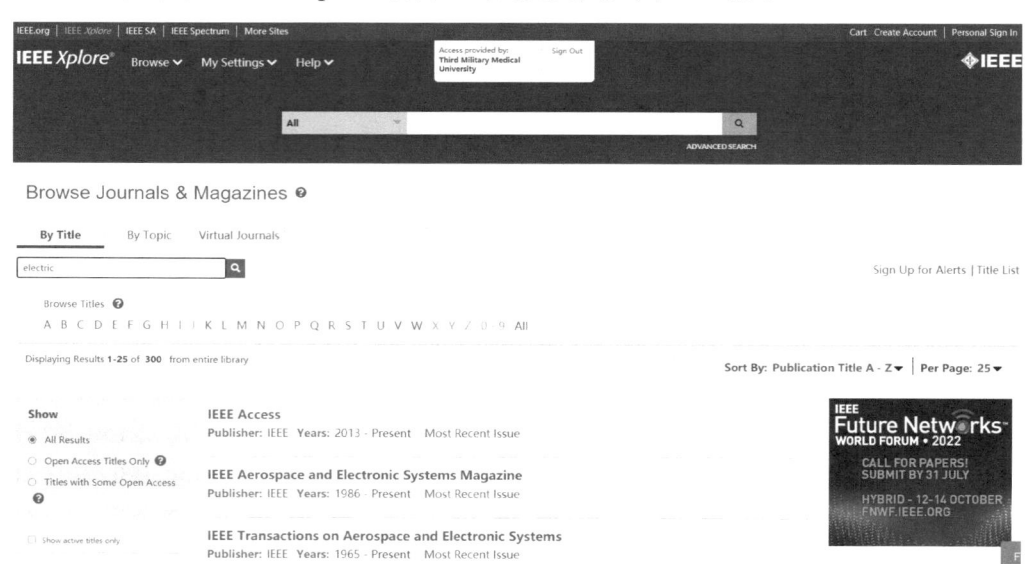

图 7-12 IEEE Xplore 期刊查询浏览页面

2. 检索字段与检索运算符

IEEE Xplore 常用检索字段见表 7-2。

表7-2　IEEE Xplore 常用检索字段

名　称	含　义	名　称	含　义
Metadata	元数据	Full Text & Metadata	全文或元数据
Document Title	文献题名	Authors	作者
Publication Title	出版物题名	Abstract	文摘
Index Terms	索引词	Author Affiliation	作者机构
Accession Number	登录号	Article Number	文章编号
Author Keywords	作者关键词	DOE Terms	DOE 术语
DOI	数字对象标识符	INSPEC Non-Controlled Terms	INSPEC 非控词
INSPEC Controlled Terms	INSPEC 受控词	IEEE Terms	IEEE 术语
ISBN	国际标准书号	ISSN	国际标准连续出版物号
Issue	期	Mesh Terms	Mesh 术语
PACS Terms	PACS 术语	Parent Publication Number	母出版物编号
Publication Number	出版物号	Standard Number	标准编号
Standard Terms	标准术语	Start Page	开始页
End Page	结束页	Year	年

IEEE Xplore 检索式不仅支持"AND""OR""NOT"逻辑运算符，还支持位置运算符，IEEE Xplore 位置运算符见表7-3。

表7-3　IEEE Xplore 位置运算符

位置运算符	中文含义及用法实例
<in>	主要用于基本检索和高级检索中检索字段之间的位置连接 例如，ceramic<in>ti，表示检索结果中的题名需包含检索词"ceramic"；(ceramic,porcelain) <in>（ti,de）表示检索结果中的题名或主题字段需包含检索词"ceramic"或"porcelain"
<phrase>	主要用于同一短语中检索词的范围限定 例如，cache<phrase>algorithm，表示检索结果在同一短语中需包含检索词"cache"和"algorithm"，且顺序不变
<sentence>	主要用于同一句子中检索词的范围限定 例如，echo<sentence>ISDN，表示检索结果在同一句子中需包含检索词"echo"和"ISDN"；<sentence>(analog, digital, convert)，表示检索结果在同一句子中需包含检索词"analog""digital" "convert"；<order>（echo<sentence>cancel），表示检索结果在同一句子中需包含检索词"echo"和"cancel"，且词序不变
<paragraph>	主要用于同一段落中检索词的范围限定 例如，lead<paragraph>uranium，表示检索结果在同一段落中需包含检索词"lead"和"uranium"；<order><paragraph>（analog,digital），表示检索结果在同一段落中需包含检索词"analog"和"digital"，且词序不变
<near>	主要用于邻近检索词之间位置的限定 例如，analog<near/5>digital，表示检索结果需包含检索词"analog"和"digital"，且两个检索词之间最多包含5个词

3. 高级检索

在高级检索页面，可以进行复杂的多字段组配检索。

实例：检索在 *Power Delivery* 期刊以外发表的文献题名或文摘中包含 "relay protection"（继电保护）的文献，具体步骤如下。

（1）选择 "Document Title" 检索字段，输入检索词 "relay protection"；
（2）选择逻辑运算符 "OR"；
（3）选择 "Abstract" 检索字段，输入检索词 "replay protection"；
（4）选择逻辑运算符 "NOT"；
（5）选择 "Publication Title" 检索字段，输入检索词 "power delivery"；
（6）出版日期限定为 2000 年至今；
（7）单击 "Search" 按钮检索。

也可直接输入布尔逻辑运算符连接的检索式：relay protection <in>TI OR relay protection <in>AB NOT power delivery <in>JN。

IEEE Xplore 高级检索页面如图 7-13 所示。

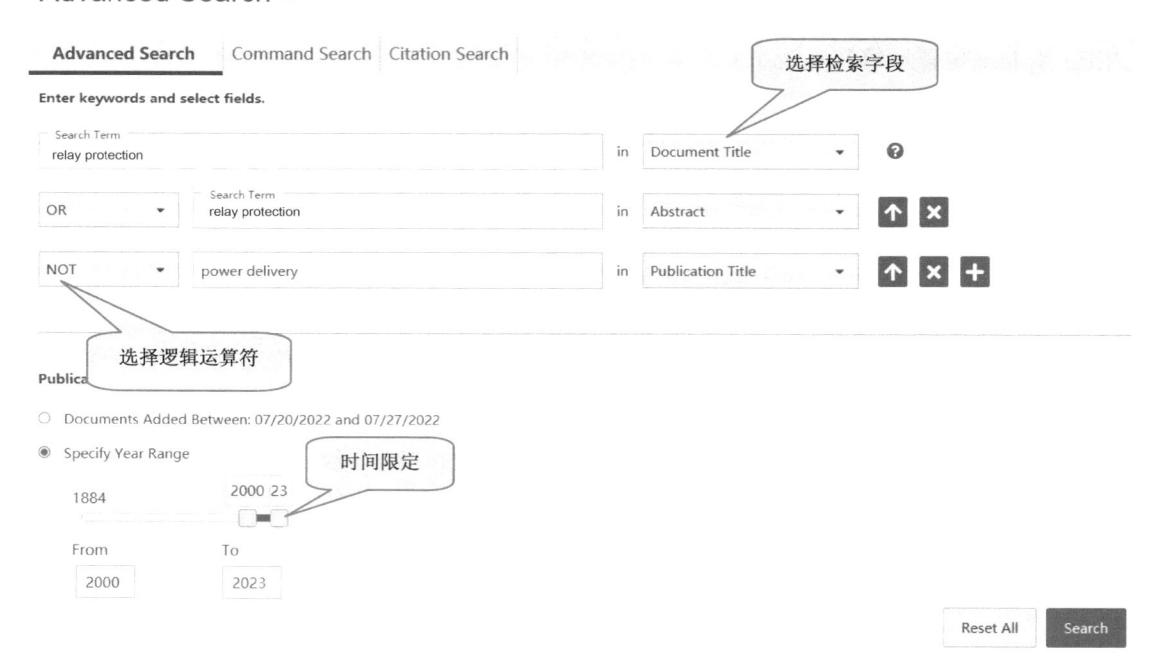

图 7-13　IEEE Xplore 高级检索页面

检索结果的文献类型最常见的有以下 5 种：IEEE 期刊/杂志（IEEE Journal or Magazine）、IET 期刊/杂志（IET Journal or Magazine）、IEEE 会议录（IEEE Conference Proceeding）、IET 会议录（IET Conference Proceeding）、IEEE 标准（IEEE Standards）。用户可以通过文献类型、出版年、作者等条件对检索结果进行筛选。单击引文信息下方的 "Full Text" 图标可查看 PDF 格式全文。IEEE Xplore 检索结果页面如图 7-14 所示。

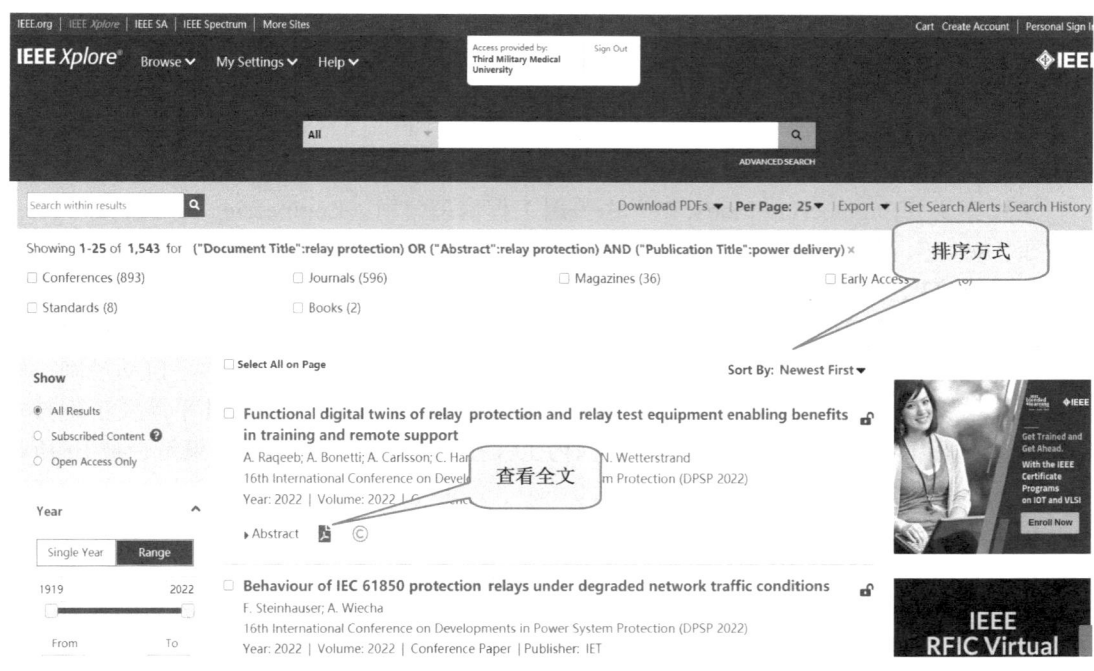

图 7-14　IEEE Xplore 检索结果页面

7.3.3　IEEE Xplore 特色功能

1．电子邮件提醒

电子邮件提醒可以帮助用户在第一时间看到其研究领域的最新研究成果。通过建立 IEEE Xplore 的电子邮件提醒，当所关注领域有新的文献时，用户可以及时收到有关通知，电子邮件中将包含一个指向当期刊物目录的直接链接。

2．OPAC 链接

图书馆可以建立从其联机公共检索系统（OPAC）到 IEL 的任一出版物的稳定链接。IEEE Xplore 允许链接建立到学报、期刊、杂志、会议录和标准的出版物级别或期刊与杂志的目录级别。

3．What's Popular 与 What's New

用户通过 What's Popular 可浏览上个月最热门的 10 个检索词和下载量最高的 100 篇文章；通过 What's New 可获取最新的文献信息，What's Popular 与 What's New 内容每周更新两次。

4．我的设置（My Settings）

注册个人账号后，用户即可使用 My Settings 保存检索式（Saved Searches），及时追踪某个领域、研究者、机构的新动态，一次最多可以保存 15 个检索式。

7.4 工程索引（EI）

7.4.1 EI 概况

工程索引（Engineering Index, EI）由美国工程信息公司（Engineering Information Inc.）创立于 1884 年，是一个收录世界各国工程技术领域文献信息的大型文摘类检索系统。目前，EI、SCI、ISTP、ISR 是世界四大重要检索系统。EI 收录 50 多个国家、26 个语种、5000 余种文献源（包括期刊、科技报告、会议录、专著等）的精选科技文献，一般不报道基础理论及专利文献，其专业覆盖能源、环境科学、地理学、生物学、电子学、自动控制、原子技术、航天航空技术、计算机技术、工业机器人、土木工程技术等，几乎涉及工程技术的所有领域。EI 收录中国期刊 200 余种，国内工程技术领域发表的科研成果是否被 EI 所收录，已经成为衡量其学术质量的重要指标。

EI 纸质版每月出版 1 期，含文摘 1.3 万至 1.4 万条；每期附有主题索引与作者索引；每年还另外出版年卷本和年度索引，年度索引中还增加了作者单位索引。

EI 作为世界领先的应用科学和工程学在线信息服务平台，一直致力于为科学研究者和工程技术人员提供专业、实用的在线数据和知识等信息服务及支持。

7.4.2 EI Compendex 检索

EI Compendex 是 EI 的网络版，EI Compendex 收录的文献涵盖了所有的工程领域，其中约 22%为会议文献，90%的文献的语种是英文。EI Compendex 数据库总数据量近 1000 万条，年新增文摘数据量约 50 万条，每周更新。

1. 登录

EI Compendex 首页如图 7-15 所示。机构用户可通过 IP 地址控制的链接方式登录，个人用户可以直接购买 EI Compendex 的个人使用权，通过输入账号和密码登录。

图 7-15　EI Compendex 首页

2. 检索方式

进入检索页面后，EI Compendex 提供快速检索（Quick Search）、专业检索（Expert

Search)和叙词表检索(Thesaurus)等检索方式。

1)快速检索

快速检索是用户最常使用的检索方式,EI Compendex 快速检索页面如图 7-16 所示。

图 7-16 EI Compendex 快速检索页面

在快速检索页面完成检索一般需要按以下步骤进行。

(1)在数据库下拉菜单中选择需检索的数据库,数据库选项包括"All""Compendex""Inspec""NTIS"等。

(2)在检索框中输入检索词,选择检索词的匹配字段,并选择检索词间的逻辑关系。

快速检索页面可供选择的检索字段有:所有字段(All Fields)、主题/题名/摘要(Subject/Title/Abstract)、摘要(Abstract)、作者(Author)、作者单位(Author affiliation)、题名(Title)、EI 分类号(EI classification code)、图书馆所藏文献和书刊的分类编号(CODEN)、会议信息(Conference information)、会议代码(Conference code)、国际标准连续出版物编号(ISSN)、EI 主标题词(EI main heading)、出版商(Publisher)、连续出版物名(Serial title)、EI 受控词(EI controlled terms)。各字段检索词输入规则如下。

逻辑运算符:检索词不区分大小写,字段检索式中可以使用"AND""OR""NOT"逻辑运算符。

词干检索:在快速检索页面中,系统自动执行词干检索。如输入"management"后,系统会将"managing""manager""manage""managers"等检出。欲取消该功能,需选择"autostemming off"选项。

截词运算符:检索式支持"*""?"截词运算符。

特殊字符:除了 a-z、A-Z、0-9、?、*、#、( )或{ }等符号外,其他符号均视为特殊字符,检索时将被忽略。and、or、not、near 等单词也作为检索禁用词;of、the、or、from 等虚词和介词,某些情况下系统检索时将被自动删除。如需使用特殊字符、禁用词作为检索词,或欲对检索语句进行精确检索,需将检索语句用引号或大括号括起,如{block and tackle}、"block and tackle"、{n<7}等,在这些检索式中,"and""<"均为合法的检索词。

位置运算符："NEAR/*n*"位置运算符表示两词之间可插入 0~*n* 个词，前后位置任意。如输入检索式"laser NEAR/2 diode"，可检出"laser diode""diode laser""laser under diode""diode-pumped tunable laser"等；单独使用"NEAR"运算符，表示前后两词之间最多允许插入 5 个单词，两词前后位置可互换。"ONEAR/*n*"位置运算符表示两词之间可以插入 0~*n* 个词，次序不可颠倒，如输入检索式"laser ONEAR/2 diode"，可检出"laser diode""laser under diode""laser with transverse diode pumping"等。

EI Compendex 快速检索页面提供了 5 个浏览索引（Browse Indexes），分别为作者（Author）、作者单位（Author affiliation）、受控词（Controlled terms）、刊名（Serial title）、出版商（Publisher）。进行以上字段检索时，可以通过查询索引，选择适宜的检索词。当用户选择了索引中的某词后，它将自动被粘贴到第一个可用的检索框中，"SEARCH IN"栏也将切换为相应的字段。若在索引中删除一个词，则此词将从相应的检索框中删除。用户也可以用逻辑运算符"AND"或"OR"连接从索引中粘贴到检索框中的第二个和第三个词。其中，作者索引对查询作者姓名非常有用，在 EI Compendex 数据库中，机构名称在不同时期有缩写和全称等多种著录方式，因此选择作者单位检索时应先使用作者单位索引进行查询。

（3）在检索限定（Limit by）下拉菜单中选择相应的检索限定条件。检索限定条件包括文献类型限定、处理类型限定、语言限定、出版年代限定和更新次数限定。检索限定是一种有效的检索方式，使用此方式，用户可得到更为精确的检索结果。

文献类型限定用于确定所检索文献源自的出版物的类型，包括所有文献类型（All document types）、期刊论文（Journal article）、会议论文（Conference article）、会议论文集（Conference proceeding）、专著章节（Monograph chapter）、专著评论（Monograph review）、报告章节（Report chapter）、报告评论（Report review）、学位论文（Dissertation）、专利文献（Patents）10 个选项，系统默认为所有文献类型。EI Compendex 数据库从 1985 年起增加了文件类型（Document type）字段，用户如果把检索范围限定为某特定的文件类型，将仅能检索到 1985 年以后的文献。

处理类型限定用于说明文献的研究方法及所探讨主题的类型，包括全部类型（All treatment types）、应用（Applications）、传记（Biographical）、经济（Economic）、实验（Experimental）、一般性综述（General Review）、历史（Historical）、文献综述（Literature Review）、管理方面（Management Aspects）、数值（Numerical）、理论（Theoretical）11 个选项，系统默认为全部类型。一个记录可能有一个或几个处理类型，也可能没有处理类型。EI Compendex 数据库从 1985 年起增加了处理类型（Treatment type）字段。因而选择此限定，将仅能检索到 1985 年以后的文献。

语言限定用于确定检索文献原文所使用的语言，包括所有语言（All languages）、英语（English）、中文（Chinese）、法语（French）、德语（German）、意大利语（Italian）、日语（Japanese）、俄语（Russian）和西班牙语（Spanish）。用户如果要检索更多的语言，可使用专业检索。不论原文使用何种语言，EI Compendex 数据库中的摘要和索引均用英文编写。

出版年代限定用于限定检索文献的出版年限。

更新次数限定用于限定文献的更新次数。如选择"Last four updates"（最近四次更新），将使用户的检索范围被限定在最近四次更新的内容中。

用户可以根据检索需要对检索限定进行分析和选择，检索限定越多，检索结果的专指

第 7 章 常用外文数据库

性越强。如果用户希望对某个主题做一般性的浏览，则处理类型可选择 General review；如果用户对某一研究领域的历史概览感兴趣，则处理类型可选择 Historical treatment；用户也可选择专著章节（Monograph chapter）、专著评论（Monograph review），查找专著中详细的信息。

（4）在排序（Sort by）下拉菜单中选择检索结果的排序依据。排序依据包括相关度（Relevance）和出版年（Publication year）。

实例：检索"主题/题名/摘要"中含有"风力发电"（Wind power generation）的文献，EI Compendex 快速检索结果如图 7-17 所示。全文信息页面如图 7-18 所示。

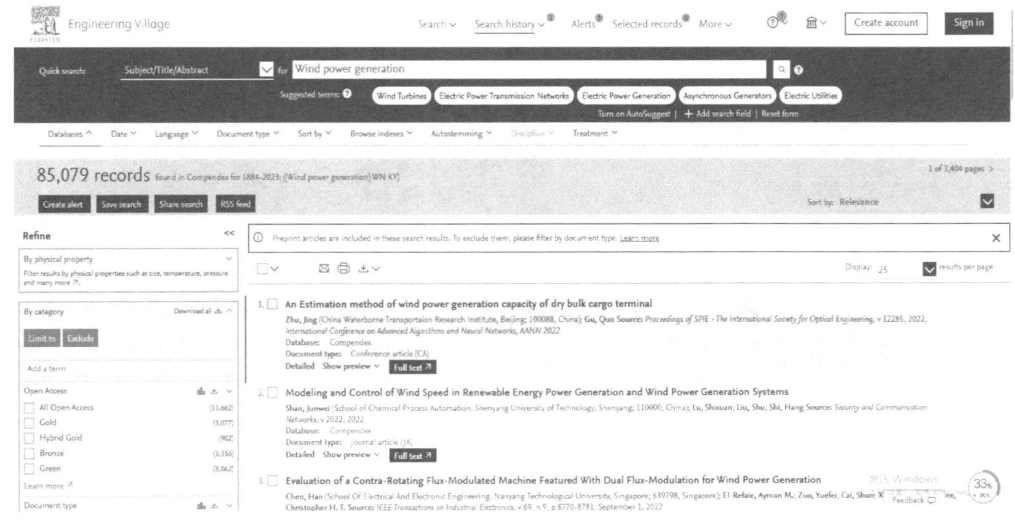

图 7-17　EI Compendex 快速检索结果

图 7-18　EI Compendex 全文信息页面

2）专业检索

EI Compendex 专业检索页面与快速检索页面相比，只设了一个检索条件输入框，减少了检索字段选择栏及文献类型、处理类型等限定，用户只需在检索条件输入框中输入按照一定语法规则组成的检索式，即可实现所有的限制性检索功能，检索过程更为方便、灵活。专业检索适用于具有一定数据库检索知识的资深用户使用，EI Compendex 专业检索页面如图 7-19 所示。

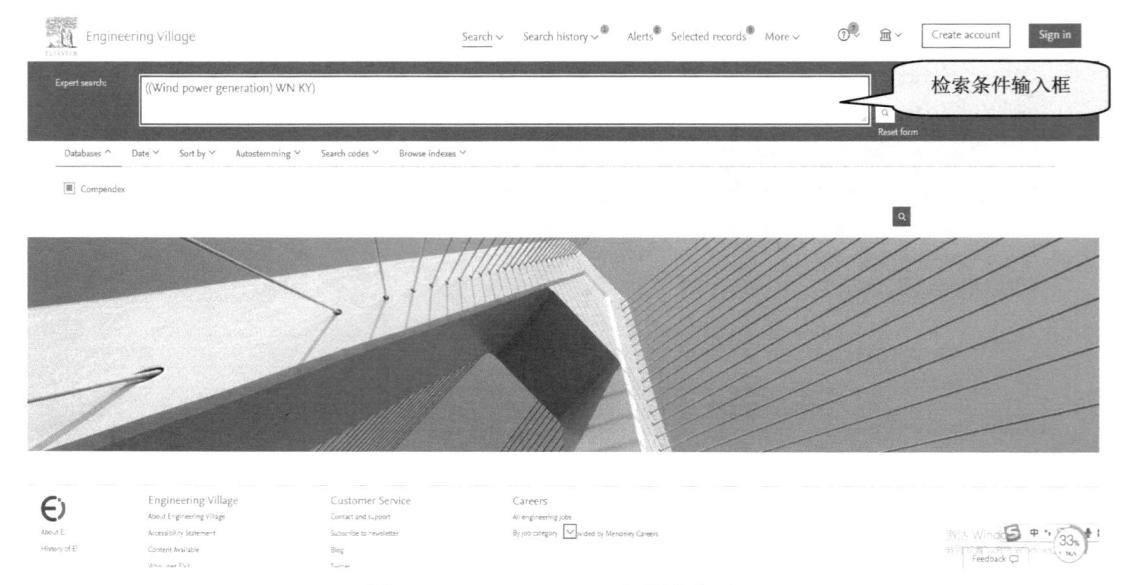

图 7-19 EI Compendex 专业检索页面

在专业检索中，除前面介绍的截词运算符和位置运算符以外，还可使用如下运算符。

（1）WN（Within）字段选择运算符：在不使用 WN 时，检索字段默认为"All Fields"。当需要对不同字段进行检索时，可将 WN 与字段标识符组合构成检索式。各字段标识符分别为 All fields（ALL）、Abstract（AB）、Author（AU）、Author affiliation（AF）、Controlled term（CV）、Document type（DT）、Language（LA）、Publisher（PN）、Serial title（ST）、Subject/Title/Abstract（KY）、Title（TI）、Treatment type（TR）。

（2）W/n 位置运算符：检索结果同时包含此运算符前后的两个检索词，两词之间不超过 n 个单词，两词前后顺序不限。

（3）Adj 位置运算符：检索结果同时包含此运算符前后两个检索词，两词相邻，前后顺序不能颠倒。

在专业检索中，检索系统严格按照检索式进行检索，不自动进行词干运算，同一检索式在专业检索后得到的结果可能比快速检索更少。

实例：

（1）Gilbert, Barrie WN AU AND Analog Devices WN AF

检索结果为：作者单位为 Analog Devices，作者为 Barrie Gilbert 的相关文献。

（2）(boiler OR steam turbine) AND (combustion OR burn) WN TI AND (Chinese WN LA OR English WN LA)

检索结果为：题名中含有 boiler 或 steam turbine，且同时含有 combustion 或 burn，且语种为中文或英语的文献。

（3）((air filters) WN AB) AND (JA WN DT) AND (GEN WN TR) AND (English WN LA)

检索结果为：文献摘要中含有 air filters 一词、文献类型为期刊论文中的一般综述性文章，文献语种为英文的文献。

3）叙词表检索

EI Compendex 检索方式选择页面如图 7-20 所示，这里选择"Thesaurus"选项，进行叙词表检索。

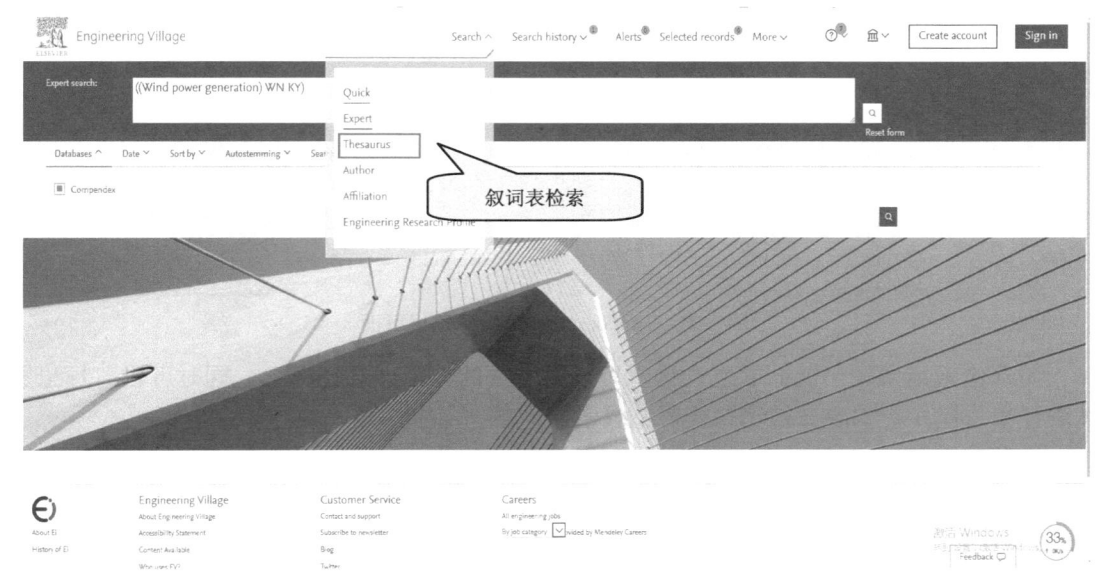

图 7-20　EI Compendex 检索方式选择页面

EI Compendex 叙词表检索页面提供"检索"（Search）、"精确词条"（Exact Term）、"浏览"（Browse）三个选项。

选择"检索"（Search）选项，在检索框中输入检索词，无论词表中是否含有此检索词，检索结果均会显示一组与检索词相关的主题词列表，同时在主题词列表下方显示检索式输入框。如检索"Air filter"一词，检索结果会显示"Air filters""Air brakes""Air cleaners""Air ejectors""Air engines""Air purifiers"等相关词，单击选定的检索词链接后，会出现包括扩展词条（Broad Terms）、相关词条（Related Terms）和检索式输入框的选择页面。如"Air filters"检索词的扩展词条为"Air cleaners"和"Filters（for fluids）"，相关词条为"Filtration""Purification""Ventilation"，在选择框中可对检索词、扩展词和相关词进行选择，下方的检索式输入框中即会自动显示选择的检索词。选择"精确词条"（Exact Term）选项，可对检索入口词的相关词、近义词直接进行查询。选择"浏览"（Browse）选项，可对叙词表进行全库浏览。

利用叙词表检索进行数据库检索时，选词更为方便、规范，检索式输入更为直接，检索效率更高。

4）检索结果

EI Compendex 各种检索方式的检索结果显示格式基本是一致的，其检索结果页面如

图 7-21 所示。其中，收录号（Accession number）作为被 EI 收录的证明。

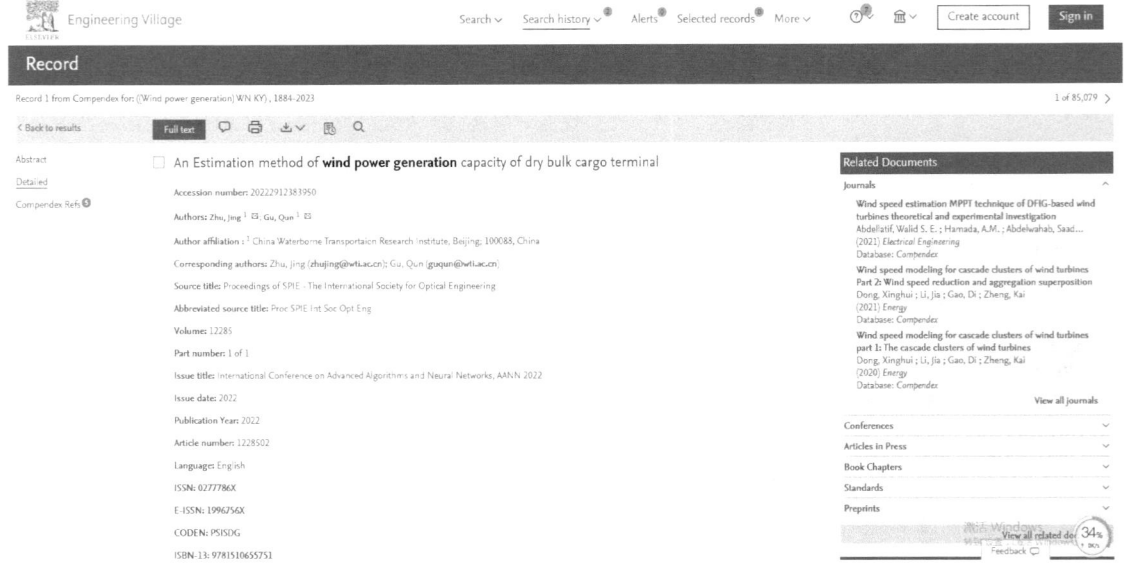

图 7-21　EI Compendex 检索结果页面

勾选检索结果题名前面的复选框，可以对需要的文献做选择标记，同时可以对标记文献进行相关操作，如改变被选择文献的显示格式等。

单击检索结果信息中的作者、刊名、ISSN 号等，可以查询到该作者、该刊名或该 ISSN 号的相关文献。单击"Full text"按钮，可以链接到该文献全文。

EI Compendex 支持用户对选择的检索结果进行发送电子邮件、打印、下载、保存在一个创建的在线文件夹中等操作。

7.5　科学引文索引（SCI）

7.5.1　SCI 概况

科学引文索引（Science Citation Index，SCI），是美国科学信息研究所（Institute for Scientific Information，ISI）的尤金·加菲尔德（Eugene Garfield）于 1957 年在美国费城创办的引文数据库。SCI 形式包括印刷版期刊、光盘版期刊及联机数据库，还发行了互联网上 Web 版数据库。ISI 通过它严格的选刊标准和评估程序挑选刊源，从而使 SCI 收录的文献能全面覆盖全世界最重要和最有影响力的研究成果。

SCI 收录全世界出版的数、理、化、农、林、医、生命科学、天文、地理、环境、材料、工程技术等自然科学各学科的学术期刊 9000 多种，涉及自然科学的 177 个学科，选用刊物来源于 40 多个国家、50 多种语言，其中主要的国家有美国、英国、荷兰、德国、俄罗斯、法国、日本、加拿大等，也收录部分中国的刊物。

作为一个检索工具，SCI 设置了独特的"引文索引"（Citation Index），即通过先前文献被当前文献的引用，来说明文献之间的相关性及先前文献对当前文献的影响力。目前，SCI

不仅是一个文献检索工具，而且成了科研评价的一种依据。科研机构被 SCI 收录的论文总量反映了整个机构的科研、尤其是基础研究的水平；人们通过对论文的被引频次等的统计，对学术期刊和科研成果进行多方位的评价研究，从而评判一个国家或地区、科研单位、个人的科研产出绩效，以此反映其在国际上的学术水平。

SCI 通过统计大量的引文，得出某期刊某论文在某学科内的影响因子、被引频次、即时指数等量化指标，来对期刊、论文等进行排行。被引频次高，说明论文在它所研究的领域里产生了巨大的影响，被国际同行重视，学术水平高。多年来，SCI 数据库不断发展，已经成为当代最重要的大型数据库，列在国际六大著名检索系统之首，是评价一个国家、一个科学研究机构、一所高校、一本期刊，乃至一个研究人员学术水平的重要指标之一。

7.5.2 SCI 检索方式

1. 基本检索

Web of Science 网站用于进行 SCI 检索，其首页如图 7-22 所示，单击"检索"选项卡，选择"Web of Science 核心合集"选项进行基本检索，可以检索特定的研究主题，检索某位作者发表的论文或者某个研究机构发表的文章，检索特定的期刊、特定年代发表的文章等。Web of Science SCI 基本检索页面如图 7-23 所示。该页面提供主题、标题、作者、出版物标题、出版年、所属机构等多个检索字段。系统默认各个检索字段之间为"逻辑与"的关系，选择"更多设置"下拉菜单中的 Science Citation Index Expanded（SCIE）和 Social Sciences Citation Index（SSCI）数据库，输入相应检索词和限定条件，单击"检索"按钮即可进行检索。

图 7-22 Web of Science 首页

2. 被引参考文献检索

被引参考文献检索（Cited Reference Search）能引导用户检索期刊、会议录、图书章节及与用户研究相关的任何出版物的信息。被引参考文献检索是以发表文章的参考文献作为检索途径进行检索的。它可以回溯某一研究文献的起源与历史，或者追踪其最新的进展。Web of Science SCI 被引参考文献检索页面如图 7-24 所示。

图 7-23　Web of Science SCI 基本检索页面

图 7-24　Web of Science SCI 被引参考文献检索页面

3. 高级检索

高级检索页面提供独立的检索框，用户只需在检索框中输入详细的检索式，单击"检索"按钮即可完成检索。检索式支持逻辑运算符、位置运算符、截词运算符。Web of Science SCI 高级检索页面如图 7-25 所示。

第 7 章　常用外文数据库

图 7-25　Web of Science SCI 高级检索页面

7.5.3　SCI 检索结果

1. 检索结果列表显示

单击检索结果中的题名，可以打开该篇论文的详细信息，Web of Science SCI 检索结果列表如图 7-26 所示。对于检索结果，可以选择不同的输出方式，包括导出、打印、发送电子邮件、保存或者加入标记列表。检索结果可以按照相关度、第一作者、来源出版物题名三种方式排序。

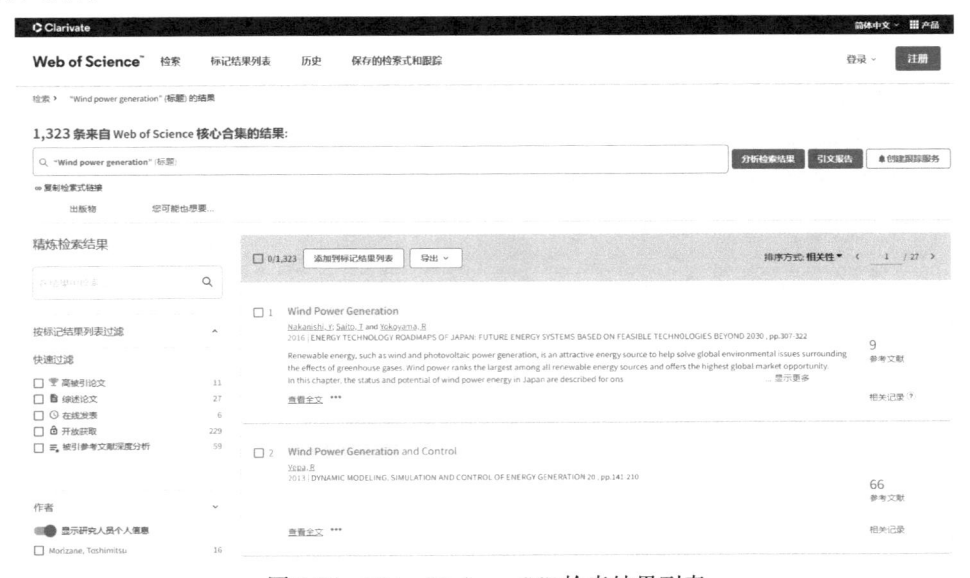

图 7-26　Web of Science SCI 检索结果列表

页面的左侧有"精炼检索结果"输入框，可通过调整检索范围，按照学科、文献类型、作者、来源、出版年、机构、语种、国家/地区等条件进行结果的精炼。

检索结果按"高被引论文"进行精炼的结果如图 7-27 所示。

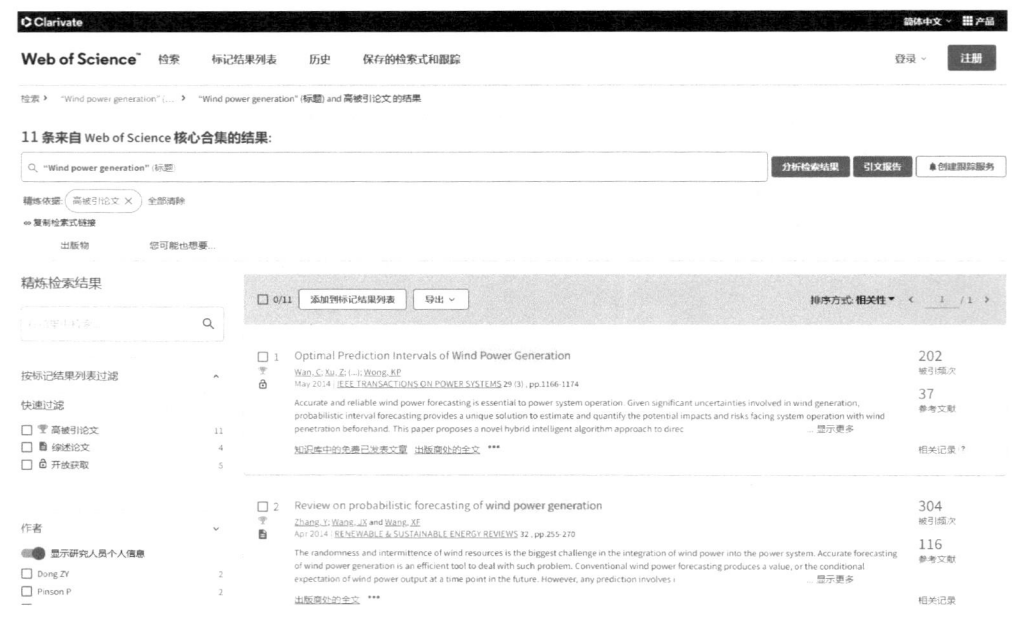

图 7-27　Web of Science SCI 检索结果按"高被引论文"精炼

2．详细信息

在详细信息页面中，显示了论文的基本题录信息，包括题名、作者、出版时间、文献类型、摘要、关键词等，Web of Science SCI 检索结果详细信息显示页面如图 7-28 所示。

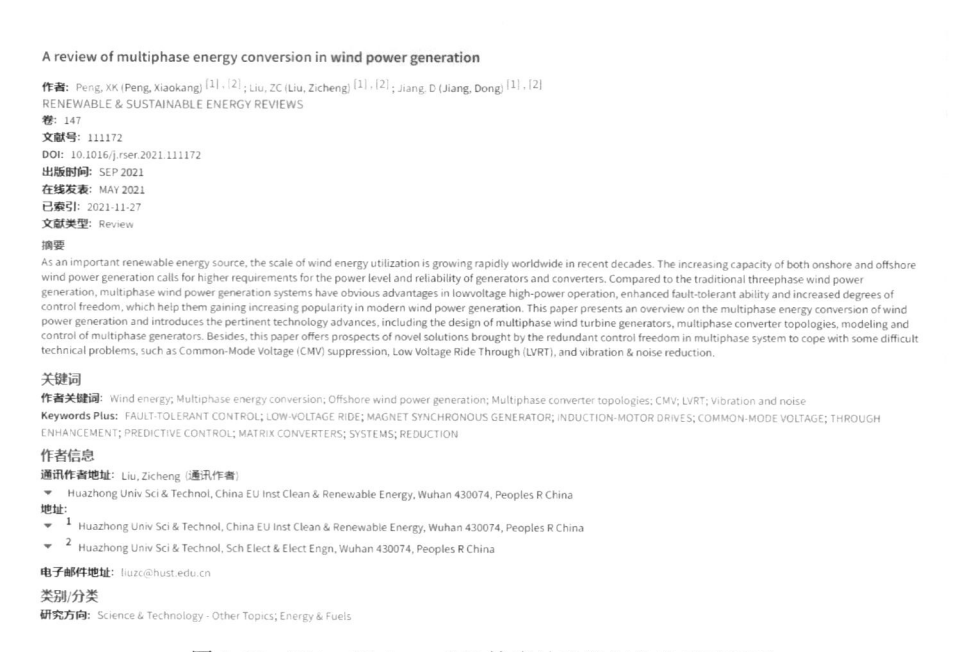

图 7-28　Web of Science SCI 检索结果详细信息显示页面

通过期刊信息可以看到期刊影响因子，Web of Science SCI 期刊影响因子页面如图 7-29 所示。

图 7-29　Web of Science SCI 期刊影响因子页面

3．分析检索结果和创建引文报告

在检索结果列表页面右侧单击"分析检索结果"按钮，可分析检索结果和生成引文报告。通过分析检索结果，用户可以了解某个课题的学科交叉情况或者所涉及的学科范围。其中，按照期刊名分析，用户可以了解某项研究相关的论文所发表的期刊，找到适合的发表途径；按照作者分析，用户可以了解某项研究的主要研究人员；按照作者机构分析，用户可以了解从事同一研究的机构；按照出版年代分析，用户可以了解某项研究的进展情况；按照语种分析，用户可以了解相关研究经常以哪种语言发表。

在检索结果列表页面右侧单击"引文报告"按钮，可创建引文报告，引文报告能够帮助用户直观地分析发展趋势和学术影响力，揭示该课题目前所处的阶段。

7.6　SpringerLink 数据库

7.6.1　SpringerLink 数据库概况

施普林格（Springer）是世界著名的科技出版集团，其网上出版系统 SpringerLink 收录了 2600 多种学术期刊（包括原 Kluwer 出版社的全部期刊）、1500 多部丛书、48100 余种电子书、190 多种参考工具书，以及中国在线科学图书馆和俄罗斯在线科学图书馆两个特色图书馆。SpringerLink 电子期刊分为 13 个学科：建筑学、设计和艺术；行为科学；生物医学和生命科学；商业和经济；化学和材料科学；计算机科学；地球和环境科学；工程学；人文、社科和法律；数学和统计学；医学；物理和天文学；专业和应用计算。

截至 2022 年 7 月，SpringerLink 已拥有论文 807.2 万篇，章节 495 万个，会议文献 134.6 万篇，参考工作条目 68.7 万个，每年约新增 10 万篇最新研究成果。

7.6.2　SpringerLink 检索方式

SpringerLink 首页如图 7-30 所示。

1．简单检索

SpringerLink 简单检索页面如图 7-31 所示，简单检索默认在题名、摘要和全文中进行检索，支持布尔逻辑运算符和通配符，检索词和逻辑运算符之间要空一格；检索式中的符号须为英文状态（半角），支持对检索结果进行二次检索。

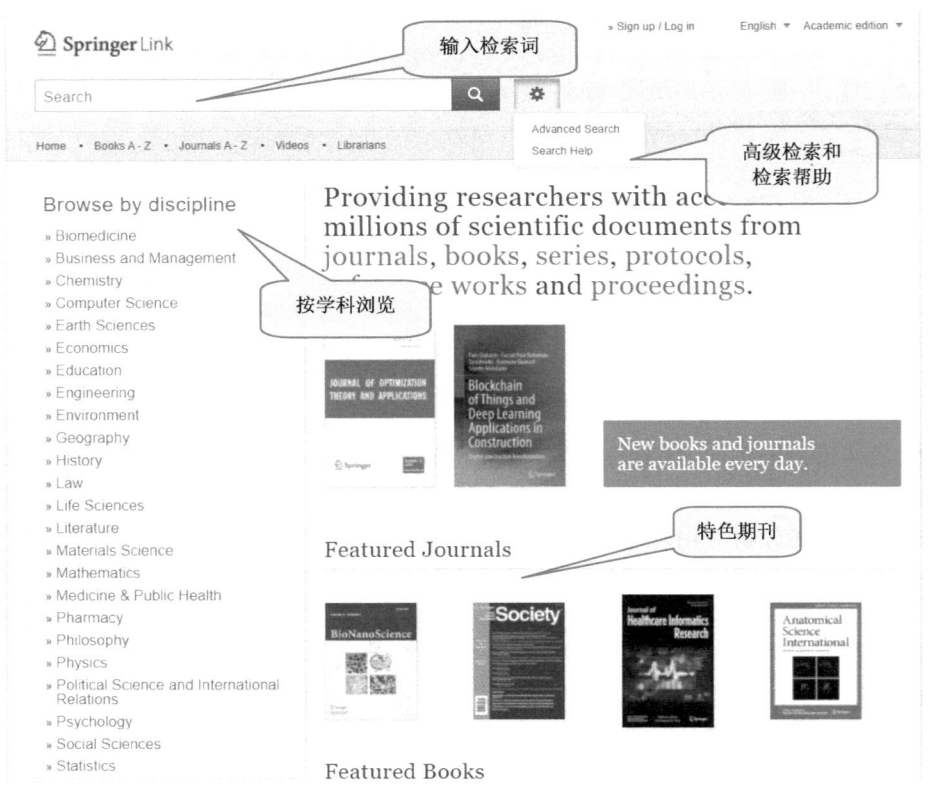

图 7-30　SpringerLink 首页

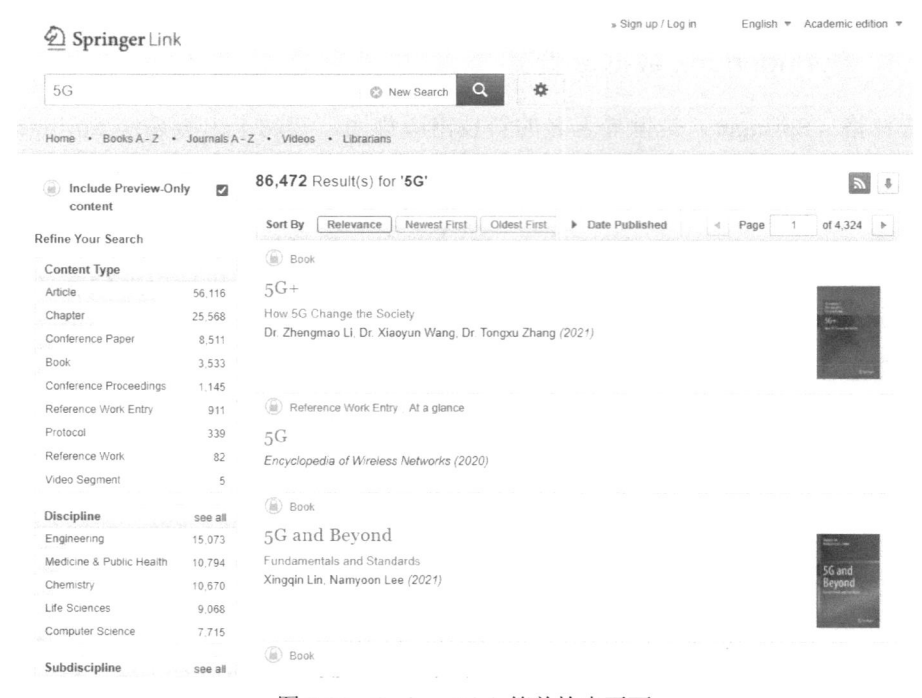

图 7-31　SpringerLink 简单检索页面

2. 高级检索

单击检索框右侧的齿轮图标，选择"Advanced Search"选项，打开的高级检索页面如图 7-32 所示，高级检索页面允许用户在全文、题名或者摘要中进行检索，同时还允许用户对作者、出版年代、引文等字段进行限定。

实例：检索题名包含"华为"（HUAWEI），内容包含 5G，并且要出现"中国"（CHINA），出版年代在"2020 年至 2022 年"的文献。

（1）选择字段 with all of the words，在检索框中输入"5G"；

（2）选择字段 where the title contains，在检索框中输入"HUAWEI"；

（3）选择字段 with at least one of the words，在检索框中输入"CHINA"；

（4）选择出版日期为 between 2020 and 2022。

SpringerLink 检索结果页面如图 7-33 所示。

图 7-32　SpringerLink 高级检索页面

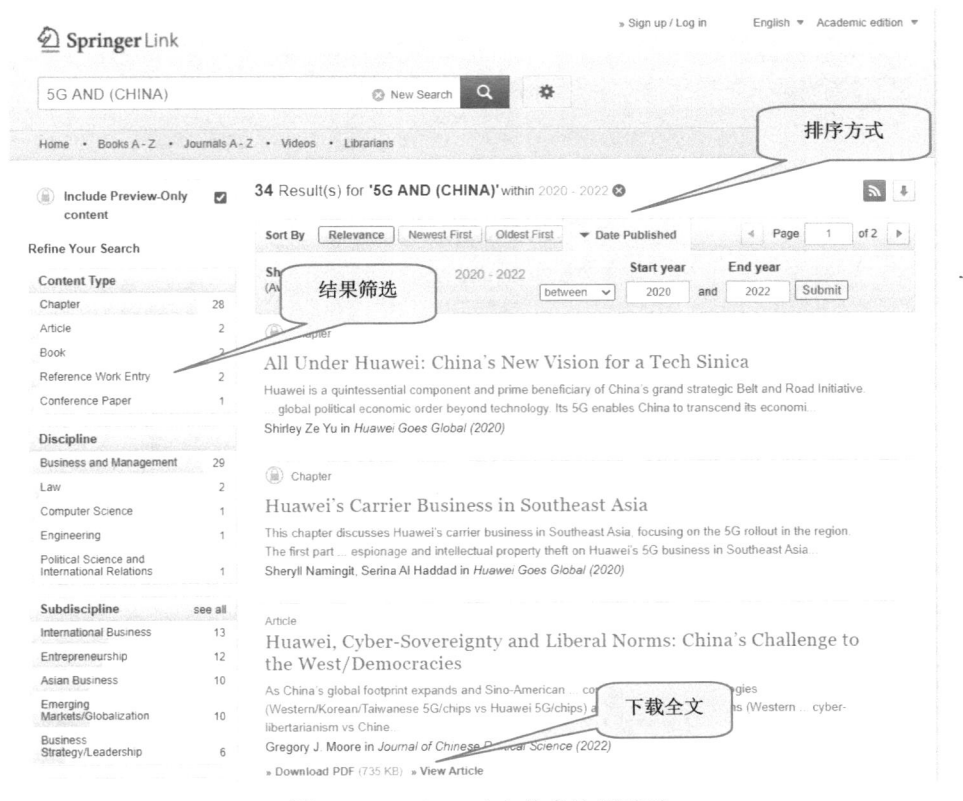

图 7-33　SpringerLink 检索结果页面

3. 浏览

SpringerLink 主页提供了多种内容浏览方式。主页菜单栏上部为检索区，下部为浏览区。在浏览区可按学科类别浏览，如图 7-34 所示，也可按资源类别浏览，如图 7-35 所示，还可按期刊首字母浏览，如图 7-36 所示。

Browse by discipline
- Biomedicine
- Business and Management
- Chemistry
- Computer Science
- Earth Sciences
- Economics
- Education
- Engineering
- Environment
- Geography
- History
- Law
- Life Sciences
- Literature
- Materials Science
- Mathematics
- Medicine & Public Health
- Pharmacy
- Philosophy
- Physics
- Political Science and International Relations
- Psychology
- Social Sciences
- Statistics

Browse 15,124,788 resources

Articles	8,072,085
Chapters	4,950,462
Conference Papers	1,346,249
Reference Work Entries	687,044
Protocols	68,612
Videos	336

图 7-34　按学科类别浏览　　　　图 7-35　按资源类别浏览

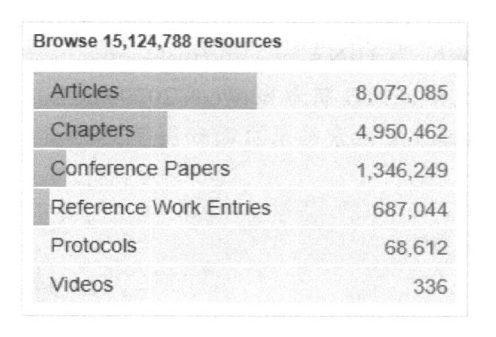

Journals A-Z

A B C D E F G H I J K L M N O P Q R S T U V W X Y Z #

Search Journals

A

◀ Previous　1　2　Next ▶

352 publications

AAPPS Bulletin	Acta Politica	Ambio
AAPS Open	Acta Scientiarum Mathematicarum	American Journal of Cancer
AAPS PharmSciTech	Acta Veterinaria Scandinavica	American Journal of Cardiovascular Drugs
ADHD Attention Deficit and Hyperactivity	Acta physica Academiae Scientiarum	American Journal of Clinical Dermatology

图 7-36　按期刊首字母浏览

第8章 其他特种文献的检索

8.1 专利文献检索

8.1.1 专利的含义

专利权,是指国家根据发明人或设计人的申请,以向社会公开发明创造的内容,以及发明创造对社会具有符合法律规定的利益为前提,根据法定程序在一定期限内授予发明人或设计人的一种排他性权利。其是一项发明创造的首创者所拥有的受保护的独享权益。专利一词来源于拉丁语 Litterae Patentes,意为公开的信件或公共文献,是中世纪的君主用来颁布某种特权的证明,后来指英国国王亲自签署的独占权利证书。专利在现代一般是由政府机关或者代表若干国家的区域性组织根据申请而颁发的一种文件。这种文件记载了发明创造的内容,并且在一定时期内产生这样一种法律状态:一般情况下,对于获得专利的发明创造,他人只有经专利权人许可才能予以实施。非专利权人要想使用他人的专利技术,必须依法征得专利权人的同意或许可。

一个国家依照其专利法授予的专利权,仅在该国法律的管辖范围内有效,对其他国家没有任何约束力,外国对其专利权不承担保护的义务,如果一项发明创造只在我国取得专利权,那么专利权人只在我国享有独占权或专有权。

1985年4月1日,《中华人民共和国专利法》正式实施。全国人大常委会分别于1992年、2000年、2008年、2020年对该法进行了四次修订。

8.1.2 专利的类型与特点

1. 专利的类型

1)发明专利

发明可以是产生新的产品或方法,也可以是对现有产品或方法的改进。当前我国的发明以对现有技术的改进为主,如为现有产品增添新的技术特征,或对某些技术特征进行新的组合等,只要这种添加和组合能够产生新的技术效果,解决技术问题,就属于发明,就能够获得专利权的保护。

发明专利并不要求是经过实践证明可以直接应用于工业生产的技术成果,其可以是一项解决技术问题的方案或是一种构思,具有在工业上应用的可能性。但也不能将这种技术方案或构思与单纯地提出课题、设想相混同,因为单纯地提出课题、设想可能不具备工业上应用的可能性。发明专利是专利中最重要的一种类型。

发明专利包括两种类型:产品发明和方法发明。

产品发明是指创造出包含新技术方案的物品。例如,对机器、设备、工具、用品等物品进行改进而做出的发明创造。

方法发明是指利用规律使用、制造或测试产品的新的步骤和手段。例如,适用于某种物品的加工方法、测试方法、制造工艺等。

2）实用新型专利

实用新型专利是指对产品的形状、构造或其结合所提出的实用的新的技术方案。实用新型专利保护的范围较窄，它只保护有一定形状或结构的新产品，不保护方法及没有固定形状的物质。实用新型专利更注重实用性，其技术水平较发明专利而言要低一些，多数国家实用新型专利保护的都是比较简单的、改进性的技术发明，因此，实用新型专利也称为"小发明""小专利"。对于日用品、机械、电器等方面的有形产品的小发明，比较适用于申请实用新型专利。

3）外观设计专利

外观设计是指对产品的形状、图案或其结合，以及色彩与形状、图案的结合所做出的富有美感并适合工业应用的新设计。外观设计专利与发明专利、实用新型专利有着明显的区别，外观设计专利注重的是设计人对一项产品的外观所做出的富于艺术性、具有美感的创造，但这种具有艺术性的创造，不是单纯的工艺品，必须具有能够在产业上应用的实用性。外观设计专利实质上是保护美术思想的，而发明专利和实用新型专利保护的是技术思想；虽然外观设计专利和实用新型专利都与产品的形状有关，但两者的目的不同，前者的目的在于使产品形状产生美感，而后者的目的在于使具有形态的产品能够解决某一技术问题。例如，一把雨伞，若它的形状、图案、色彩相当美观，那么应申请外观设计专利，如果雨伞的伞柄、伞骨、伞头结构设计精简合理，可以节省材料，又耐用，那么应申请实用新型专利。外观设计专利的保护对象，是产品的装饰性或艺术性设计，这种设计可以是平面图案，也可以是立体造型，更常见的是这二者的结合。

2. 申请专利的条件

授予专利权的发明和实用新型技术，应当具备新颖性、创造性和实用性。

1）新颖性

新颖性是指该发明或者实用新型技术不属于现有技术，也没有任何单位或者个人就同样的发明或者实用新型技术在申请日以前向国务院专利行政部门提出过申请，并记载在申请日以后公布的专利申请文件或者公告的专利文件中。

2）创造性

创造性是指与现有技术相比，该发明具有突出的实质性特点和显著的进步，该实用新型技术具有实质性特点和进步。

3）实用性

实用性是指该发明或者实用新型技术能够用于制造或者使用，并且能够产生积极效果。

3. 专利的特点

专利权属于知识产权的一部分，是一种无形的财产，具有以下特点。

1）排他性

排他性即独占性。它是指在一定时间（专利权有效期内）和区域（法律管辖区）内，任何单位或个人未经专利权人许可都不得实施其专利；对于发明和实用新型专利，即不得以生产经营为目的制造、使用、许诺销售、销售、进口其专利产品；对于外观设计专利，即不得以生产经营为目的制造、许诺销售、销售、进口其专利产品，否则属于侵权行为。

2）区域性

区域性是指专利权是一种有区域范围限制的权利，它只有在法律管辖区域内有效。除在有些情况下，依据保护知识产权的国际公约，以及个别国家承认另一国批准的专利权有效以外，技术发明在哪个国家申请专利，就由哪个国家授予专利权，而且只在专利授予国的范围内有效，而对其他国家则不具有法律的约束力，其他国家不承担任何保护义务。但是，同一发明可以同时在两个或两个以上的国家申请专利，获得批准后其便可以在所有申请国获得法律保护。

3）时间性

时间性是指专利只有在法律规定的期限内才有效。专利的有效保护期限结束以后，专利权人所享有的专利权便自动丧失，一般不能续展。专利受法律保护的期限的长短由有关国家的专利法或有关国际公约规定。世界各国的专利法对专利的保护期限规定不一。

根据 2020 年 10 月 17 日最新修订的《中华人民共和国专利法》的规定，发明专利权的期限为 20 年，实用新型专利权的期限为 10 年，外观设计专利权的期限为 15 年，均从申请日起计算。

8.1.3 专利文献

专利文献是实行专利制度的国家及国际性专利组织在审批过程中产生的官方文件及其出版物的总称，是记载专利申请、审查、批准过程中所产生的各种有关文件的资料。狭义的专利文献指包括专利请求书、专利说明书、权利要求书、摘要在内的专利申请说明书和已经批准的专利说明书的文件资料。广义的专利文献还包括专利公报、专利文摘，以及各种索引与供检索用的工具书等。专利文献是一种集技术、经济、法律三种情报为一体的文件资料。其载体形式一般为纸型、缩微胶片型、磁带型、光盘等。

专利文献具有内容新颖、广泛、系统、详尽，实用性强，可靠性强，质量高，出版迅速，形式统一，重复出版量大，分类和检索方法特殊，文字严谨，题目笼统等特点。

8.1.4 专利号码的组成

2003 年 10 月 1 日启用的最新专利申请号编号形式为"CN 申请年号 专利申请种类 申请顺序号.计算机校验位"，如 CN 2022 1 0474400.0。

其中，CN 代表中国。其他国家或机构的代码分别为：DE 代表德国、FR 代表法国、GB 代表英国、JP 代表日本、RU 代表俄罗斯、US 代表美国、CA 代表加拿大、CH 代表瑞士、EP 代表欧洲专利局、WO 代表世界知识产权组织（WIPO）。

申请年号由 4 位数字组成，如数字"2022"表示 2022 年申请的专利。

第 5 位数字表示专利申请种类，数字的含义是：

"1"表示发明专利申请；

"2"表示实用新型专利申请；

"3"表示外观设计专利申请；

"8"表示进入中国国家阶段的PCT（专利合作条约）发明专利申请；

"9"表示进入中国国家阶段的PCT实用新型专利申请。

后面的数字为申请顺序号。小数点后面的一位数是计算机校验码。

例如，CN 2022 1 0474400.0，表示中国2022年申请的发明专利，申请顺序号为0474400，计算机校验码为0。

8.1.5 专利检索

1. 专利分类法

专利分类法是从分类角度管理和检索专利文献的方法，国际专利分类法（International Patent Classification，IPC）是目前国际上采用的专利文献分类法。IPC采用了功能和应用相结合，以功能性为主、应用性为辅的分类原则。其采用等级的形式将技术内容注明，接部-分部-大类-小类-大组-小组逐级分类，形成完整的分类体系。国际专利分类法的部和分部如表8-1所示。

表8-1 国际专利分类法的部和分部

部号	部	分部
A	人类生活必需（农、轻、医）	农业、食品与烟草、个人与家用物品、保健娱乐
B	作业、运输	分离与混合、成型、印刷、交通运输
C	化学、冶金	化学、冶金
D	纺织、造纸	纺织和未列入其他类的柔性原料、造纸
E	固定建筑物（建筑、采矿）	建筑、钻井和采矿
F	机械工程	发动机与泵、一般工程、照明与加热、武器与爆破
G	物理	仪器、核子
H	电学	不设分部

同一专利可能具有若干个分类号，其中第一个分类号称为主分类号。例如，当一个发明专利申请或者实用新型专利申请涉及不同类型的技术主题，并且这些技术主题构成发明信息时，应当根据所涉及的技术主题进行多重分类，给出多个分类号。将最能充分代表发明信息的分类号排在第一位。

8.1.6 专利信息的内涵

专利信息是指以专利文献作为主要内容或以专利文献为依据，经分解、加工、标引、统计、分析、整合和转化等信息化手段处理，并通过各种信息化方式传播而形成的与专利有关的各种信息的总称。

专利信息中各个字段的含义如下。

（1）名称/标题：对专利主题的简短描述，可以人工快速浏览和检索。

（2）摘要：对专利技术内容的简要描述，是最常用的检索字段，常与标题一起进行关键词检索。

（3）权利要求书：相比标题和摘要，能更确切地说明专利主题。

（4）专利说明书：是对发明或实用新型专利的结构、技术要点、使用方法的介绍，包括技术领域、技术背景、发明内容、附图说明、具体实施方法等。

（5）发明人：实际从事发明创造的人。

（6）代理人：经过专业培训和考核，并在国务院专利行政部门登记，专门从事专利代理业务的人员。

（7）申请人：对某项发明创造有资格向专利行政部门提出专利申请的公民、法人或者非法人单位，申请人在专利没授权前称为专利申请人，授权后称为专利权人。

（8）申请号：专利申请人向国家知识产权机构提出专利申请时，机构给予专利申请人关于申请专利的一个号码。

（9）申请日：国家知识产权局收到专利申请文件的日期。

（10）公开日：发明专利申请公开之日。

（11）专利号：专利授权以后的代号。

（12）主分类号：同一专利申请中，由于技术内容的复杂性，有时会涉及多个技术领域，会出现一个申请具有若干分类号的情况，第一个分类号为主分类号。

（13）优先权日：专利申请人就同一项发明在国际专利组织缔约国中的一个国家提出申请之后，在规定的期限内又向其他缔约国提出申请时，申请人有权要求以第一次申请日期作为后来提出申请的日期，这一申请日期就是优先权日。

（14）法律状态：专利的有效性、权力转移状况和授权。

（15）引证文献：包括某个专利所引证的在先技术和日后引证该案例的专利，可用来研究技术的衍生变化、上下位关系、公司研发特点及不同申请人的技术关联。

8.1.7 专利检索

1. 专利检索的途径

专利检索系统一般会根据专利信息的特征提供多个检索字段，用户根据已知条件和用途在检索入口做出选择。专利检索途径如表 8-2 所示。

表 8-2 专利检索途径

检索途径	字 段	用 途
主题检索	标题、摘要、关键词检索	根据课题需要，选择标题或关键词检索
分类检索	分类号、主分类号检索	通过分类检索专利文献，分类检索更适用于专利查新检索
人员和机构检索	发明人、专利申请人、专利权人、代理人、代理机构、专利受让人	通过发明人、专利权人名称查找特定专利，可以定期将某一领域的专家作为发明人进行检索，跟踪技术发展状态，还可以用此方法跟踪同一领域的公司、企业或科研机构的专利权人进行检索，随时掌握对方的技术开发状态
号码检索	申请/专利号、公开/公告号	参考各国法律和各专利组织规范
日期检索	申请日、公开/公告日、优先权日	对技术发展的时间进行推算
地址检索	国籍、地址	发明人或者申请人的国籍、地址，可用于确定地理位置及经营策略

2. 常用的检索字段

专利检索常用的检索字段如表 8-3 所示。

表 8-3 专利检索常用的检索字段

国家知识产权局	欧洲专利局	美国专利局
标题	Title	TTL（Title）
摘要	Abstract	ABST（Abstract）
申请人（专利权人）	Applicant	AN（Assignee Name）
发明人	Inventor	IN（Inventor Name）
公开号（公告号）	Publication Number	PN（Patent Number）
分类号	IPC Classification	ICL（Internation Classification）
申请号（专利号）	Application Number	APN（Application Serial Number）
公开日（公告日）	Publication Date	PD（Publication Date）

8.1.8 中国专利文献检索

1．国家知识产权局专利检索及分析系统

国家知识产权局是国家市场监督管理总局管理的国家局，负责保护知识产权工作，推动知识产权保护体系建设，负责商标、专利、原产地地理标志的审查注册登记和行政裁决，负责指导商标、专利执法工作等。国家知识产权局官网首页如图 8-1 所示。

图 8-1 国家知识产权局官网首页

国家知识产权局专利检索及分析系统是集专利检索与专利分析于一身的综合性专利服务系统。该系统依托于丰富的数据资源，提供简单、方便、快捷、丰富的专利检索与分析功能，其丰富的接口和工具性功能也为检索和分析业务提供了强有力的支撑。其收录了 103 个国家、地区和组织的专利数据，以及引文、同族、法律状态等数据信息。

国家知识产权局专利检索及分析系统常用的检索方式包括常规检索、高级检索和导航检索。

第 8 章 其他特种文献的检索

1) 常规检索

国家知识产权局专利检索及分析系统首页默认采用常规检索，如图 8-2 所示，常规检索提供 7 个字段，分别是自动识别、检索要素、申请号、公开号、申请人、发明人、发明名称。在基本检索页面，用户只能进行单字段检索，检索词支持"AND""OR""NOT"逻辑运算符。

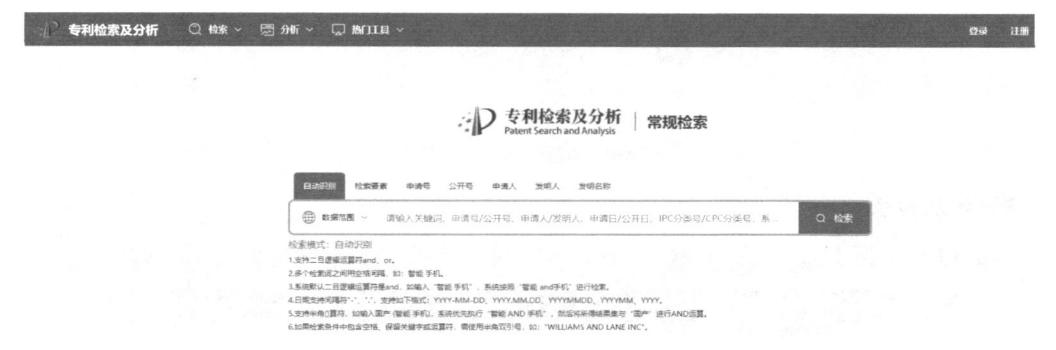

图 8-2 国家知识产权局专利检索及分析系统基本检索页面

2) 高级检索

高级检索根据收录数据范围提供丰富的检索入口和智能辅助的检索功能。用户可以根据自身的检索需求，在相应的检索项中输入相关的检索要素，并确定这些检索项之间的逻辑关系，进而组成检索式进行检索。如果想获取更加全面的专利信息，或者对关键词掌握得不全面，可以利用系统提供的"扩展"功能辅助扩展检索要素信息。

国家知识产权局专利检索及分析系统高级检索页面如图 8-3 所示。高级检索页面主要包括三个分区：检索范围、检索项、检索式编辑区。将光标移动到检索字段上可以查看检索字段的应用说明信息，如图 8-4 所示。

图 8-3 国家知识产权局专利检索及分析系统高级检索页面

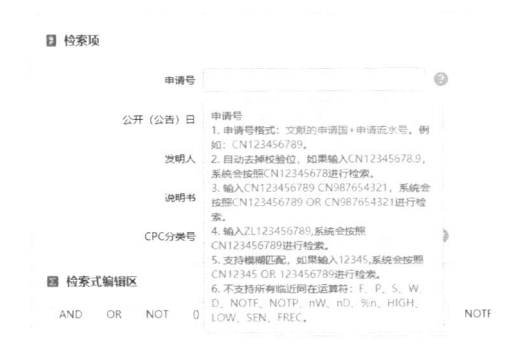

图 8-4 检索字段说明信息

3）导航检索

导航检索支持 IPC 导航、CPC 导航、国民经济分类导航三种检索方式，如图 8-5 所示。

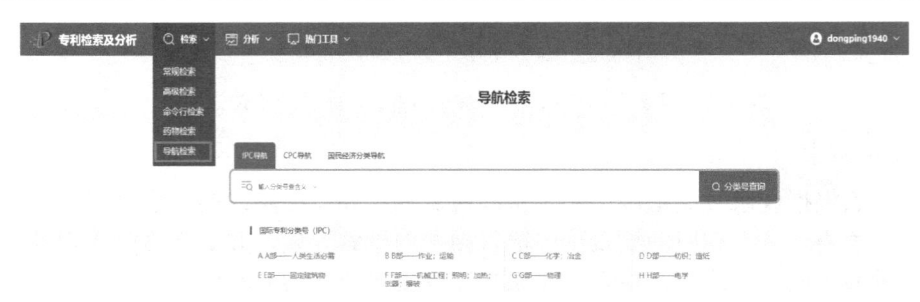

图 8-5 导航检索页面

4）检索结果

检索结果有"图文""列表""多图"三种显示方式，用户可以对专利类型进行筛选，还可以根据申请人、发明人、代理机构、申请年、公开年等对专利进行统计。国家知识产权局专利检索及分析系统检索结果页面如图 8-6 所示，检索结果详细信息页面如图 8-7 所示。

图 8-6 国家知识产权局专利检索及分析系统检索结果页面

图 8-7 检索结果详细信息页面

2. 中国知识产权网专利信息服务平台

1999 年 6 月，国家知识产权局知识产权出版社为了方便公众检索、阅览中国专利文献，创建了中国知识产权网，其首页如图 8-8 所示。

图 8-8 中国知识产权网首页

中国知识产权网率先在中国实现了互联网上中国专利文献（按法定公开日）定期公开、检索、阅读和下载，极大方便了公众对专利文献的使用。中国知识产权网是知识产权领域的专业网站，既提供知识产权领域的新闻资讯、专业文章，也提供为实现专利转化而建立的展示平台，其特点是提供了专利信息产品与服务，以及功能强大的中外专利数据库服务平台。

中国知识产权网专利信息服务平台是在原中外专利数据库服务平台的基础上，吸收国内外先进专利检索系统的优点，采用国内先进的全文检索引擎开发完成的。平台主要提供对中国专利和国外（美国、日本、英国、德国、法国、加拿大、EPO、WIPO、瑞士等 90 多个国家和组织）专利的检索。其检索功能包括中外专利混合检索（在原平台基础上，检索功能新增跨语言检索、语义检索、相似性检索、公司代码检索、相关概念推荐等）、行业分类导航检索、IPC 分类导航检索、中国专利法律状态检索、中国药物专利检索。其检索方式除了表格检索、逻辑检索外，还有二次检索、过滤检索、同义词检索等辅助检索手段。

1）检索方式

单击中国知识产权网首页右上角的"CNIPR 专利信息服务平台"图片链接，进入中国知识产权网专利信息服务平台，其基本检索页面如图 8-9 所示。基本检索提供常用的字段，包含关键词、申请人、专利号、申请日等。高级检索以表格的形式提供 22 个可供选择的检索字段，如图 8-10 所示，各个检索字段表达式输入规则与国家知识产权局专利检索及分析系统高级检索输入规则完全相同，部分字段允许输入复杂的逻辑表达式，字段间自动执行逻辑"与"运算。逻辑检索是一种高级检索方式，用户可以构造一个复杂的检索式，正确使用逻辑运算符和字段标识符。逻辑检索位于表格检索框下方，当使用逻辑检索时，上面的表格检索框失效，此时所有的检索结果以逻辑检索框里的输入为准。

图 8-9　中国知识产权网专利信息服务平台基本检索页面

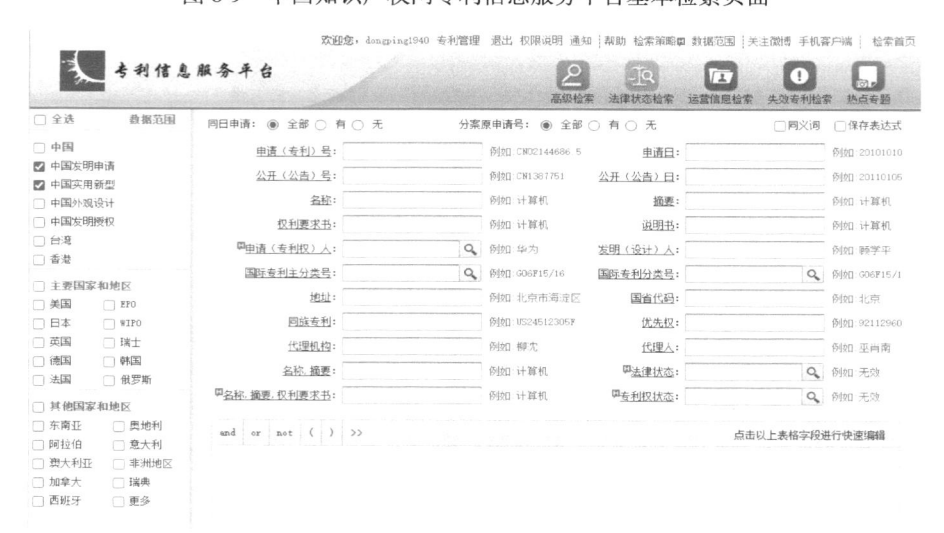

图 8-10　中国知识产权网专利信息服务平台高级检索页面

2）检索结果

在检索结果页面可以查看发明专利、实用新型专利、外观设计专利三个种类的专利，单击某种专利，将显示此种专利的检索结果。在专利的详细信息页面，用户可以单击"申请公布"按钮获取专利说明书全文及法律状态等信息，也可以下载、打印、翻译该专利信息。中国知识产权网专利信息服务平台检索结果简要信息页面如图 8-11 所示。

图 8-11　中国知识产权网专利信息服务平台检索结果简要信息页面

3. 中国知网专利全文数据库

中国知网专利全文数据库包括中国专利全文数据库和海外专利摘要数据库两部分。截至 2022 年 6 月，中国专利全文数据库收录了 1985 年以来在中国申请的发明专利、实用新型专利、外观设计专利 4370 多万项，每年新增专利约 250 万项；海外专利摘要数据库包含美国、日本、英国、德国、法国、瑞士、世界知识产权组织、欧洲专利局、俄罗斯、韩国、加拿大、澳大利亚等国家和组织的专利，1970 年至今共收录专利 1.2 亿余项，每年新增专利约 200 万项。

中国知网专利全文数据库提供高级检索、专业检索和"一框式"检索。

在高级检索和"一框式"检索页面，用户可以通过专利名称、申请号、公开号、分类号、主分类号、申请人、发明人、代理人等检索项进行检索，中国知网专利全文数据库高级检索页面如图 8-12 所示。

高级检索支持使用运算符*、+、-、""、()进行同一检索项内多个检索词的组合运算，检索框内输入的内容不得超过 120 个字符。输入运算符*（与）、+（或）、-（非）时，前后要空一格，优先级需用英文半角括号确定。若检索词本身含空格或*、+、-、()、/、%、= 等特殊符号，在进行多词组合运算时，为避免歧义，须将检索词用英文半角单引号或英文半角双引号引起来。例如：

（1）在专利名称检索项后输入"能源 * 储能"，可以检索到专利名称包含"能源"及

"储能"的文献。

（2）在专利名称检索项后输入'NON-VOLATILE MEMORY' * NVMe，可以检索到专利名称包含"NON-VOLATILE MEMORY"及"NVMe"的文献。

图 8-12　中国知网专利全文数据库高级检索页面

中国知网专利全文数据库专业检索页面如图 8-13 所示，提供的检索字段包括：SU%=主题，TKA=篇关摘，TI=专利名称，KY=关键词，AB=摘要，FT=全文，SQH=申请号，GKH=公开号，CLC=分类号，CLZ=主分类号，SQR=申请人，AU=发明人，DLR=代理人，YXQ=优先权，TSC=同族专利项。

图 8-13　中国知网专利全文数据库专业检索页面

例如：

（1）TI='生态' AND（SQR % '陈'+'王'）可以检索到专利名称包括"生态"且申请人姓"陈"和姓"王"的所有专利；

（2）TI='石墨烯'*'制备' 可以检索到专利名称包括"石墨烯"及"制备"的专利；

（3）TI=('智能手机'+'手持设备')*'电池'-'盖' 可以检索到"智能手机"或"手持设备"中有关"电池"的专利，并且可以去除专利名称中包含"盖"的内容。

4．万方数据知识服务平台中外专利数据库

万方数据知识服务平台中外专利数据库（Wanfang Patent Database，WFPD）涵盖 1.3 亿余条国内外专利数据。其中，中国专利的收录始于 1985 年，共收录 3300 余万篇专利全文，可本地下载专利说明书，数据与国家知识产权局保持同步，包含发明专利、实用新型专利和外观设计专利三种类型，准确地反映中国最新的专利申请和授权状况，每月新增 30 余万条。收录国外专利 1 亿余条，均提供欧洲专利局网站的专利说明书全文链接，收录范围涉及美国、日本、英国、德国、法国、瑞士、俄罗斯、韩国、加拿大、澳大利亚、世界知识产权组织、欧洲专利局等，每年新增 300 余万条。

万方数据知识服务平台中外专利数据库提供基本检索、高级检索和专业检索，并提供分类导航检索，其检索页面如图 8-14 所示，该页面更符合专利文献的检索特点，同时提供个性化订阅服务。

图 8-14　万方数据知识服务平台中外专利数据库检索页面

5．国内其他专利网站

国内其他专利网站包括中国专利信息中心-专利之星检索系统、中国专利信息网、佰腾网等。

8.1.9　国外专利文献检索

通过国内很多专利检索系统可以对国外的专利进行检索，在前文已有介绍，本节主要介绍国外知识产权机构的专利检索系统。

1．美国专利及商标局网站-美国专利数据库

美国专利及商标局（United States Patent and Trademark Office，缩写为 PTO 或 USPTO）

成立于 1802 年，面向公众提供全方位的专利信息服务，为相关发明提供专利保护、商品商标注册和知识产权证明。美国专利及商标局首页如图 8-15 所示。

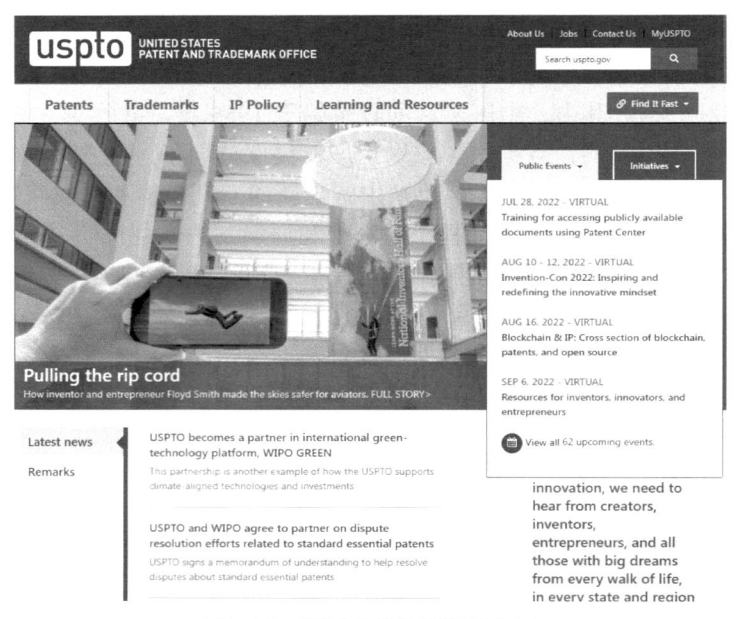

图 8-15　美国专利及商标局首页

单击首页"Patents"选项卡下的"Search for Patents"选项，即可进入专利检索页面，如图 8-16 所示。页面有 USPTO 专利全文和图像数据库（PatFT），USPTO 专利申请全文和图像数据库（AppFT），全球档案、专利申请信息检索数据库（PAIR），专利和商标资源中心（PTRCs）、专利官方公报、通用引文文件（CCD）、专利转让检索、专利审查数据系统（PEDS）等数据资源链接，提供快速检索、高级检索、专利号检索三种检索方式。

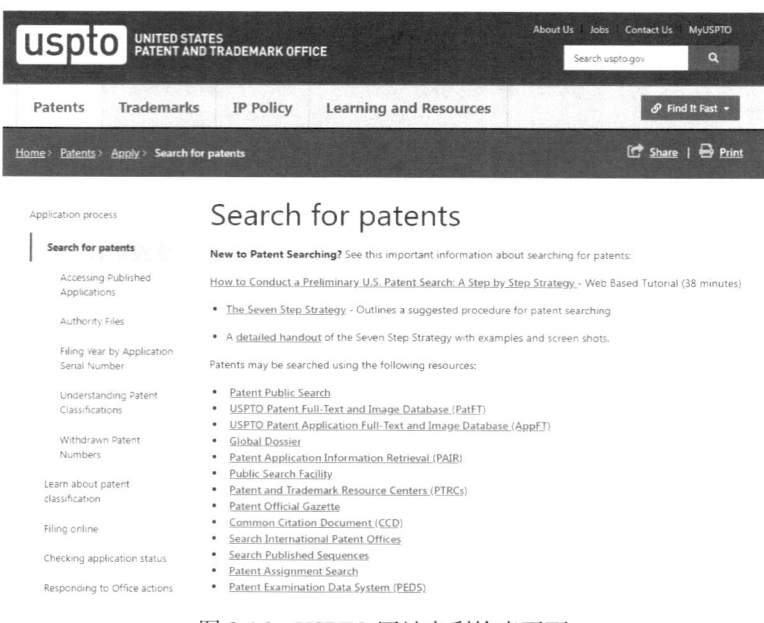

图 8-16　USPTO 网站专利检索页面

2. 欧洲专利局-欧洲专利数据库

欧洲专利局（European Patent Office，EPO）是根据《欧洲专利公约》于 1977 年 10 月 7 日正式成立的一个政府间组织，负责审查授予可以在 42 个国家生效的欧洲专利，其首页如图 8-17 所示。

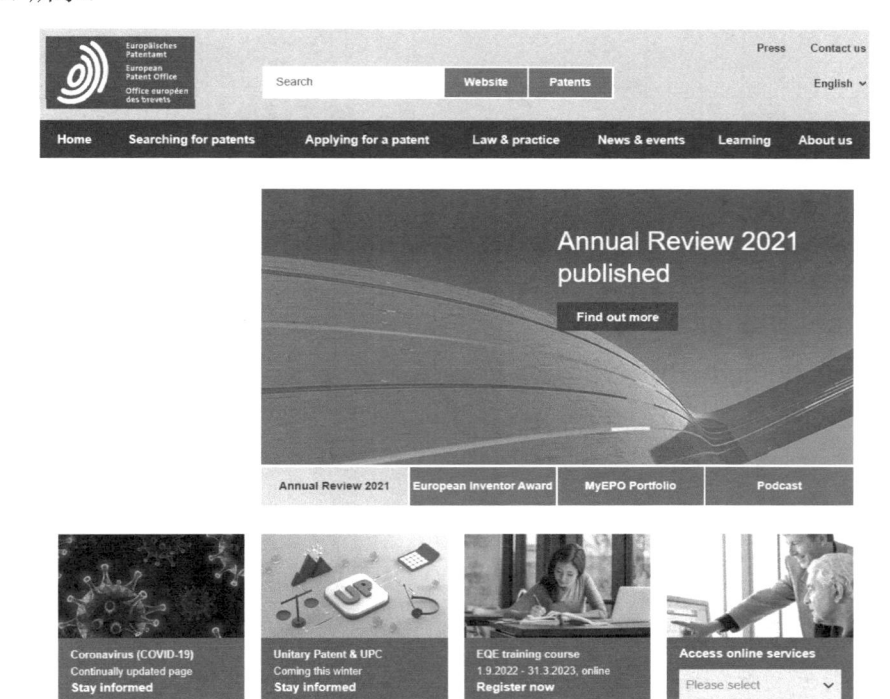

图 8-17　欧洲专利局首页

欧洲专利数据库提供英语、法语、德语三种语言，免费提供专利服务，用户能够检索欧洲专利组织任何成员国、欧洲专利局和世界知识产权组织公开的专利信息，并可下载全文。欧洲专利数据库检索主要有两种途径，一是通过欧洲专利局网站进入欧洲专利数据库检索页面；另一种是通过欧洲专利局成员国网站进入欧洲专利数据库检索页面。

欧洲专利数据库提供了三种检索方式，分别是智能检索、高级检索及分类检索，一般情况下使用高级检索。

3. 世界知识产权组织

世界知识产权组织（World Intellectual Property Organization，WIPO）是联合国保护知识产权的一个专门机构，致力于利用知识产权（专利、版权、商标等）作为激励创新与创造手段的联合国机构，提供世界各国的专利数据库检索服务，包括国际专利合作组织-The Patent Cooperation Treaty（PCT）、美国专利数据库、欧洲专利数据库，中国专利英文数据库等。

WIPO 网站首页如图 8-18 所示。WIPO 网站提供英语、日语、中文等多种语言，方便用户检索国外专利，提供基本检索、高级检索、字段组合检索和跨语言扩展检索四种检索方式，其中基本检索仅提供一个检索框，可供选择的检索项有专利名称、专利公开日、首页关键词、任意字段、全文、国家专利分类号、识别码等。字段组合检索提供了 7 个检索框，每个检索框前方都包含 150 余个不同语言专利检索字段下拉菜单供用户选择，系统提供的逻辑组配关系包括"AND"和"OR"。检索字段主要包括首页关键词、公开号、申请号、公开日、题名、文摘、申请人、发明人、国际专利分类号、专利机构代码、专利说明书、权利要求书等。

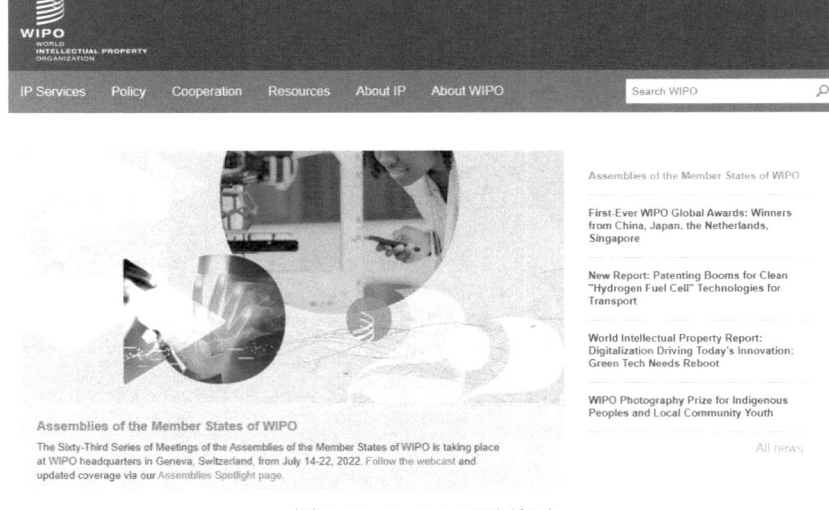

图 8-18 WIPO 网站首页

4．国外其他专利网站

1）德文特专利数据库

德文特专利数据库（Derwent Innovations Index，DII）是由 Derwent（全球最权威的专利文献信息出版机构）推出的基于 Web 的专利信息数据库，DII 由德文特世界专利索引（Derwent World Patents Index，DWPI）和德文特专利引文索引（Patents Citation Index，DPCI）两部分组成，以每周更新的速度提供全球专利信息。DII 收录来自全球 40 多个专利机构（涵盖 100 多个国家）的 1000 多万个基本发明专利，2000 多万条专利情报，资料可回溯至 1963 年。DII 提供 Derwent 专业的专利情报加工技术，可协助研究人员简捷有效地检索和利用专利情报，以便全面掌握工程技术领域创新科技的动向与发展。同时提供了直接下载专利电子版全文的链接，用户只需单击记录中"Original Document"按钮就可以立刻链接到 Thomson Patent Store，获取专利申请书的电子版全文。DII 组织专家根据专利全文内容，特别是权利要求项，用普通技术词汇将几十种不同语种的原始文献重新用英语改写标题和文摘，详细反映了专利的内容、应用、新颖性等信息；将在不同国家申请的同一发明专利合并成一条记录，进行专利家族归并，避免研究人员检索专利后重复阅读，节省研发人员宝贵时间。DII 强大的分析与引文功能，允许用户按照多种途径对多达 10 万条记录进行分析，从不同角度分析技术发展的趋势、专利的分布、专利技术细节的分布等；同时，DII 实现了与 Web of Science 的双向连接，这样就将基础研究或应用基础研究的成果与技术应用的成果有机地联系在一起，使用户能够了解基础研究成果与市场应用前景之间的关系，分析全球知识产权领域的竞争态势，加速知识创新与技术创新的互相推动与转化。

2)加拿大知识产权局专利检索

加拿大知识产权局（Canadian Intellectual Property Office，CIPO），是加拿大负责管理专利、商标和版权的行政机构。CIPO 包含专利数据库、商标数据库、版权数据库等，其中专利数据库收录了 1920 年以来的加拿大的专利说明书和扫描图像。CIPO 支持英语和法语两种语言。

3)日本特许厅

日本特许厅将自 1885 年以来公布的所有日本专利电子文献收录在网站上的工业产权数字图书馆（IPDL）中。IPDL 有英语和日语两个版本，英文版提供专利与实用新型公报数据库、专利与实用新型号码对照数据库和日本专利英文文摘数据库。日文版提供的专利信息资源更为丰富，包括公报文本检索数据库、外国公报数据库、审查书类情报检索、号码检索数据库、范围指定检索数据库、最终处分照会最终处分照会、复审信息检索最终处分照会等。

4)韩国知识产权局网上专利检索

韩国知识产权局（KIPO）下属的韩国工业产权信息服务中心（Korean Intellectual Property Office，KIPRIS）从 1998 年开始为本国和外国提供在线免费专利信息检索服务，2007 年，KIPRIS 网站增加了韩国外观设计和商标专利的英文检索，KIPRIS 信息报道，帮助文件，XML 标准的图像格式，专利法律状态查询，专利文献韩、英文机器翻译等服务项目。KIPRIS 可以检索韩国 1948 年以来审定/授权公告的及自 1983 年以来公开的发明、实用新型专利申请的著录项目、摘要、附图、说明书全文、法律状态等。

8.2 标准文献检索

8.2.1 标准文献知识

1. 标准文献

标准文献是一种重要的科技出版物，一个国家的标准文献反映了这个国家的经济政策、技术政策、生产水平、加工工艺水平、标准化水平、自然条件、资源情况等，对于全面了解一个国家和机构的产业发展情况有重要的参考作用。

2. 标准文献的种类

标准文献的种类如表 8-4 所示。

表 8-4 标准文献的种类

区分方式	类型	定义	案例
按范围	国际标准	国际通用的标准	ISO、IEC
	区域标准	区域性标准组织通过的标准	欧洲计算机制造商协会标准（ECMA）
	国家标准	国家标准机构颁布的标准，简称国标	中国国标（GB），美国国标（ANSI）
	专业标准	某一专业团体发布的适用于该专业或相关专业的标准	美国材料与试验学会标准（ASTM）美国石油学会标准（AP）
	企业标准	一个企业或者部门批准的标准	美国波音飞机公司标准（BAC）

(续表)

区分方式	类　型	定　义	案　例
按对象	技术标准	针对标准化领域中需要协调统一的技术事项所制定的标准，包括基础标准、产品标准、工艺标准、检测试验方法标准及安全、卫生、环保标准	GB 50559—2010《玻璃工厂环境保护设计规范》
	管理标准	针对标准化领域中需要协调统一的管理事项所制定的标准	ISO 14001《环境管理体系》
	工作标准	针对工作的责任、权力、范围、质量要求、程序、效果、检查方法、考核办法所制定的标准	《麦当劳工作手册》
按约束力	强制性标准	在一定范围内，国家运用行政和法律的手段强制实施的标准	GB 11748—2005《二氧化碳激光治疗机》
	推荐性标准（/T）	提倡、指导、自愿遵循的标准，但是一经选定，必须强制执行	GB/T 4459.7—1998《机械制图滚动轴承表示法》
	指导性技术文件（/Z）	对仍处于技术发展过程中的标准化工作提供指南或者信息，供科研、设计、生产、使用和管理等有关人员参考使用而制定的标准文件	GB/Z 19579—2012《卓越绩效评价准则实施指南》

3．标准号的构成

1）国际标准

国际标准的标准号由"标准代号　顺序号：年代号（制定或修订年）"构成，如"ISO 19363：2020"表示移动提升工作操作平台和操作法的标准。

ISO 标准号的结构形式有两种。

推荐标准：ISO/R　顺序号：年代号；

正式国际标准：ISO　顺序号：年代号；

国际主要标准代号如表 8-5 所示。

表 8-5　国际主要标准代号

标准名称	标准代号	标准名称	标准代号
国际标准化组织标准	ISO	日本工业标准	JIS
国际电工委员会标准	IEC	澳大利亚国家标准	AS
国际电信联盟标准	ITU	加拿大标准协会标准	CSA
欧洲标准	EN	美国电气与电子工程师协会标准	IEEE
欧洲计算机制造商协会标准	ECMA	美国船舶局标准	ABS
美国国家标准	ANSI	美国航天工业协会标准	AIA
德国国家标准	DIN	美国机械工程师协会标准	ASME
英国国家标准	BS	美国军用标准	MIL
法国国家标准	NF	德国工程师协会标准	VDI

2）区域标准

区域标准的标准号由"标准代号　顺序号—年代号"构成。例如，欧洲标准协会颁布的"EN 404—2005"为自救用呼吸保护设备、戴口罩组件的一氧化碳过滤式自救器的标准。

3）国家标准

一些外国国家标准和标准号的构成，如表8-6所示。

表8-6 外国国家标准和标准号的构成

标准类型	构成方式	案例
美国国家标准	ANSI+分类号+小数点+序号+年代号	ANSI/ESD S8.1—2012
英国国家标准	BS+顺序号+分册号+年代号	BS EN 61788-17—2013
德国国家标准	DIN+顺序号+年代号	DIN EN 12620—2013
法国国家标准	NF+字母类号+数字类号+顺序号+年代号	NFZ 52-049—2013
日本国家标准	JIS+字母类号+数字类号+标准序号+年代号	JIS A0206—2013

4．中国标准

2017年11月修订的《中华人民共和国标准化法》规定"标准包括国家标准、行业标准、地方标准和团体标准、企业标准。国家标准分为强制性标准、推荐性标准，行业标准、地方标准是推荐性标准。"

1）国家标准

对保障人身健康和生命财产安全、国家安全、生态环境安全以及满足经济社会管理基本需要的技术要求，应当制定强制性国家标准。国务院有关行政主管部门依据职责负责强制性国家标准的项目提出、组织起草、征求意见和技术审查。国务院标准化行政主管部门负责强制性国家标准的立项、编号和对外通报。国务院标准化行政主管部门应当对拟制定的强制性国家标准是否符合前款规定进行立项审查，对符合前款规定的予以立项。

强制性国家标准的编号方式为"中国国家标准代号 顺序号—年代号"。推荐性国家标准的编号方式为"中国国家标准代号/T 顺序号—年代号"。例如，GB 51395—2019《海上风力发电场勘测标准》是2019年颁布的强制性国家标准；GB/T 51308—2019《海上风力发电场设计标准》是2019年颁布的推荐性国家标准。

2）行业标准

对没有推荐性国家标准且需要在全国某个行业范围内统一的技术要求，可以制定行业标准。行业标准由国务院有关行政主管部门制定，报国务院标准化行政主管部门备案。

行业标准的编号方式为"行业标准代号 顺序号—年代号"或者"行业标准代号/T 顺序号—年代号"。例如，DL/T 5435—2019《火力发电工程经济评价导则》为国家发改委[①]于2019年颁布的电力行业标准。部分中国行业标准代号及其批准发布部门见表8-7。

表8-7 部分中国行业标准代号及其批准发布部门

行业标准代号	行业标准名称	批准发布部门	行业标准代号	行业标准名称	批准发布部门
CH	测绘	国家测绘局	LD	劳动和劳动安全	人力资源和社会保障部
DL	电力	国家发改委	QC	汽车	国家发改委
FZ	纺织	国家发改委	QX	气象	中国气象局
GA	公共安全	公安部	SB	国内贸易	商务部
GY	广播电影电视	国家广播电视总局	SJ	电子	工业和信息化部

---

① "国家发改委"为"国家发展和改革委员会"的简称。

(续表)

行业标准代号	行业标准名称	批准发布部门	行业标准代号	行业标准名称	批准发布部门
MH	民航	中国民用航空局	SL	水利	水利部
HJ	环境保护	生态环境部	TB	铁路运输	国家铁路局
JB	机械	国家铁路局	TY	体育	国家体育总局
JR	金融	中国人民银行	WB	物资管理	国家发改委
JT	交通	交通运输部	WH	文化	文化和旅游部
JY	教育	教育部	WM	外经贸	商务部
LB	旅游	文化和旅游部	YD	通信	工业和信息化部

3）地方标准

地方标准是由地方（省、自治区、直辖市）标准化主管机构或专业主管部门批准、发布，在某一地区范围内统一的标准。

地方标准的编号方式为"地方标准代号/顺序号—年代号"或"地方标准代号/T 顺序号—年代号"。地方标准代号由大写字母 DB 加地方行政区划代码组成。例如，DB/T 84—2020《卫星遥感地震应用数据库结构》为 2020 年颁布的地方标准。

4）团体标准

团体标准是由团体按照团体确立的标准制定程序自主制定发布、由社会自愿采用的标准。社会团体可在没有国家标准、行业标准和地方标准的情况下，制定团体标准，快速响应创新和市场对标准的需求，填补现有标准空白。国家鼓励社会团体制定严于国家标准和行业标准的团体标准，引领产业和企业的发展，提升产品和服务的市场竞争力。

团体标准编号方式为"团体标准代号/社会团体代号 顺序号—年代号"，团体标准代号一般为 T。社会团体代号应合法且唯一，不应与现有标准代号相重复，且不应与全国团体标准信息平台上已有的社会团体代号相重复。例如，T/CAS 287—2017《家用电冰箱智能水平评价技术规范》为中国标准化协会发布的团体标准，T/CHEAA 0001—2017《智能家电云云互联互通标准》为中国家用电器协会发布的团体标准。

5）企业标准

企业标准是依据企业范围内需要协调、统一的技术要求、管理要求和工作要求所制定的标准，是企业组织生产、经营活动的依据。国家鼓励企业自行制定严于国家标准或者行业标准的企业标准。企业标准由企业制定，由企业法人代表或法人代表授权的主管领导批准、发布。企业标准一般以"Q"开头，编号方式为"企业标准代号 顺序号—年代号"。例如，Q/GDW 11156—2014《智能变电站二次系统信息模型校验规范》为国家电网有限公司 2014 年颁布的企业标准。

8.2.2 手工检索工具

1.《中国国家标准汇编》

《中国国家标准汇编》是一部大型综合性国家标准全集。《中国国家标准汇编》自 1983 年起由中国标准出版社按国家标准顺序号以分册形式陆续出版，有精装和平装两种装帧形式，自 1996 年起只出版精装本。该汇编收录了我国每年正式发布的全部国家标准，除包含正常收录新增标准的"定制"卷外，1995 年起新增了"修订"卷，以及时反映每年新修订的标准文献。该汇编收录全面，是查询标准文献较好的检索工具之一。

2.《中国标准化年鉴》

《中国标准化年鉴》是了解中国每年标准化工作进展情况及成就的动态全集。创刊于 1985 年，由国家标准化管理委员会组织编撰，内容包括中国标准化发展概况、标准化管理机构、标准化技术委员会工作、国际标准化活动、产品质量监督和质量检验工作、地方标准化工作、标准化科学研究工作、标准化成果及国家标准目录等，用户可通过其中的国家标准目录查找了解相关国家标准。

8.2.3 网络检索工具

1. 国家标准化管理委员会

国家标准化管理委员会是中华人民共和国国务院下属的组织机构，职责划入国家市场监督管理总局。国家标准化管理委员会官网不仅实时提供标准公告、国家标准计划公告、地方标准备案公告、行业标准备案公告等最新消息，还提供国家标准目录查询、国家标准计划查询、国家标准公告查询、全国标准化技术委员会查询等信息服务，并按照农业标准化、工业标准化、服务业标准化、地方标准化、国际标准化工作推送相关行业和区域标准化工作最新进展情况，国家标准化管理委员会官网首页如图 8-19 所示。

图 8-19 中国国家标准化管理委员会官网首页（部分截图）

单击首页右下方"全国标准信息公共服务平台"图片链接（如图 8-20 所示），在打开的页面（如图 8-21 所示）中单击"高级检索"选项，即可进入全国标准信息公共服务平台高级检索页面，如图 8-22 所示，检索页面共提供了包括国家标准号、中文标准名称、标准属性等在内的十余种检索途径，用户可通过多条件匹配检索缩小检索范围，提高查准率。

图 8-20　单击"全国标准信息公共服务平台"图片链接

图 8-21　全国标准信息公共服务平台

图 8-22　全国标准信息公共服务平台高级检索页面

除高级检索以外，全国标准信息公共服务平台还分别整合了"国家标准""行业标准""地方标准""团体标准""企业标准""国际标准""国外标准""示范试点""技术委员会"九类信息并提供专门检索入口，更便于使用，每类信息入口根据标准内容和用途的不同，分别设置不同的常用检索功能。例如，"国家标准"选项卡提供了国家标准计划查询、国家标准目录查询等功能，如图 8-23 所示。

图 8-23　全国标准信息公共服务平台"国家标准"选项卡

用户可以根据需求选择适当的查询功能，如要查询国家标准发布、实施、状态等相关信息，可以选择"国家标准"选项卡中的"国家标准目录查询"选项，再在打开的页面中输入标准名称或标准号，还可以使用页面左侧分类导航进行进一步检索，"国家标准目录查询"页面如图 8-24 所示。

单击页面中的标准号即可跳转至标准详细信息页面，获取相应标准信息，包括标准状态、基础信息、起草单位、起草人等。例如，查询图 8-24 中序号为 72 的标准"GB/T 999—2021"，详细信息页面如图 8-25 所示。

图 8-24 "国家标准目录查询"页面

图 8-25 详细信息页面

单击页面右侧的"全文"按钮可实现在线预览全文,标准在线预览页面如图 8-26 所示。

第 8 章　其他特种文献的检索 183

图 8-26　标准在线预览页面

2. 中国标准服务网

中国标准服务网（China Standard Service Network，CSSN）创建于 1998 年，是中国标准化研究院主办的国家级标准信息服务网站。CSSN 由中国标准化研究院标准信息研究所负责运营，旨在为用户提供标准动态跟踪、标准文献检索、标准文献全文传递和在线咨询等功能。CSSN 集中了国家标准化管理委员会、中国标准化研究院等国内标准化服务网站及德国标准化协会、加拿大标准化学会、美国国家标准技术研究院等国外标准化服务网站的信息，资源丰富，信息来源可靠、权威。

CSSN 提供了"国内标准""国际国外标准"等资源检索服务，并提供了多种检索方式和检索入口，中国标准服务网首页如图 8-27 所示。

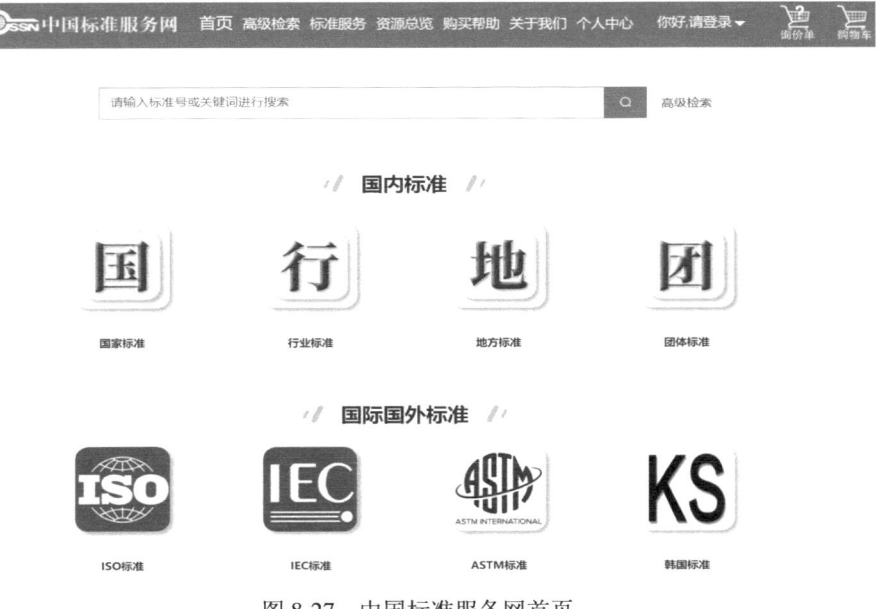

图 8-27　中国标准服务网首页

CSSN 提供了基本检索、高级检索、导航检索三种方式，支持用多个检索途径进行复合检索，高级检索页面如图 8-28 所示。

图 8-28　中国标准服务网高级检索页面

以检索"风力发电"相关的标准文献为例，检索结果如图 8-29 所示。

图 8-29　检索结果

3. 中国标准化研究院国家标准馆

中国标准化研究院国家标准馆（简称"标准馆"），即国家标准文献共享服务平台，成立于 1963 年，馆藏时间始于 1931 年，是我国唯一的国家级标准文献和标准化图书情报馆藏、研究和服务机构，是中国图书馆学会专业图书馆分会理事单位和国家科技图书文献中心（NSTL）9 家成员单位之一，是国家市场监督管理总局科技基础支撑机构和服务社会的窗口单位，以及国家标准化管理委员会批准成立的"标准联通'一带一路'支撑机构"。标准馆集标准知识管理与服务机构、标准文献馆、标准档案馆、标准博物馆于一体，为社会各界提供标准文献查询、阅览、咨询、研究、培训等服务，为政府提供决策支持。该馆拥有丰富的标准信息资源，包括中国国家标准、地方标准、行业标准及美国、英国、德国等的国家标准和 ISO、IEC 等国际标准数据，数据具有完整性和权威性，大量国外标准著录了中文标题，提供用中文标题检索国外标准的途径。

标准馆提供了基本检索、高级检索、分类检索及批量检索四种检索方式。

（1）基本检索：是一种模糊的检索方式，用户可以在检索框中输入标准号或者关键词进行检索，输入"标准号"仅对标准号一个字段进行检索，输入"关键词"可同时对中文标题、中文关键词、外文标题、外文关键词等字段进行检索。

（2）高级检索：是一种表格式检索，提供标准状态、关键词、标准号、国际标准分类、中国标准分类、采用关系、标准品种、年代号 8 个检索项。检索关键词为"风力发电"的现行标准为例，高级检索页面和检索结果如图 8-30、图 8-31 所示。

图 8-30 标准馆高级检索页面

（3）分类检索：有"发布单位""中国标准分类法""国际标准分类"三个分类。用户可以根据需要选择相应分类，逐级展开，最后选定并显示该分类下的所有标准列表。

（4）批量检索：以每行一条的方式输入多个标准号或关键词，或者导入 TXT、XLS 格式文件，一次完成批量标准文献的检索。

图 8-31 标准馆高级检索结果

4. CNKI 标准文献数据库

CNKI 标准文献数据库包括国家标准全文数据库和中国行业标准全文数据库两部分。国家标准全文数据库收录了除环境保护类以外的所有国家标准，共计 6 万余项，占国家标准总量的 95%以上。中国行业标准全文数据库收录了由国务院有关行政主管部门制定的标准，包含中国计划出版社出版的城镇建设类、建筑工程类行业标准，中国电子技术标准化研究院组织起草的电子类行业标准，中国轻工业出版社出版的轻工类行业标准等 45 种行业标准，共计 3 万余项。标准的内容来源于中国标准化研究院国家标准馆，相关的文献、专利、成果等信息来源于 CNKI 各大数据库。

除可使用 CNKI 首页"一框式"检索以外，CNKI 标准文献数据库为用户提供了高级检索、专业检索两种检索方式。在高级检索中，用户可通过主题（标准名称）、标准号、发布单位等多种检索途径进行复合检索，高级检索页面如图 8-32 所示。

图 8-32 CNKI 标准文献数据库高级检索页面

利用高级检索，查找标准名称中含"风力发电"的标准，检索结果如图 8-33 所示。用户还可通过检索结果页面左侧的主题、学科等导航项进一步缩小检索范围。

图 8-33 CNKI 标准文献数据库高级检索结果

5. 万方中外标准数据库

万方中外标准数据库（China Standards Database）收录了所有中国国家标准、行业标准及中外标准题录摘要数据，共计 200 余万条记录，其中中国国家标准全文数据内容来源于中国质检出版社，中国行业标准全文数据收录了机械、建材、地震、通信标准及由中国质检出版社授权的部分行业标准。该数据库提供了基本检索、高级检索、专业检索三种检索方式，允许用户通过题名（即标准名称）、关键词、标准号等多种检索途径匹配检索。利用高级检索，查找标准名称中含"风力发电"的标准，检索页面如图 8-34 所示，检索结果如图 8-35 所示。

图 8-34 万方中外标准数据库高级检索页面

图 8-35　万方中外标准数据库高级检索结果

单击题名，可进入检索结果详细信息页面，如图 8-36 所示。

图 8-36　检索结果详细信息页面

6. 工标网

工标网全称为工业标准咨询网，由工业标准咨询网有限公司于 2005 年创立，是收录国内外标准、各行业标准及相关资讯、公告等的标准化信息服务平台，工标网将搜索引擎技术、网络支付技术等相结合，允许客户在线下单、结算，目前已形成了一套完整的标准信息查询服务系统，同时提供了多种在线工具与客户即时交流。

该网站提供了标准搜索和高级查询两种检索方式，用户在标准搜索页面只需输入关键词（标准名称或标准号），然后单击"标准搜索"或"公告搜索"按钮即可完成检索。工标网标准搜索页面如图 8-37 所示。

第 8 章 其他特种文献的检索 189

图 8-37 工标网标准搜索页面

该网站同时将标准按照其采用的分类法进行分类，用户可通过中标分类（中国标准文献分类法）、ICS 分类（国际标准分类法）、行业分类等查询采用该分类法的标准文献。工标网分类浏览页面如图 8-38 所示。

图 8-38 工标网分类浏览页面

在高级查询页面，用户可通过标准标题（即标准名称）、标准编号（即标准号）、英文名称、替代情况等进行匹配限制检索；同时，可通过"搜索范围"等进一步缩小检索范围。工标网高级查询页面如图 8-39 所示。

图 8-39 工标网高级查询页面

7. 中国标准信息服务网

中国标准信息服务网由国家市场监督管理总局国家标准技术审评中心主办，为公众提供权威的标准化资讯及标准文献的查询服务。其标准目录检索页面如图 8-40 所示。与此同时，其微信公众号也同样提供标准查询服务，如图 8-41 所示。

图 8-40　中国标准信息服务网标准目录检索页面 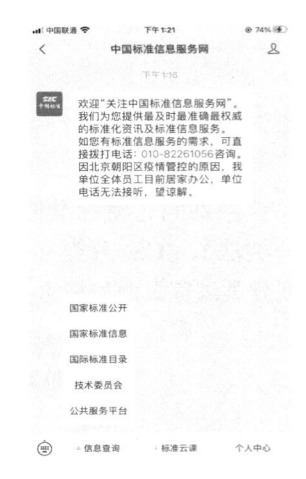　　图 8-41　中国标准信息服务网微信公众号

8.2.4　国外标准文献网络检索

1. 国际标准化组织

国际标准化组织（International Organization for Standardization，ISO）成立于 1946 年，是全球性的非政府组织。包括中国在内，ISO 现有 160 多个成员国。其宗旨是"在世界上促进标准化及其相关活动的开展，以便于商品和服务的国际交换，并扩大在知识、科学、技术和经济领域方面的合作。"其任务是负责制定除电工、电子外绝大部分领域（包括军工、石油、船舶等垄断行业）的标准化活动，以及协调国际标准化工作、组织各成员国之间的信息交流等。通过 ISO 官网，用户可以查询其颁布的标准，ISO 官网首页如图 8-42 所示。

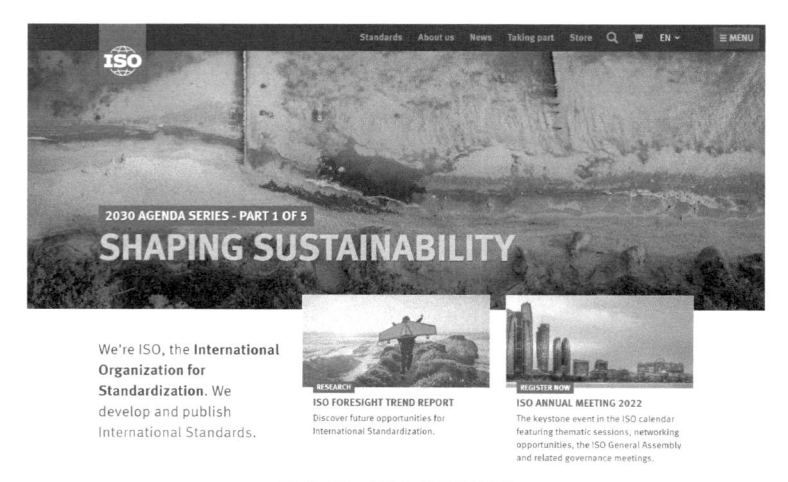

图 8-42　ISO 官网首页

第 8 章 其他特种文献的检索

ISO 官网为用户查询标准文献提供了分类浏览、快速检索和高级检索三个入口。分类浏览提供 ICS 目录和 TC（类型分类）目录，ISO 标准文献分类浏览页面如图 8-43 所示。快速检索时，用户直接在检索框中输入检索条件即可返回检索结果。ISO 标准文献快速检索页面如图 8-44 所示。

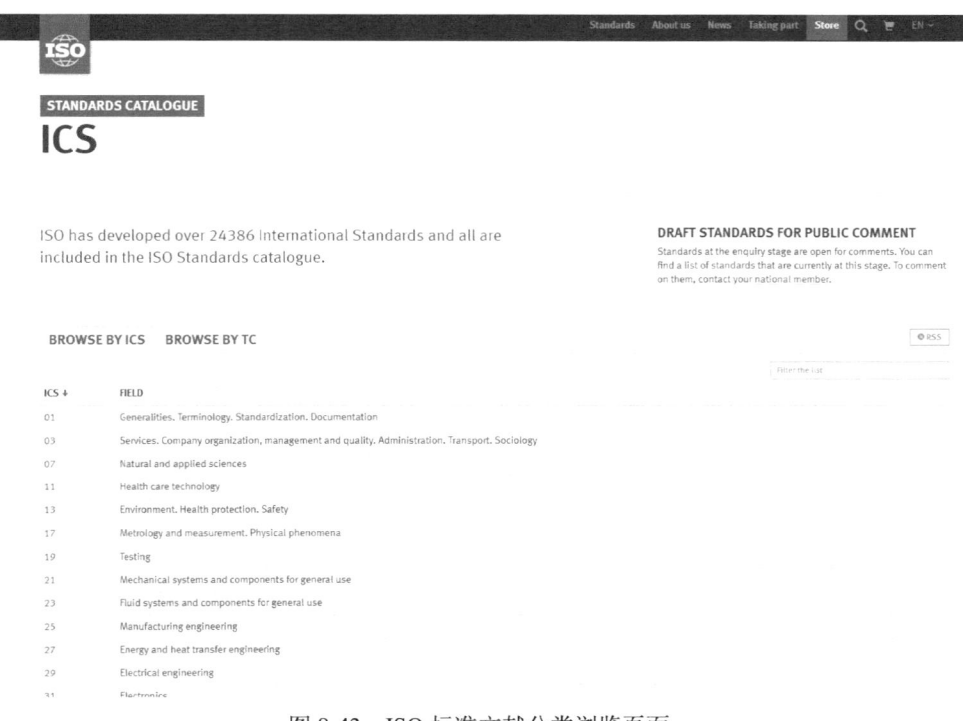

图 8-43　ISO 标准文献分类浏览页面

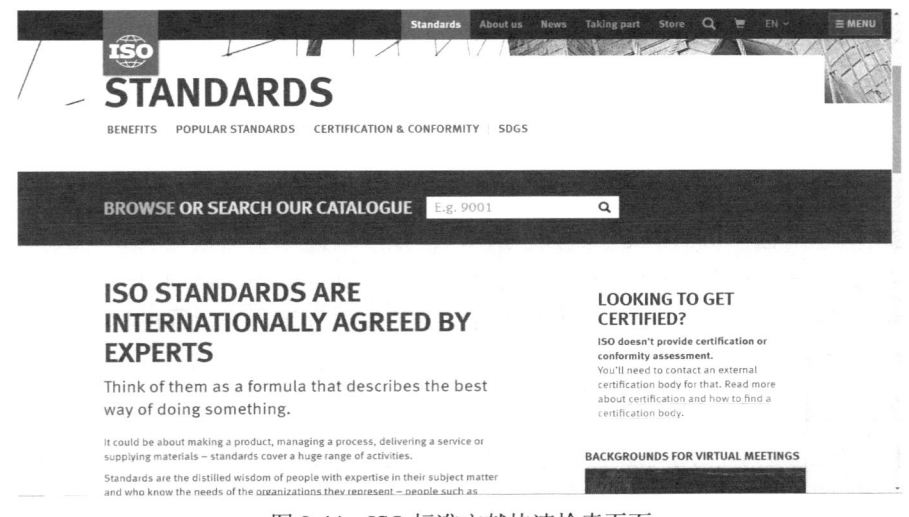

图 8-44　ISO 标准文献快速检索页面

高级检索允许用户通过 Keyword or phrase（关键词或词组）、ISO number（ISO 编号）、Part number（分类号）、Document type（文献类型）、Language（语言）等条件进行匹配检索，提高查准率。ISO 标准文献高级检索页面如图 8-45 所示。

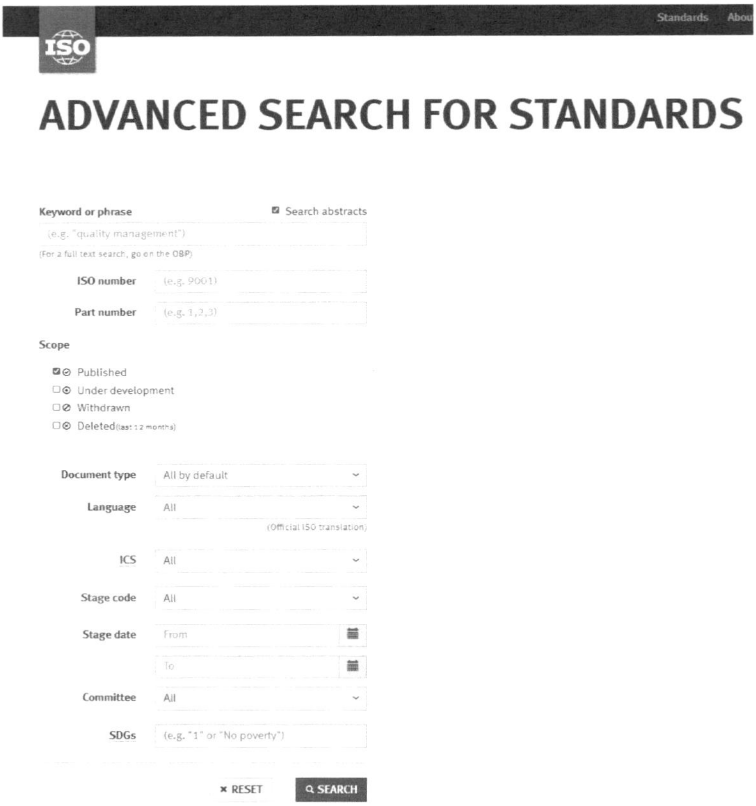

图 8-45　ISO 网站标准文献高级检索页面

2. 国际电工委员会

国际电工委员会（International Electrical Commission，IEC）成立于 1906 年，是世界上成立最早的国际性电工标准化机构，且其权威性得到国际社会普遍认可。该组织负责有关电气工程和电子工程领域的国际标准化工作，并促进相关领域的国际合作。目前 IEC 成员国已从 1960 年的 35 个增加到 60 个，我国于 1957 年加入该组织。

用户可通过 IEC 出版的 *IEC Catalogue of Publication* 和 *IEC Year* 等进行手工查询，获得标准文献信息；也可访问 IEC 官网进行查询，该网站提供了初级检索和高级检索两种方式，高级检索允许用户通过 Key words（关键词）、Working documents（工作文件）、Projects/Publications（项目/出版物）、Committee（技术委员会）等字段进行匹配检索，IEC 高级检索页面如图 8-46 所示。

3. 美国国家标准协会

美国国家标准协会（American National Standards Institute，ANSI）成立于 1918 年，是非营利性的民间标准化团体，但它实际上已成为国家标准化中心，同时又起着行政管理机关的作用，它协调并指导全国标准化活动，给予标准制订、研究和使用单位帮助，提供国内外标准化情报。

ANSI 提供包括美国国家标准、美国行业标准、ISO 标准、IEC 标准等 80 余个标准出版机构的标准信息检索功能。在 ANSI 的检索页面，用户可以直接在检索框中输入关键词

第 8 章　其他特种文献的检索

或者标准号进行检索，在关键词检索时，系统将对输入的检索词自动在标准名称和文摘字段中进行检索，对于输入的词组，系统将自动进行"逻辑与"的运算。检索时，系统有可能对输入的词组进行拆分，如果要进一步地检索，可将检索词组加上双引号。如检索有关"发电"的标准文献，可输入检索词"electricity generation"，并在检索词上加上双引号，检索结果如图 8-47 所示。在标准号检索时，用户可以输入完整的标准号或者标准号的一部分进行检索。检索结果中，将详细列出该标准全文文献在线购买价格，用户可以通过多种方式付费获取标准的电子版全文。

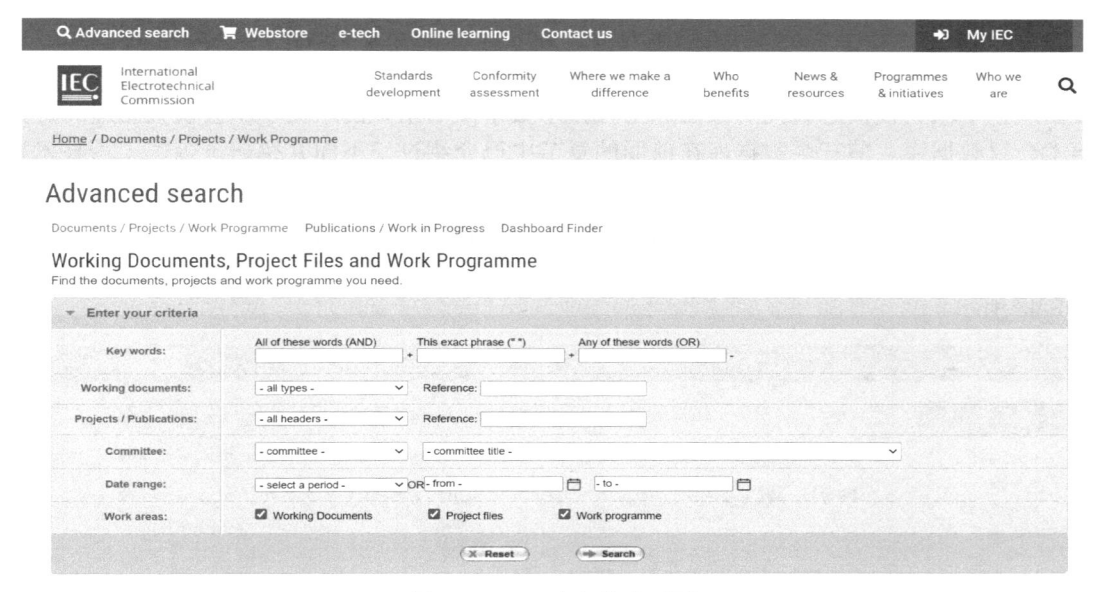

图 8-46　IEC 高级检索页面

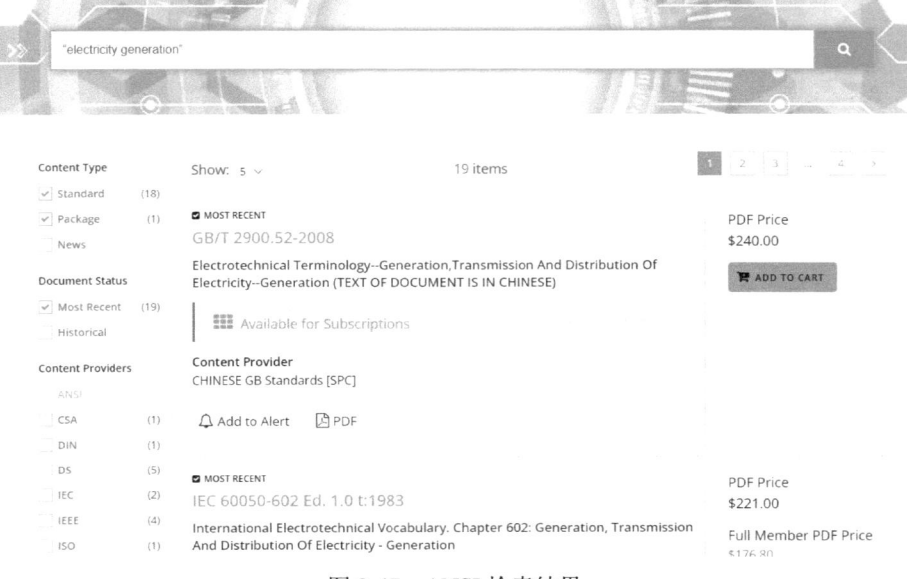

图 8-47　ANSI 检索结果

8.3 会议论文检索

8.3.1 中国会议论文检索

学术会议是各行业领域专家学者、工程技术人员等进行科学技术、规划政策等探讨交流的重要形式，会后形成的会议论文文献往往因其内容专深、论点新颖，成为科研和专业技术人员等的重要参考资料。在我国，每年举行的学术会议超过 4000 场，学术会议成为推动科技发展的重要途径。

中国会议论文的网络检索工具有万方中国会议论文全文数据库、CNKI 中国重要会议论文全文数据库、国家科技图书文献中心（NSTL）的中文会议论文数据库和外文会议论文数据库、中国科技信息研究所（国家工程技术数字图书馆）的中文学术会议数据库和外文学术会议数据库。前三个数据库在前面的章节中已介绍过，下面介绍一下国家工程技术数字图书馆的中外文学术会议数据库。

国家工程技术数字图书馆中外文学术会议数据库收录 1983 年至今的 33000 多篇国内学术会议论文和 43000 多篇国外学术会议论文。国家工程技术数字图书馆的学术会议导航页面如图 8-48 所示。

图 8-48 国家工程技术数字图书馆的学术会议导航页面

在图 8-48 所示的页面中，单击会议名称链接，将弹出该会议的会议文献列表，可看到简单目录信息，单击"原文获取"按钮可获取全文。会议论文检索结果如图 8-49 所示。

除此之外，还有以下一些网站提供与学术会议有关的信息，可供读者查询浏览。

1．科学网

科学网的会议板块提供了近期学术会议和培训等信息，其首页如图 8-50 所示。

图 8-49　会议论文检索结果

图 8-50　科学网会议板块首页

2. 自然中国

自然中国是世界顶级期刊《自然》的中文网站，其学术会议首页如图 8-51 所示。

3. AEIC 学术交流中心

AEIC 学术交流中心，简称 AEIC，是由国内外大学、科研院所和企业联合创建的一个成熟的国际学术交流中心。AEIC 与高校、科研院所、企业联合开展全学科国际学术会议，提供国际学术科研成果发表、高层次人才引智、成果转化服务。2014 年起，AEIC 已成功举办 200 场国际学术会议，参与人数突破 3 万人次。会议主题涉及能源与环境、水利土木工程、电子信息工程、生物工程、计算机科学、地球科学、机械自动化、材料与制造技术、经管、金融、人文社科等主流学科。AEIC 首页如图 8-52 所示。

图 8-51　自然中国学术会议首页

图 8-52　AEIC 首页

4. 中国学术会议在线

中国学术会议在线为用户提供学术会议预告、会议通知、精品会议、会议新闻、会议回顾、会议论文征集、会议资料发布、会议视频点播、会议同步直播等服务。中国学术会议在线首页如图8-53所示。

图8-53 中国学术会议在线首页

除利用专门的网站外，读者还可利用百度学术搜索、搜狗学术搜索及Bing学术搜索等学术搜索引擎进行学术会议论文检索。

8.3.2 国外会议论文检索

1. CPCI

CPCI（Conference Proceedings Citation Index，科技会议录索引）是Web of Science核心合集及学术文献的重要组成部分，许多创新的想法、概念或实验经常会首先出现在CPCI中。CPCI包含两个子库：Conference Proceedings Citation Index-Science（简称CPCI-S）和Conference Proceedings Citation Index-Social Sciences & Humanities（简称CPCI-SSH）。CPCI的数据来源于自然科学、社会科学及人文科学等多学科领域的超过12万场会议的国际会议录。

CPCI由美国科学情报研究所编辑，收录生命科学、物理与化学科学、农业、生物和环境科学、工程技术和应用科学等学科的会议文献，包括一般性会议、座谈会、研究会、讨论会、发表会等。每年收录1万多场学术会议的近40万条文献记录，数据每周更新，是收录最多，覆盖学科最广泛的学术会议收录文献数据库，也是查找国外会议文献的首选数据库之一。检索方式详见"7.5 科学引文索引（SCI）"。

2. All Conferences

All Conferences 即全球会议在线，其首页如图 8-54 所示。用户可以通过目录搜索来获得特定的会议信息。该网站提供人文与社会科学、商业、计算机和互联网、教育等学科领域的学术会议。同时，该网站提供在线注册、支付等服务。

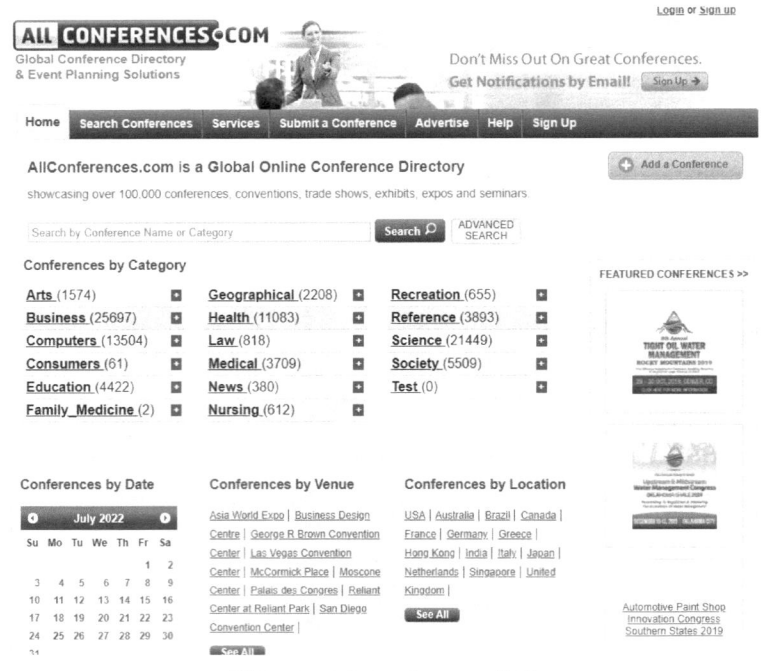

图 8-54　All Conferences 首页

8.4　科技报告检索

8.4.1　中国科技报告检索

1. 万方科技报告数据库和中国科技成果数据库

根据数据来源不同，万方有两个专业数据库可以检索相关的科技成果全文，分别是万方科技报告数据库和中国科技成果数据库。

1）万方科技报告数据库

万方科技报告数据库收录的中文科技报告数据始于 1966 年，来源于中华人民共和国科学技术部，共 10 万余篇；收录的外文科技报告最早可追溯至 1958 年，包含美国四大科技报告（AD、DE、NASA、PB），共 110 万余篇。

万方首页提供了科技报告的基本检索入口，用户可通过题名、作者、作者单位、关键词、摘要、计划名称、项目名称查询相关文献，万方科技报告数据库基本检索页面如图 8-55 所示。

单击万方首页中的"科技报告"选项卡，可以快速分类浏览中外科技报告，如图 8-56 所示。

第 8 章　其他特种文献的检索

图 8-55　万方科技报告数据库基本检索页面

图 8-56　万方科技报告数据库导航页面

单击检索框右侧的"高级检索"选项，打开万方科技报告数据库高级检索页面，如图 8-57 所示。

图 8-57　万方科技报告数据库高级检索页面

如检索题名中包含"风力发电"的科技报告，检索结果如图 8-58 所示。可通过页面左侧"资源类型""计划分类""学科分类""报告范围""地域""报告类型"选项进行条件限制，进一步缩小检索范围。

图 8-58　万方科技报告数据库高级检索结果

2）万方中国科技成果数据库（CSTAD）

万方中国科技成果数据库是记录新技术、新成果的重要数据库，收录1978年以来各省、市、部委的奖励成果、计划成果、鉴定成果信息，内容包括国内的科技成果及国家级科技计划、鉴定项目等，涵盖新技术、新产品、新工艺、新材料、新设计等学科领域。

该数据库的检索方式与万方科技报告数据库类似，其导航页面提供"行业分类""中图分类""地区分类"三种快速导航方式，如图8-59所示。其高级检索页面提供了包括题名、关键词、摘要、完成人、完成单位、科技成果-省市、科技成果-类别、科技成果-成果水平、科技成果-获奖情况等在内的多种检索途径供用户选择，如图8-60所示。

图 8-59　万方中国科技成果数据库导航页面

第 8 章　其他特种文献的检索

图 8-60　万方中国科技成果数据库高级检索页面

2．CNKI 成果数据库

CNKI 成果数据库即中国科技项目创新成果鉴定意见数据库（知网版），主要收录正式登记的中国科技成果，按行业、成果级别、学科领域分类。每条成果信息包含成果概况、立项、评价，知识产权状况及成果应用，以及成果完成单位、完成人等基本信息。数据来源为中国化工信息中心，数据权威、准确。

该数据库提供了基本检索和高级检索两种方式，高级检索为用户提供了成果名称、关键词、成果简介、中图分类号、学科分类号、成果完成人等检索途径，同时允许用户通过页面左侧的文献分类目录的"主题""学科""年度""单位"等确定范围，实施检索或进行分类浏览。CNKI 成果数据库高级检索页面如图 8-61 所示。

图 8-61　CNKI 成果数据库高级检索页面

3．中华人民共和国科学技术部

中华人民共和国科学技术部官网收录了著名的美国四大科技报告（AD、DE、PB、NASA）全文数据库，以及各类行业报告、市场报告、技术报告等。该网站侧重于收录军事工程技术、民用工程技术、航空和空间技术、能源技术及前沿技术的战略预测等内容的报告，涵盖基础科学、工程技术、农业科学、医学科学等领域的科技文献信息资源。中华人民共和国科学技术部报告查询入口如图 8-62 所示。

图 8-62　中华人民共和国科学技术部报告查询入口

4．国家科技报告服务系统

国家科技报告服务系统于 2014 年 3 月 1 日正式开通运行，该系统的开通实现了万篇科技报告的社会开放共享。该系统已开通了针对社会公众、专业人员和管理人员三类用户的共享服务，用户只要登录该系统，就可以检索国家科技计划项目所产生的科技报告，通过实名注册的用户即可在线浏览公开科技报告全文。同时，该系统采取了相应的技术措施，确保科技报告作者相关知识产权权益。

5．中国科技网

中国科技网由北京国科云汇网络信息技术有限公司负责运营，以科技新闻和信息传播为主业，实时报道世界科技的最新进展，科学探索的最新发现，迅速传递国内外最新科技信息，追踪报道科技领域改革发展的热点、难点，介绍各地科技工作新经验，是了解中国及世界科技信息最新进展的窗口。用户可通过该网站搜索功能查询相关信息，中国科技网"天问一号"检索结果页面如图 8-63 所示。

6．中国科学院科学数据库

中国科学院科学数据库包括物理与化学、地球科学、生物与生命科学、天文与空间科学、材料与能源科学、信息科学及其他 6 个学科主题、近百个专业子库，通过这些数据库，用户可以查询大量可供参考的科学研究数据、成果，部分数据库可免费注册、浏览、查询。例如，利用"材料与能源科学"主题下的新能源与环保数据库的子库水合物热物性数据库可检索到 1940 年以来国内外公开发表的水合物热物性数据。

7．国务院发展研究中心调查研究报告

国务院发展研究中心调查研究报告简称国研网报告，是国务院发展研究中心专门从事综合性政策研究和决策咨询的专家不定期发布的有关中国经济和社会领域的调查研究报告，内容丰富，具有很高的权威性。

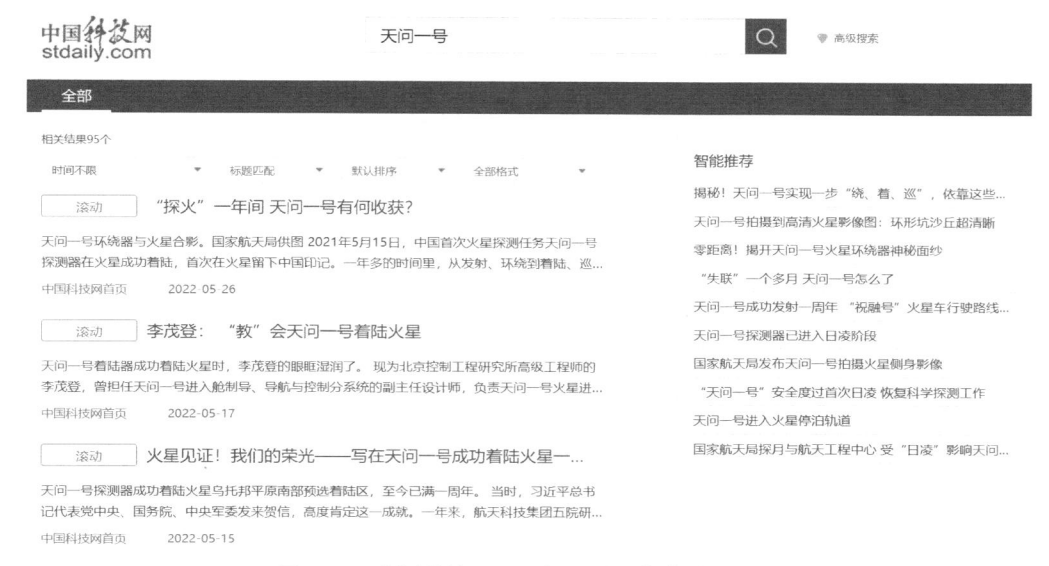

图 8-63　中国科技网"天问一号"检索结果页面

8．中国资讯行-中国商业报告库

中国资讯行-中国商业报告库主要收录经济专家、学者关于中国宏观经济、市场、金融等行业的分析研究文献及政府部门颁布的各项年度报告全文。中国资讯行-中国商业报告库检索页面如图 8-64 所示。

图 8-64　中国资讯行-中国商业报告库检索页面

8.4.2　国外科技报告检索

1．万方科技报告数据库

在万方科技报告数据库高级检索页面，用户可浏览外文科技报告，包括美国四大科技报告（AD、DE、NASA、PB），如图 8-65 所示。

图 8-65　外文科技报告检索

用户可以单击链接进入某一个报告库进行浏览，并可以输入更具体的检索信息进行二次检索，万方外文科技报告检索页面如图 8-66 所示。

图 8-66　万方外文科技报告检索页面

2．美国国家技术情报局

美国国家技术情报局（National Technical Information Service，NTIS）网站提供了政府官方报告资源，收录范围为 1964 年至今的美国政府机构或美国政府资助的科学、技术、工程和商业信息报告，需付费获得全文。

3．美国航空航天局技术报告服务中心

美国航空航天局技术报告服务中心（NASA Technieal Report Server，NTRS）网站提供航空和空间技术领域（如空气动力学、发动机及飞行器材、试验设备、飞行器制导及测量仪器等方面）的科技报告资源，用户可免费获取部分全文。

4．其他国家的科技报告

（1）EECS Technical Reports Archive，美国加利福尼亚大学伯克利分校提供的电机工程及计算机科学方面的技术报告。

（2）Science.gov，美国政府科学信息门户网站。

（3）Document&Reports of the WorldBank Group，世界银行组织的文件与报告库。

（4）SciTech Connect，提供美国能源部（Department of Energy）的研究与发展报告全

文，内容包含物理、化学、生物、能源、环境等。

（5）Defense Technical Information Center，提供美国国防部（Department of Defense）科技报告。

（6）NBER Working Paper，提供美国国家经济研究局（National Bureau of Economic Research，NBER）的研究报告文摘。

8.5 学位论文检索

8.5.1 中国学位论文的检索

1. CNKI 中国博、硕士论文全文数据库

CNKI 中国博士论文全文数据库和 CNKI 中国优秀硕士论文全文数据库是目前国内资源完备、质量上乘、连续动态更新的中国博、硕士论文全文数据库。该库出版 510 余家博士培养单位的博士学位论文 50 余万篇，790 余家硕士培养单位的硕士学位论文 500 余万篇，最早可回溯至 1984 年，覆盖基础科学、工程技术、农业、医学、哲学、人文、社会科学等领域。

该数据库的检索方式与期刊的检索方式基本一致，不同的是该数据库提供学位授予单位导航。CNKI 学位论文高级检索页面如图 8-67 所示。

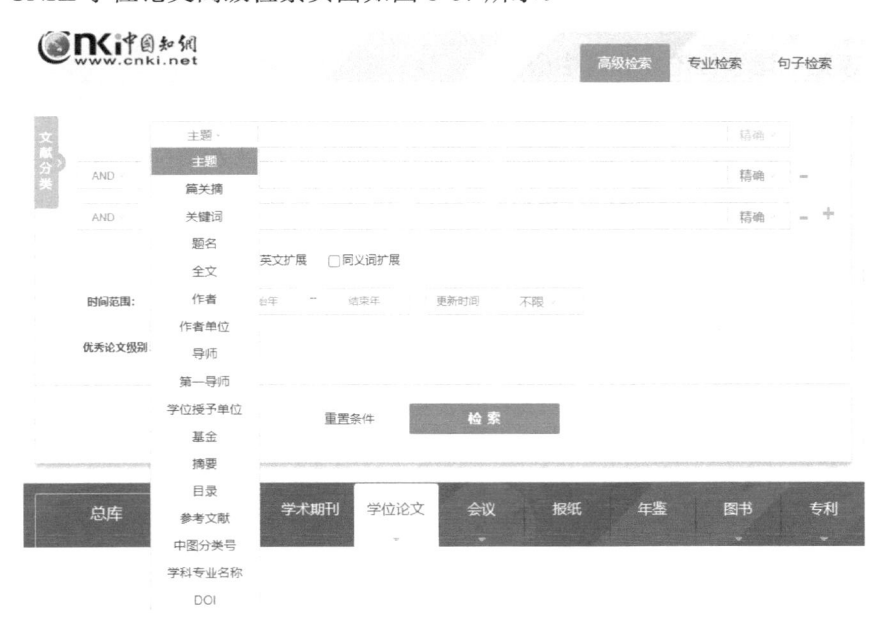

图 8-67　CNKI 学位论文高级检索页面

2. 万方中国学位论文全文数据库

万方中国学位论文全文数据库收录始于 1980 年的学位论文，年增 35 余万篇，涵盖基础科学、理学、工业技术、人文科学、社会科学、医药卫生、农业科学、交通运输、航空航天和环境科学等学科领域。该数据库提供学科导航、专业导航和学位授予单位导航。万方中国学位论文数据库检索页面如图 8-68 所示。

图 8-68　万方中国学位论文数据库检索页面

3. CALIS 学位论文中心服务系统

CALIS 学位论文中心服务系统是中国高等教育文献保障系统的重要子项目，该系统收录的国内高校学位论文涉及人文科学、理学、工学、农学、医学等多个领域，是学术界研究十分重要的信息资源。该系统提供基本检索和高级检索功能，用户可进行多字段组配检索，也可以从资源类型、检索范围、时间、语种、论文来源等角度进行限定检索。

4. 国家图书馆学位论文收藏中心

国家图书馆学位论文收藏中心是国务院学位委员会指定的全国唯一负责全面收藏和整理我国学位论文的专门机构，是以国家图书馆收藏的博士论文为基础建设的学位论文影像数据库，目前博士论文全文影像资源库以书目数据、篇名数据为主要内容，提供 25 万余篇博士论文的展示浏览。中国国家图书馆博士论文数据库提供题名、责任者、学位级别、专业、授予单位、导师、研究领域、关键词等字段的检索。目前，数据库馆外访问仅提供前 24 页的浏览，不提供电子版全文下载、打印服务。国家图书馆提供馆内阅览服务，也提供复印服务。

另外，国家科技图书文献中心的学位论文库、国家工程技术数字图书馆学位论文库、超星读秀、香港大学学术库、台湾学术文献数据库及各知名高校的学位论文检索系统等，均支持进行国内学位论文的检索。

8.5.2　国外学位论文的检索

国外学位论文数据库以 ProQuest Dissertations & Theses（PQDT，原名 PQDD，ProQuest 数字化博、硕士论文文摘数据库）最为著名，且有很多国外机构库提供学位论文数据库的免费检索，大部分可获得原文。

ProQuest 是美国国会图书馆指定的收藏全美国博、硕士论文的机构，PQDT 是目前世界上规模最大、使用最广泛的博、硕士论文数据库。PQDT 收录了 1637 年至今全球超过 3100 所高校的学位论文，内容覆盖科学、工程学、经济与管理科学、健康与医学、历史学、人文及社会科学等领域。PQDT 每周更新，年增论文逾 20 万篇，是学术研究中十分重要的信息资源,将庞大的博、硕士论文资源展现在学术界面前。

PQDT 提供基本检索、高级检索、学科导航三种检索方式。高级检索共设置了 9 个可供选择的检索字段,分别为标题、摘要、全文、作者、学校、导师、来源、ISBN、出版号。

1. 基本检索

基本检索页面仅提供一个检索框,检索式可使用"AND""OR""NOT"逻辑运算符对词汇进行组配,针对输入的检索式,系统将同时在标题、正文和摘要中进行检索,如欲对检索词进行精确检索,可将检索词加上双引号。

例如,检索标题、正文或摘要中包含"biomass power plant"的论文,选择 PQDT 基本检索,在检索框中输入检索词,检索页面如图 8-69 所示。

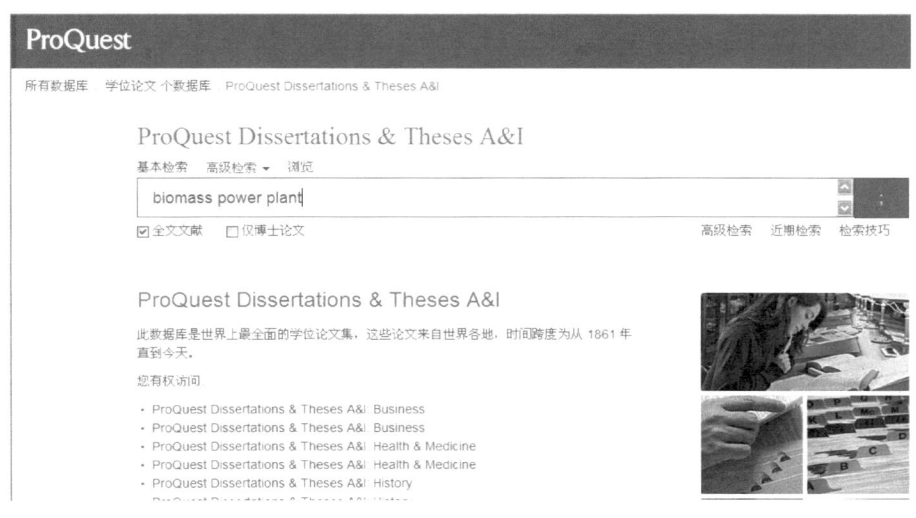

图 8-69 PQDT 基本检索页面

2. 高级检索

在高级检索页面,用户可进行多字段组配检索,可对输入的检索词的词间关系进行选择限定,"所有词""任一词""短语"等词间关系选项的含义分别代表"AND""OR"及"精确检索"。

实例:检索发表时间为"2000 年至 2012 年",学校为"斯坦福大学"(Stanford)且论文标题包含"全球教育"(global education)的学位论文。选择 PQDT 高级检索:选择"标题"字段,输入检索词"global education",词间关系选择"包含以下所有词";选择"学校"字段,输入检索词"Stanford",字段间选择"并且";"出版年度"选项限制为"2000 年至 2012 年"。PQDT 高级检索页面如图 8-70 所示(为学习方便,截取旧版高级检索页面,检索项等已翻译成中文)。

3. 学科导航

学科导航按学科组织全部博、硕士论文,适于标题不确定的浏览查询,其导航树共设 Biological Sciences、Earth and Environmental Sciences 等 11 个一级学科类目。要查找某一专业文献,首先要判断其所属的一级学科类目。如查找会计学的学位论文,其类目层次依次为 Social Sciences－Business Administration－Accounting,单击最低层类目"Accounting"链接,即可浏览会计学科的全部学位论文。

图 8-70　PQDT 高级检索页面

4．检索结果

检索结果提供论文标题、作者、学位、指导教师、来源、出版号等信息,可在检索结果中进行"修改检索""保存检索/提醒""引用""预览"等操作。1980 年后出版的博士论文信息中包含了作者本人撰写的长达 350 字的文摘,1988 年后出版的硕士论文信息中含有 150 字的文摘。用户通过阅读文摘可以判断论文与检索题目的相关程度,进而决定是否阅读原始文献。PQDT 检索结果页面如图 8-71 所示。

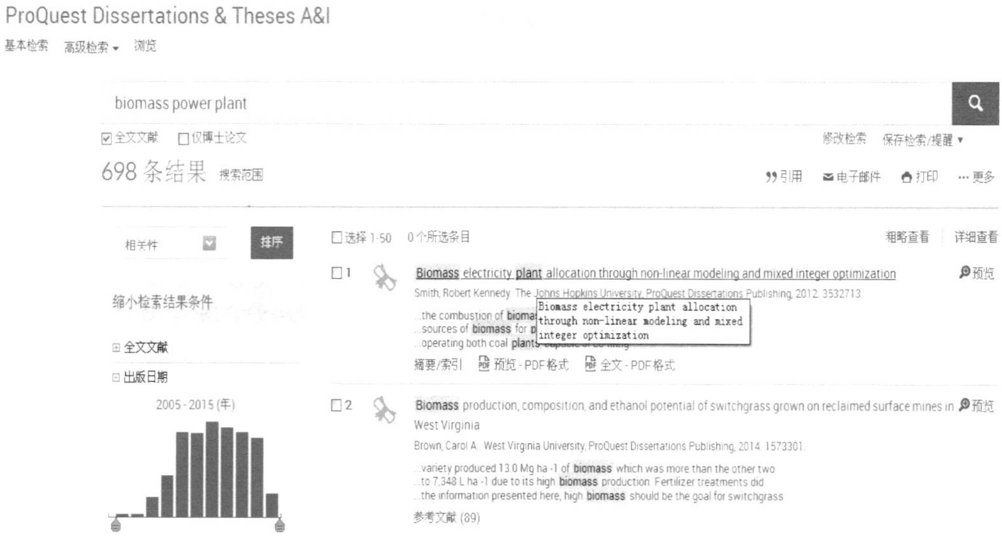

图 8-71　PQDT 检索结果页面

授权用户单击检索结果页面中的"预览-PDF 格式"或"全文-PDF 格式"选项可在线阅览或下载学位论文全文,预览全文页面如图 8-72 所示。

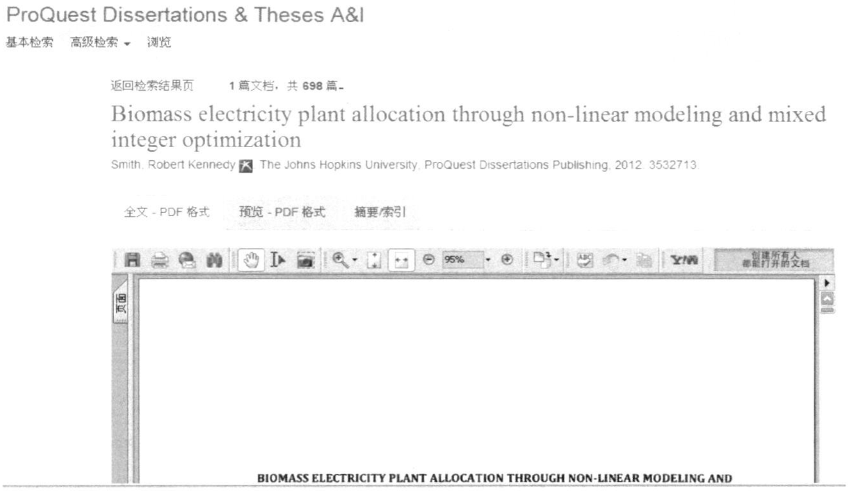
ProQuest Dissertations & Theses A&I
基本检索　高级检索　浏览
返回检索结果页　1 篇文档，共 698 篇
Biomass electricity plant allocation through non-linear modeling and mixed integer optimization
Smith, Robert Kennedy. The Johns Hopkins University, ProQuest Dissertations Publishing, 2012. 3532713
全文 - PDF 格式　预览 - PDF 格式　摘要/索引
95%
BIOMASS ELECTRICITY PLANT ALLOCATION THROUGH NON-LINEAR MODELING AND

图 8-72　预览全文页面

第 9 章　信息资源的整理与利用

通过前面章节的学习，我们了解了信息检索的基础知识和各种信息检索系统（包括数据库、资源网站）的使用方法，明确了信息检索的关键是找对信息源和掌握不同类型信息的检索方式与技术。正如我们知道的，信息检索活动不是目的，它只是人们为了提高学习、工作、科学研究、技术研发、产品开发及改善生活品质等所采用的有效手段或措施之一。信息利用才是人们开展各种信息检索活动的最终目的，是从事"大众创业、万众创新"社会活动的必然行为。可见，对信息资源的获取与利用贯穿于人们的各种社会实践活动之中。

通过前面介绍的方法或途径查找到我们所研究问题的大量相关文献信息后，我们如何有效地利用它们，以支持我们的社会实践活动呢？本章介绍信息资源的整理与利用。

9.1　信息资源的整理

9.1.1　信息资源获取

在前面章节的介绍过程中，我们能总结出获取信息资源的五种常规渠道：
（1）本人（团体）日常的学习、交流积累。
（2）本单位、本系统、本地的收藏资源。
（3）实地调查、考察访谈、参加讲座、参观、进行实验。
（4）网络免费资源。
（5）数据库检索。

同时也知晓了信息检索过程中的最优原则，即以最短的时间、最经济的手段、最专业的方法，获得最全面、最准确、最可靠的信息资源，来满足我们不同的信息需求。那么，通过以上几种渠道，我们高效获得了大量专业信息资源和有助于我们解决问题的相关知识后，我们应该如何利用这些信息资源呢？比如，如何对获取的信息资源从内容和类别上进行组织和整理呢？如何在纷繁复杂的现代信息环境中分辨出信息质量的优劣呢？如何对获得的文献进行阅读呢？如何做好阅读后的标记、摘录，及时记录产生的新思想，并在使用时快速找到呢？如何让对调查资料、实验数据等的分析和归纳在使用时清晰再现呢？如何准确找到参考文献的出处呢？

可见，对获得的信息资源要仔细鉴别与筛选，使之有序，以便我们利用它们逐渐形成研究和写作的思路。美国科学基金会、凯斯工学院基金委员会和日本国家统计局的调查数据显示，一位科研人员的研发工作时间分配为：查找、阅读文献占 50.9%，科学实验分析占 32.1%，编写报告、撰写论文占 9.3%，计划思考占 7.7%。因此，信息资源的整理和利用非常重要。

9.1.2 信息资源整理的方法

信息资源整理的首要问题是对信息进行鉴别与筛选。信息的鉴别与筛选是指围绕用户的信息需求,在信息检索的过程中,对所要选择的资源及检索到的有关信息进行比较和分析,即按照需求的标准和要求,对它们进行仔细甄别、核查、挑选、确认,最终予以归纳整理、去伪存真的过程。信息资源整理过程中,一般首选与信息需求相关度高、可靠性高、先进性好、实用性强的信息资源。

相关度高,是指选取的信息内容在学科专业、主题概念、区域和时间范围上要尽可能地与自己的信息需求相吻合;可靠性高,是指尽量选取权威机构、学术组织发布的信息和知名专业数据库里的信息;先进性好,是对选取信息质量、新颖程度上的要求,比如核心期刊、EI、SCI、CSSCI等收录的文献,新理论、新观点、新工艺、新设计、新材料、新产品的信息,其科学性和代表性、时效性在一定程度上都有较好的保证,因此先进性也较好;实用性强,是指选取与研究问题对等的信息,侧重于应用层面,弃选陈旧的过时信息。

1. 文献信息整理的常规步骤

(1) 初步归类。在实施信息检索时,对下载的题录、全文文献信息,可用主题概念分级,并按出版时间、文献类别等形成梯级文件夹,或者分成政策、理论、技术、实验、调查、数据、笔记、摘录等文件夹,及时排序和标注。手工记录也可按同样方法归类,类别随研究深入可做调整。

(2) 阅读摘录。在收集的信息资源达到一定数量后,开始阅读,阅读分为略读、通读、精读三种方式。略读是为了决定文献信息的取舍和确定重点文献。略读即快速浏览目录、作者、摘要、标题、结论或出版发布机构等信息,决定文献是否可用、是否需要下载或需要重点全文阅读。通读是为了全面掌握文献内容,分析和摘录整篇文献的重点;通读时,先通读综述、述评等评论性文献,再通读专题性和研究性文献;通读综述性文献可以在短时间内了解和掌握某学科或专业领域的发展现状与趋势,如包含哪些重要成果,其相关作者、学者有哪些,并摘录或标记需要的部分,然后决定去精读哪些重点的研究性、专题性文献。精读是为了熟悉和全文阅读重点文献的内容,掌握其主要观点、结论、数据、研究方法等,此过程要不断思考、提出问题,并摘录或标记需要的部分。

阅读的顺序是先中文后外文,先阅读核心期刊、CSSCI收录期刊等的文献,后阅读相关主题文献;阅读方法采用倒查法,先重点阅读3年内或5年内的文献,再有选择地阅读稍前期的文献,保证掌握学科和专业领域的新内容后,补充需要的其他内容。

(3) 分析归纳。通过通读综述性文献和精读研究性文献后,我们已摘录和掌握了与研究问题相关的资料、数据、见解、典型案例,经典论断或权威人士、知名专家的相应观点,有疑问和争议并需要核实和辨清的数据或内容、论点,阅读时产生的思想火花,阅读时感兴趣的独特表述方法等。

对于以上收获,我们要进一步归类分析,找出自己所研究问题的切入点和研究方法,编写最初的提纲。在文献信息整理过程中,我们可以请教指导教师和同行前辈,请他们解答个人难以理解的部分问题。

进一步的分析、归纳的一种方法是写简要综述,即对阅读的大量原始信息进行分析、归纳、综合而形成具有研究性建议性的表述资料。可以将顺序叙述的资料或自己及时写下的零星想法与文献中的有用观点、数据等汇总在一起，然后按一定的方法编排加工成条目，也可以利用管理工具软件等保存有利用价值文章目录、题录等，将它们编排为参考书目，并在文献中的具体位置上标记有用部分。另一种方法是将文献提炼成摘要，对阅读文献的有用内容进行浓缩加工，抽取其中的主要事实和数据形成自己的二次文献，标记其出处，以便利用时能快速找到原文，再根据需要融合自己的观点。此法较费时，但归纳后的文献利用更有针对性、更易用。

在阅读和研究问题阶段，还会依据需要产生再次检索并阅读的过程，这个过程会不断修正我们研究或写作的方向、内容和方法，提高研究问题和写作内容的价值。

2. 文献信息阅读的阅读方法

在进行文献信息阅读时，我们要注意所研究问题与阅读内容的关联性，伴随阅读不断进行新的思考，找出后续研究或写作时论述或佐证的依据信息、研究方法等。文献信息阅读一般常采用以下三种方法。

（1）学科专业移植。这是很多学者常采用的方法，把一门学科或专业的理论、原理、方法、技术和模型等移植到另一门学科专业中，为研究问题的难点、疑点打开更开阔的技术思路，为另一门学科专业内的问题带来新进展和新突破。在阅读时，你可能会发现某种理论或技术是我们所研究问题的另辟蹊径的解决之道。

（2）瞬间灵感记忆。在阅读文献时，我们不仅要及时把他人的高价值观点和研究方法记录下来，也要把边读边思考过程中产生的灵感快速记录下来，应用到我们后续的研究与写作中，避免好的想法过后被忘记。

（3）对比法。对比法是科学研究和发现的重要方法，有比较才有鉴别，对不同文献的观点、思路等进行归纳汇总、比较分析，找出相同点和不同点，往往会产生新的研究方向和研究空白点。

3. 文献信息的整理方式

文献信息资源的整理方式，目前分为手工方式和管理工具软件方式两种，建议以管理工具软件方式为主，手工方式为辅。

文献信息整理的手工方式依个人习惯包括记笔记，制作卡片式书目等方法。计算机的普及也使许多人利用办公软件整理自己阅读的文献信息，形成文档文件夹、图片文件夹、数据文件夹等。

借助管理工具软件能更方便地管理和使用检索的大量文献，目前国内常用的管理工具软件有 NoteExpress、知网研学等，国外常用的管理工具软件有 EndNote、RefWorks 等，知网研学在"6.1.2 CNKI 的特色功能"一节中做过简单介绍，下面以 NoteExpress 为例，介绍管理工具软件的功能。

9.1.3 文献整理的管理工具软件

NoteExpress 是由北京爱琴海乐之技术有限公司自主研发的支持自动搜索数据库，下载、管理、应用文献信息的知识管理工具。其支持简体中文、繁体中文和英文。支持 Word 等多种文字处理软件，可嵌入 Word 等软件的工具栏，支持在文字处理软件中编辑、输出各种格式，如论文格式、参考文献格式等。

第 9 章　信息资源的整理与利用

1．NoteExpress 的核心功能

1）管理文献

NoteExpress 管理文献以题录形式为主，也可识读全文，形成专题题录数据库或全文数据库。

NoteExpress 可根据某一个研究问题的参考资料形成一个较完整的管理文件夹，如以"永磁直驱风力发电机"为例，用题录管理文献页面如图 9-1 所示。

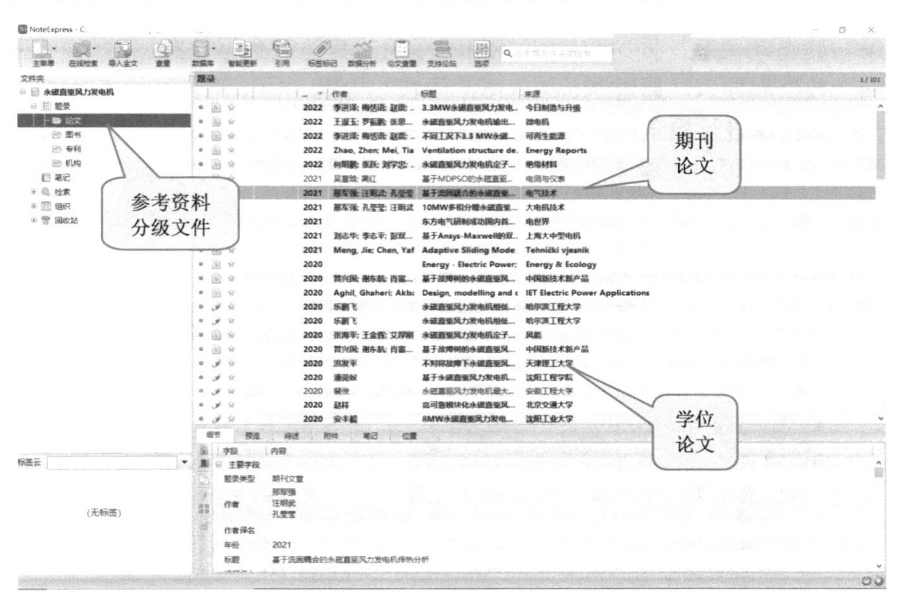

图 9-1　用题录管理文献页面

存储在该计算机的全部文件或文献，都可以导入 NoteExpress 中进行管理，形成个人的知识管理系统。同时，NoteExpress 还提供部分数据库的在线检索功能，如图 9-2 所示。

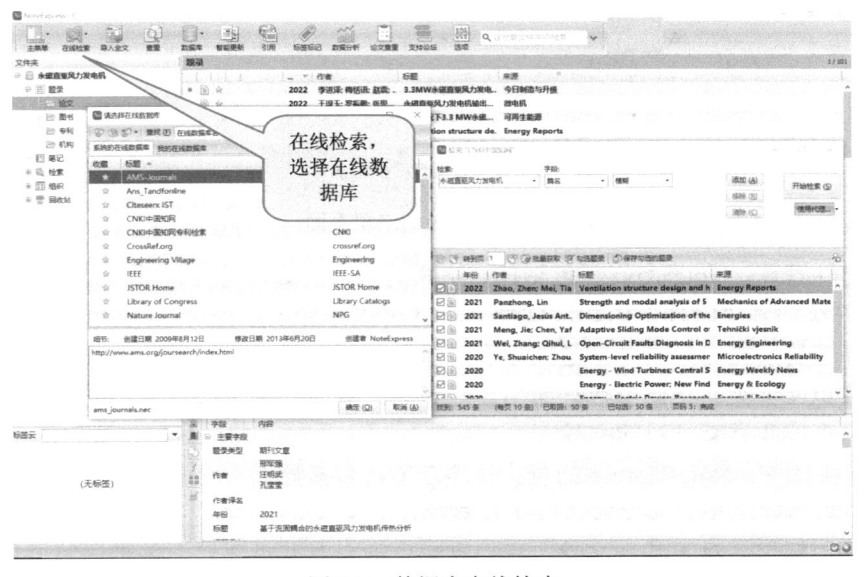

图 9-2　数据库在线检索

用户可建立自用的题录、全文数据库，方式如下：

（1）批量导入。导出检索获得的题录文献资源后，将它们批量导入 NoteExpress 自建的相应文件夹下，对于 CNKI、万方、维普的文献，可选择 NoteExpress 格式后可直接导入，其他数据库的文献需用 NoteExpress 的过滤器进行转换；外文数据库导入格式常为 Endnote、Refman、RIS。全文导入具有智能识别和自动更新功能，对于已经下载的大量全文文献，或本地计算机以前存储的全文文献，可导入 NoteExpress 进行管理，支持 PDF、CAJ 等格式文件，导入文献的标题即为文件名，导入全文时，NoteExpress 可智能识别标题，将相同标题的题录与其自动关联，同时自动更新相同标题的其他元数据信息。

（2）网上数据库导入。通过 NoteExpress 的在线检索、内嵌浏览器检索功能，可以快速直接接入一些数据库进行检索，并将检索到的题录信息导入 NoteExpress 中（需进行设置）。

（3）手工录入。可手工录入个别没有固定格式的题录或需要手工编辑的题录。

2）编辑功能

对管理的题录、文件和文献等可以进行编辑。题录的编辑页面如图 9-3 所示。

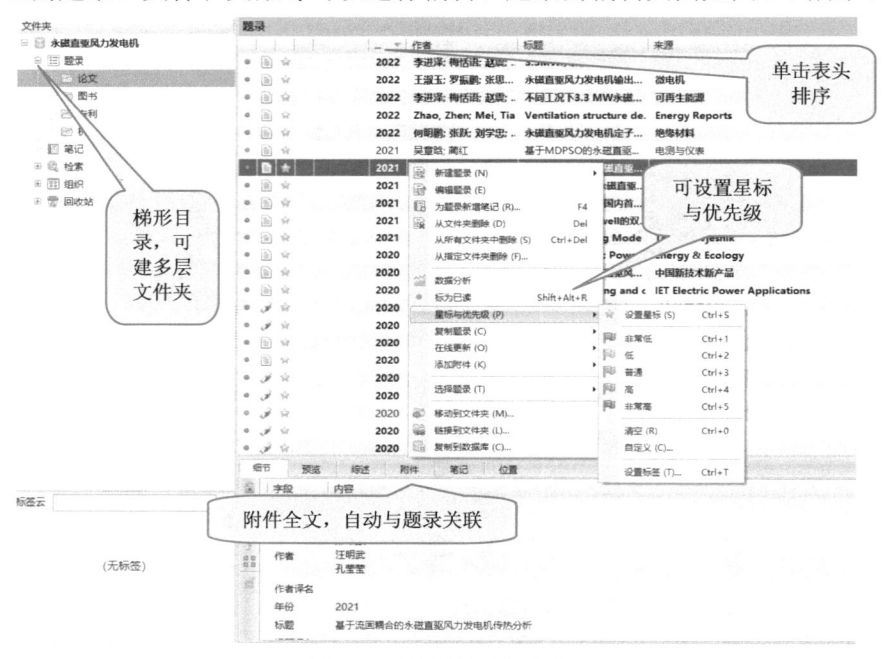

图 9-3　题录的编辑页面

（1）附件管理。NoteExpress 可将任意格式的附件，如常见的视频、音频、文档、文件夹、URL 等添加到"附件"的相应文件夹下（可以添加多个附件）。文献题录信息会自动关联相同标题的全文信息（见该题录回形针标志，单击可迅速打开全文）。

（2）虚拟文件夹。在同一数据库中，一条题录分属于两个或几个不同的分类目录，该功能适用于管理此类跨学科的文献。

（3）表头排序。NoteExpress 的表头排序功能可以按照某一个表头字段对文献进行简单排序，也可以按照多个表头字段进行多重排序。

（4）标签标记。对于某一文献，我们有时可能会对其重要性、关键词等设置特别的标签，用来突出该文献。NoteExpress 提供多种标签标记的方式，如未读、已读状态等。题录导入后，NoteExpress 会自动将其标记为未读状态（粗体并有橙色圆点）。一旦查阅过题录，NoteExpress 就会将其标记为已读状态（细体并有灰色圆点记号）。

3）其他功能

（1）本地检索。NoteExpress 可对本机存储的数据进行检索，先将本地文献导入或关联到 NoteExpress，建立管理数据库，再实施检索，可实现快速找到所需资料。

（2）数据备份。NoteExpress 可对整理和管理的个人数据库做定期备份，以因免误操作或其他问题带来麻烦。

（3）组织。文献的不同聚类方式会对文献阅读产生新的启发，NoteExpress 提供文献组织功能，用户可以分别按照星标、优先级、作者、年份、期刊、关键词、作者机构将数据库内所有题录重新组织显示。

（4）分析。NoteExpress 可对下载收集的大量文献信息，或某位研究者、某个期刊的文献信息进行快捷的统计分析，以便用户阅读。分析结果能导出为 TXT 和 CSV 等多种格式的文件。NoteExpress 还可以对文献的所有字段进行统计，包括作者、关键词、主题词等。

（5）发现。NoteExpress 提供综述和笔记功能。综述能提供包括作者、标题、来源、关键词、摘要字段内容，帮助用户快速阅读，发现有价值的文献。笔记能帮助用户随时记录下阅读文献时的灵感和设想。

（6）写作。NoteExpress 可以协助用户撰写文章或论文。NoteExpress 内置了多种国内外学术期刊、学位论文和国家标准的格式规范。利用 NoteExpress，用户可以快速、自动地为撰写的论文生成格式规范的参考文献，节省很多时间和精力。此外，NoteExpress 首创的多国语言模板功能，能自动根据所引用的参考文献的不同实现差异化输出，令我们在论文写作时更加方便。

9.2 毕业论文的写作

9.2.1 毕业论文

目前，地方应用型本科高等院校或高职高专院校依据每个专业的培养目标，非常注重相应的专业技能训练，重视实践教学。完成毕业论文（毕业设计）是学生在校期间非常重要、时间最长、与实践联系最紧密的教学环节。撰写毕业论文是学生综合运用所学知识进行的基础训练，是学校对学生专业知识和基本技能的综合性考核。

对于本科生而言，毕业论文是一篇以获得学士学位为目的而撰写的学术论文，其集中体现了学生在校期间的学习成果。根据《中华人民共和国学位条例》和《中华人民共和国学位条例暂行实施办法》，高等学校本科学生完成教学计划的各项要求，经审核准予毕业，其课程学习和毕业论文（毕业设计或其他毕业实践环节）的成绩，表明确已较好地掌握本门学科的基本理论、基本知识和基本技能，并具有从事科学研究工作或担负专门技术工作的初步能力的，授予学士学位。

毕业论文从文体上看，属于学术论文的范畴。学术论文是对科学领域中的问题进行探讨、研究，通过运用概念、判断、推理、证明或反驳等逻辑手段，来表达自然科学理论和技术及社会活动研究成果的论文。毕业论文要求学生运用有关课程的理论和技术，通过计算、绘图、实验、论述、社会实践或调查等技能，解决一般工程技术问题或人文和社会活动等基础问题，以巩固、深化和熟练所学知识和技能；同时要求学生学会对技术、管理等课题进行调查研究，搜集和使用有关信息资源，了解有关技术政策和相关知识的环境信息，掌握一般设计方法和编制技术及管理、经营的资料。毕业论文能培养学生利用所学和查找的信息资源进行扎实工作和科学研究的良好信息素质。

下面，我们结合文献信息资源检索和整理、利用，以毕业论文为例，介绍学术写作的基本知识。

1. 撰写毕业论文的意义

撰写毕业论文能培养学生在本专业领域的观察能力、思维能力、分析能力、判断能力、创新能力、文字表达能力和解决实际问题的能力，为学生今后从事专业领域的相关工作和撰写学术论文奠定良好的基础，具有重要意义。

1）撰写毕业论文是对学生综合素质和能力的全面考核

完成毕业论文，要求学生系统地运用所学的全部知识和技能，围绕专业课知识的某一问题进行综合分析和归纳，发现问题、提出问题，并解决问题；要求学生有较宽的知识面和写作功底。完成毕业论文能丰富学生的专业知识、提升其独立运用专业知识的能力。

2）撰写毕业论文能提高学生查阅和利用文献资料的能力

在教师的指导下，撰写毕业论文能让学生独立进行调查研究、搜集资料、分析资料、实验研究、推理论证和系统表述，能培养学生从文献、科学实验、生产实践和社会实践、社会调查研究中获取知识的能力，使学生学会合理利用别人的成果和经验，以及从其他相关学科中找到解决问题的新途径。

3）撰写毕业论文能提高学生文字及口头表达能力

学生走向工作岗位后，经常需要撰写报告、总结，或口头汇报工作，而毕业论文的完成既让学生锻炼了撰写完整书面材料的能力，也让学生经历了口头答辩。撰写毕业论文并通过答辩，是学生独立完成一项比较大的、具有研究性质的工作的一个标志。

4）撰写毕业论文是提高大学生科研能力的基础训练

撰写毕业论文的过程中，学生将学会如何选题、拟提纲、利用图书馆和网络资源检索文献并对文献进行整理利用，将学会构思和修改论文、准备答辩等，提高了科研能力，为找工作和未来独立工作、创造性工作打下了基础。

2. 毕业论文的特点

由于毕业论文属于学术论文的范畴，从本质上来说，毕业论文与学术论文相似，都具备科学性、学术性、理论性、创新性的特点。

1）科学性

学术论文的科学性要求论文在立论上合乎实际，立论是从客观实际中抽象出来的思想；在论据上确凿有力，论据是经得起推敲的数据或观点；在论证上逻辑严谨，结构合理，真正从大量材料中综合归纳推论而得出结论。论文内容要真实，论点要鲜明，阐述的观点要明确、客观，是经过反复研究从材料和实践中提炼的研究成果。论文所使用的资源要真实，佐证的材料或数据要有实际出处，不得虚假捏造。论文表述要科学、语言要准确，论据要旗帜鲜明地佐证论点。学术论文的科学性要求写作文理通顺、逻辑清楚，有说服力，保证系统性和完整性。

2）学术性

学术论文要有一定的理论高度，要有学术价值或能解决实际的问题，以学术见解或技术为核心把研究的学术成果清楚地描述出来，要应用各种事实和道理去论证自己的新见解，体现一定的专业特色。应用性的毕业论文也应做到有一定的理论概括。毕业论文要求学生不仅对研究对象有较深入的了解，还能用所学知识进行科学的表述。虽然毕业论文属于学术论文，但总体上应放低一些学术性要求。

3）理论性

学术论文的理论性要求学生应对大量的事实和材料进行分析研究后得到系统性的理论认识，论文既要有应用价值也要有理论价值，不能平铺直叙地"就事论事"，而应该将通过实验、观察等方式所得到的结果，升华为系统性的表述。理论性是学术论文的基础。

4）创新性

创新性是指学术论文的研究成果要有所创新。创新程度可高可低，但应有一些独到之处。并非只有重要发现才是创新，对其他作者论述不圆满之处进一步研究出新意是创新；与其他作者商榷，提出自己不同的论点也是创新。创新性要求学生能在新的角度上，表达出一定的新观点、新见解或新体会。一般来讲，对于应用型高校毕业生来说，做到以下几点就能说明毕业论文具有一定创新性：

（1）所研究的问题在本专业学科领域内有一定的理论或实际意义，学生通过独立思考和实验，提出了自己的认识和看法。

（2）前人已研究过类似问题，但学生有自己新的论证角度或新的实验方法，其结论能够给人以启发。

（3）用新理论、新方法或移植法解决了某些生产生活和研究中的问题并初步显现效果，或对解决某个实际问题提出了新看法或数据。

（4）通过实验实践后细致的分析提出某个问题的疑点，能为再研究提供一些必要的条件和方法。

（5）用新发现的材料、数据、事实、观察资料等再证明已有结论的问题。

毕业论文还有指导性、习作性的特点。指导性是指在指导教师的帮助下，学生独立完成设计和写作；习作性是指学生综合运用所学专业知识，首次全面进行提出问题、分析问题、解决问题的能力训练，为学术论文写作及以后从事相关工作打好基础。毕业论文同学术论文一样，在文字表述、技术符号、行文格式、结构格式等方面按照国家相关标准严格执行。

3．毕业论文的类型

毕业论文包括博士学位论文、硕士学位论文和学士学位论文，专科学生也有相应的毕业设计。对于应用型高校来说，管理类和文科类专业学生的主要毕业设计成果就是一篇毕业论文，通常通过社会调查、社会实践、模拟实验等获得第一手材料；理工类专业学生一般要进行科学实验、产品设计、绘制图纸、编辑公式等实践,最终完成毕业论文。毕业论文的类型主要分为以下几种。

1)理论型

理论型毕业论文一般可分为两种。一种以抽象理论为研究对象,研究方法是用严密的理论推导、数学运算,或实验与观测来验证论点的正确性;另一种以对客观事物和现象的调查、考察所得资料及有关文献资料为研究对象,研究方法是对有关资料进行分析、综合、概括、抽象,通过归纳、演绎、类比,提出某种新的理论或新的见解。

2)工程型

工程型毕业论文的内容主要是将技术原理转化为技术应用,学生在毕业设计期间应做出部分产品或相对完整的工程系统。应用型高校的工程型毕业设计可分为产品设计、部件设计、科学实验、软件开发、控制系统和管理系统设计等类型。工程型毕业论文中应含有设计成果。

3)调研型

调研型毕业论文一般要包括对某种社会活动的实际问题或现象的充分调查,并包括详细调查材料,进而分析问题、定性问题、提出改进建议与策略。调研型毕业论文是由调查研究报告形成的。

4)论证型

论证型毕业论文一般涉及社会科学领域的社会问题和现象,以及社会科学的基本理论问题。在撰写论证型毕业论文时,学生应在充分探索研究、分析归纳的基础上,运用相关理论原理论证其本质和规律,进而阐述自己的见解和观点。论证型毕业论文是论述和证明的结合。

5)释义型

释义型毕业论文一般适用于有一定理论基础和进行过深入研究的学生,学生应可对某种学科和专业领域的概念、原理、定律,以及事物的某种功用,或者事件、事实等的本质和发生、发展进行进一步诠释,是学术性较强的一种毕业论文。

6)考证型

考证型毕业论文一般适用于文科专业学生,其内容是针对某种专业的具体问题,运用考证的各种手段进行的研究判断,旨在揭示真伪、考证异同、辨析优劣,也是学术性较强的一种毕业论文。

4. 撰写毕业论文的步骤

毕业论文的撰写需要遵循一定的步骤,一般包括选题、提炼论点、检索信息资源、开题、整理和筛选信息资源、阅读和研究信息资源、形成思路、列出提纲、完成初稿、反复修改、定稿等。其中,选题是基础,是关键,决定了毕业论文是否能够顺利完成。

9.2.2 毕业论文的选题

毕业论文的选题一般遵循科学性、创新性、应用性和可行性。应用型高校更应重视选题的应用性，选题要联系实际，要能回答或解决现实社会生活中的实际问题或解决学术研究领域中的某一问题。尽量选择与社会科技、经济、政治、文化等方面建设的现实贴近的选题。题目不可过大、不可过难、不可过简、不可过虚、不可过新，要养成良好的学术思维，不能照搬照抄，不能刻意求新立异。

1．选题的方法

选题的方法一般有定题式、启发式、浏览式等。

定题式是指由专业指导教师根据专业教学的重点和社会需求的实际拟定多个题目，由学生根据自己的专长和兴趣、需要等自由选择。大的题目可分成几个较小的题目，分由几个学生分别完成。

启发式要求学生在捕捉到课堂学习、实习实验或专业学术报告中某一问题后，在有过理论推断、实践举例、发展趋势等的学习的基础上进行选题。

浏览式要求学生平时阅读大量专业资料和期刊论文，在阅读中发现热点、前沿和实际应用问题等，寻找自己的选题方向，通过丰富的阅读与相关成果比较归纳，进行查漏补缺、去重弃难，与指导教师讨论后确定自己的选题。

2．选题的方向

应用型高校的学生可从以下几个方向去考虑选题方向：

（1）从生产实践中选题。学生通过顶岗实习、社会实践、提前工作、阅读资料等方式了解企业在生产实践或社会活动中要解决的一些实际问题，如新产品的开发、工艺的改进、操作维护、服务的措施等，然后选择值得进一步研究和改进的问题，作为毕业论文的选题。

（2）从工作方向和兴趣中选题。学生可根据自己的工作志向、兴趣并结合自己的专业进行选题。

（3）从科研项目中选题。学生可以参加教师承担的科研项目，承担部分设计任务，从中抽选出某一题目。

（4）从市场需求中选题。从市场发布的产品设计、软件开发、服务创新、市场开发等社会需求信息中抽选出题目，教师可以让学生承担部分任务，指导学生来完成。

（5）从实验、实习教学中选题。在实验、实习过程中，可从设备和生产流程中的需要局部改进部分中抽取题目。

（6）从专业发展方向的重点、前沿中选题。对某一专业的未来发展趋势，可研究国内外现状，从理论和应用两方面抽取题目。

（7）从参加的课题攻关中选题。对于参加机器人设计、数学建模等创新团体活动的学生，可从活动中结合专业抽取科研开发性的题目。应注意，须从所学专业出发去选题，尽量不要选择跨专业的毕业论文题目。

9.2.3　毕业论文的开题报告

开题报告是对毕业论文所选题目的一种文字说明材料，在选题后，学生要查阅一部分综述或参考资料，对所要研究的题目进行总体分析和论述，形成开题报告。开题报告经指导教师签署意见及院（系）审查后生效。

在开题报告中，要对课题的背景、意义和准备工作情况加以整理、概括，以便使具体的研究目标、内容、步骤、方法、措施、进度、前期基础条件等得到更明确的表达，作为进一步研究的依据。开题报告的具体格式各高校不尽统一，常用的为表格格式，也有的参照毕业论文的格式，对每一项需要书写的内容、重点等都做了具体的要求。学生在撰写开题报告时需注意针对其要求，尽量考虑全面，突出重点，规范格式，对所要研究的主要内容进行简明、清楚的阐述和论证，提炼研究的内容、价值与方向等。开题报告一般由以下几部分组成。

1. 毕业论文名称

毕业论文的名称即标题，要简明扼要、高度概括主要内容。

2. 研究的目的、意义

在此要写明为什么要研究本课题，研究它有什么价值。一般可以先从现实需要方面去论述，指出现实当中存在哪些问题需要本研究去解决，阐述研究的实际意义；再阐述研究的理论意义和学术价值。

3. 研究的背景

研究背景是指根据什么、受什么的启发而提出本课题，也就是"问题的提出背景"。问题的提出是毕业设计的出发点，可从宏观、中观、微观角度分项说明。一般先从现实需要角度去论述现实依据。例如，企业对技术和产品的要求与现实方面的问题；某种发展趋势提出新要求、新标准、新政策、新理念与现实存在的问题；国家新出台的政策法规，时代的发展、社会的进步、科技的发展对技术提出了什么新的要求。然后进一步提出研究的理论依据。从这两方面建立起研究内容与研究背景存在的内在联系，这样的阐述才更有说服力，论文的写作才站得住脚。

4. 国内外研究现状、发展水平和趋势

开题前，需要事先查阅一些综述、评论性资料或相关会议资料，总结出国内外相同或相关研究主题的研究成果、发展脉络和趋势。具体包括：

（1）研究成果状况。一般按时间顺序探索研究课题的来龙去脉，总结前人做过哪些研究，取得了哪些成果，这些研究成果所表达出来的观点是否一致（若不一致，则归纳分歧点，分析存在的不足）。

（2）现状评述。重点论述当前研究课题的国内外研究现状，着重评述目前存在的争论焦点，比较各种观点的异同，阐述自身研究与前人研究的联系及区别，表达自身研究的特别之处。这一部分的内容应力求精练，体现自身研究的价值。

（3）发展趋势分析。通过纵向或横向对比法，客观展现本研究课题目前国内外已达到的研究水平，指出存在的问题、可能的发展趋势与研究方向，并提出可能的解决建议和策略。

5. 研究的主要内容

这部分主要界定研究课题的内涵和外延，即要研究什么问题、研究问题的哪些方面等。主要包括相关概念解释、具体的研究内容、研究要达到的目标、解决问题的方法措施、实施的保障等。应构造出研究的主体框架，且应将研究内容进一步细化为若干小问题，形成研究主体方案。

6. 研究的主要方法

研究的主要方法是指完成研究任务的程序、途径、手段等，具体是"用什么办法"达到研究的目的。在具体的方案设计中，要根据各时段研究内容的不同选择不同的方法。常用的研究方法有：观察法、实验法、调查法、文献法、经验总结法、个案分析法、行动研究法、比较法等。

7. 研究的步骤和阶段成果

研究的步骤是指研究在时间和顺序上的安排。研究一般分为三个阶段：前期准备阶段（调研并完成开题报告）、中期实施阶段（具体设计阶段）、后期总结阶段（撰写论文或说明书、绘制装配图纸、答辩等）。每个阶段有明显的时间节点设定，应该写出对应阶段要达到的阶段性成果。

8. 研究的成果形式

开题报告应注明研究的成果形式，如论文 1 篇，软件 1 个等，研究成果的类型包括调查报告、论文、经验总结、产品图纸、计算机软件、电子产品、教学设计等，其中论文、图纸等是毕业设计常见的成果形式。

9. 研究的前期基础

叙述进行研究所具备的前期支撑条件，如专业知识、特长、检索整理的信息资源、能使用的设备、能实践的场所、能提供帮助的专业教师或企事业工程师等。

10. 主要参考文献

主要参考文献是指撰写开题报告时阅读引用过的主要参考文献，一般应在 5 篇以上，有外文文献更佳。

9.2.4 毕业论文的格式

各高校都参照国家标准《科学技术报告、学位论文和学位论文的编写格式》（GB/T 7713—1987）、《信息与文献 参考文献著录规则》（GB/T 7714—2015）确定毕业论文格式标准。有的高校在参照以上标准后还有特殊规定。

一般毕业论文的基本格式包括：

前置部分：标题（篇名）、作者（作者单位）、摘要、关键词、中图法分类号（文献标识码）；

主体部分：引言、正文、结论；

文后部分：参考文献等。

1. 标题

毕业论文的标题应简洁鲜明、高度概括研究的主要内容，一目了然地表明作者的立场观点，一般不超过 20 字。如需说明原因、范围等，可加副标题，副标题与主标题之间用破折号连接，如"XXXXXX——xxxxxxx"。标题尽量以实词短语形式表述，避免使用缩略语暗语、代号及公式等。

2. 作者

注明本论文作者姓名和所属单位、地址、邮政编码。毕业论文的作者信息，一般在封面上显示出来。作者可以是个人，也可以是团体。作者按完成任务时承担内容的主次、轻重排序。

3. 摘要

摘要也称内容提要，应扼要叙述毕业论文的主要内容、特点，应包括毕业论文的主要研究成果和结论性意见。摘要要有高度的概括力，应写成一篇完整的短文，不分段落，可以独立使用，约150字左右。摘要常以第三人称的写法，宜采用"对……进行了研究""报告了……现状""进行了……调查"等方法标明一次文献的性质和文献主题，不宜使用"本文""作者"等词语。

4. 关键词

关键词是表述毕业论文主题内容信息的单词或术语，一般在摘要之后另起一行列出3~8个，可以是作者提取的自由词，也可以是通过《汉语主题词表》转化的主题词（叙词），两个关键词之间需要空一格（或用"；"隔开），最后一个关键词后不加标点符号。

5. 中图法分类号

中图法分类号，是指采用《中国图书馆分类法》对论文进行主题分析，依照论文学科属性和特征分配的学科属性号码。有的高校要求给出文献标识码，即每篇文章或资料所规定的文献类型，具体如下：

A：理论与应用研究学术论文（包括综述报告）；
B：实用性技术成果报告（科技）、理论学习与社会实践总结（社科）；
C：业务指导与技术管理性文章（包括领导讲话、特约评论等）；
D：一般动态性信息（通信、报道、会议活动、专访等）；
E：文件、资料（包括历史资料、统计资料、机构资料、人物资料、书刊资料等）。

不属于上述各类型的文章及文摘等不要求加注文献标识码。

6. 引言

引言，即论文的起始部分，也称为前言。内容复杂、篇幅长的论文的引言又称为"绪论"。引言要表述写作此文的动机、内容、意义。这部分内容具有"提纲挈领"的作用，用以概括与领起全文，文字以少而精为宜。如果此部分安排在正文里，则不用写"前言""引言"字样，一般写为1个段落，也有写2至3个段落的。写完后，在进入正文前一般空一行。

7. 正文

正文是论文的主要部分。正文中可以包括调查对象、实验和观测方法（观测结果）、仪器设备、材料/原料、计算方法、编程原理、数据资料、经过加工处理的图表、形成的论点和推导出的结论等。虽然各种类型论文之间的形式差异较大，但论据都要充分，篇幅都要丰满。

理工类的毕业论文可以分为工程设计、软件开发、科学实验和理论研究等类型，例如，对于一篇电类专业工程设计类型的毕业论文来说，正文部分一般应包括方案论证或文献综述、设计与计算、实验或模拟仿真、调试、结果分析等内容，还要有电路工作框图、电路工作原理图和软件流程图等。

人文社科类、管理类毕业论文可以是理论性论文、应用性论文、应用性软件设计或调查报告。对于一篇管理类理论性论文来说，正文部分一般根据题目的性质，或正面立论，或批驳不同的论点，或解决某些疑难问题。作者可以通过第一手资料或第二手资料、数据和多角度的充分理由，多方面进行分析、论证与阐释，继而突出中心论点。

正文部分的标题标号，一般理工科宜采用："1""1.1""1.1.1"……人文社科类、管理类宜采用："一""（一）""1.""（1）"……

正文部分的结构和层次一般采用以下几种。

（1）先总论，后分论。即先提出中心论点，然后分成几方面围绕中心论点分别论证。

（2）先分论，后总论。即先从几方面并列论证，然后总结归纳出中心论点，得出结论。

（3）层层递进式。即遵循叙述事实现象，提出问题，归纳产生原因，提出解决之道，抛出未解之疑的路线。

在实际写作中，往往会混合、穿插使用上述结构，根据不同文体和论述需要可灵活安排。

8．结论

结论是毕业论文的结束语，单独成段，可用小标题"结语""结论""结束语"等标识。写结论时，要避免虎头蛇尾，也不要画蛇添足，结论字数一般在500字以上即可。

结论是对整篇毕业论文主要成果的归纳，用来加深题意，突出毕业论文的创新点，以简练的文字对毕业论文的主要工作进行评价。在结论中最好还能包括未来展望部分，提出本研究工作中的不足之处、遗留问题及还需要进一步探讨的问题。

在论文的最后一定要致谢，对给予指导或协助完成毕业论文工作的组织和个人表示感谢，学会感恩是青年学子的良好素养，致谢的内容要态度诚恳、文字简洁。

9．参考文献

参考文献列在毕业论文的末尾。我们要将引用和参考的文献信息逐条清楚列出。列出参考文献有4个目的：一是表明论文产出有科学依据；二是令答辩教师了解学生阅读材料的来源和广博程度，作为审查毕业论文的一种参考依据；三是表示对他人研究成果的尊重；四是为检索相关的观点和材料提供线索。

1）参考文献格式

参考文献一般按毕业论文参考或引证的先后顺序排列，参考文献格式参照《信息与文献 参考文献著录规则》（GB/T 7714—2015），要注意参考文献中的符号是"著录符号"，与书面语言中的"标点符号"不同。毕业论文的参考文献类型和标识代码如表9-1所示。

表9-1 参考文献类型和标识代码

文献类型	普通图书	期刊论文	会议录	汇编	报纸	学位论文	报告	标准	专利	数据库	计算机程序	电子公告	磁带	磁盘	光盘	联机网络
标识代码	M	J	C	G	N	D	R	S	P	DB	CP	EB	MT	DK	CD	OL

实例：

（1）专著：

[1]刘国钧，郑如斯.中国书的故事[M].2版.北京：中国青年出版社，1979: 115.

[2]O' BRINE J A.Introduction to information system[M]. 7th ed. Burr Irwin,1994.

（2）期刊：

[3]袁庆龙，候文义.Ni-P 合金层镀层组织形貌及显微硬度研究[J].太原理工大学学报，2001,32（1）：51-53.

[4]ZHU Dongling, REN Guangming, NIE Dexin, et al.Effecting and forecasting of landslide water level[J]. Hydrological Geology and Engineering Geology，2002,29（3）：6-9.

（3）会议论文集：

[5]孙品一.高等学校编辑工作特征[A]. 见：中国高等学校自然科学学报研究会·科技编辑学论文集（2）[C]. 北京：北京师范大学出版社，1998:10-22.

[6]ZHANG Weili, XIE Jinghua, et al. Hope bifurcation of impact damper[C]//Proceeding of the 3rd International Conference on Mechanics.shanghai：Shanghai University Press，1998：437-440.

（4）专著中析出的文献：

[7]罗云. 安全科学理论体系的发展及趋势探讨[A]//白春华，何雪秋.21 世纪安全科学与技术的发展趋势[M]. 北京：科学出版社，2000:1-5.

[8]韩吉仁. 论职工教育的特点[G]//中国职工教育研究会·职工教育论文集.北京：人民教育出版社，1985:90-99.

（5）学位论文：

[9]张合生.地质力学系统理论[D]. 太原：太原理工大学，1998.

[10]CALMS R B.Infrared spectroscopic studies on solid oxygen[D]. Berkeley: University of Californiya，1995.

（6）报告：

[11]冯喜桥.核反应堆压力容器的 LBB 分析[R]. 北京：清华大学核能技术研究院，1997.

[12]BREIMAN L.Using convex pseudo-data to increase accuracy[R]. USA，U C Berkeley: Statistics Department，1998.

（7）专利文献：

[13]侯利民，赵金鹏，臧东等. 一种无速度传感器的内插式永磁同步电机无源控制方法[P]. 中国专利：CN104104301A，2014-10-15.

[14]TAGCHIBANA R，SHIMIZU S，et al. Electronic watermaking method and system: US，6，915，001[P]. 2012-04-25[2002-05-28].

（8）标准文献：

[15]GB/T 16159-1996. 汉语拼音整词法基本规则[S]. 北京：中国标准出版社，1996.

[16]IEEE std 802.11 b，Wireless LAN medium access control（MAC）and physic method layer（PHY）specifications: higher-speed extension in the 2.4 GHz band[S]. New York: Institute of Electric and Electronic Engineering，Inc，1999.

（9）报纸文章：

[17]谢喜德.创造学习的思路[N]. 人民日报，1998,12（25）：10.

（10）电子文献：

[18]萧钰.出版业信息化迈入快车道[EB/OL].（2001-12-19）[220-04-15]. http://www.creader.com/news/200112190019.htm.

[19]Online computer Library Center, Inc. History of OCLC[EB/OL]. [2000-01-08]. http://www.oclc.org/about/history/default.htm.

2）参考文献引用

学术引文规范是关于文章引用内容、引文标注及著录的规则及要求，引文是学术论著的重要组成部分，客观、准确、合理地引用文献，可以表明文献之间继承和发展的关系。学术引文规范包括引文原则与引文著录格式两项基本内容。

引用他人观点、方案、资料、数据等时，无论其曾发表与否，无论其是纸质还是电子版的，均应详加注释，引文应以直接引用原始文献和第一手资料为原则，尽量避免转引文献。学术研究讲究真实可靠，原始文献和第一手资料与第二手资料相比更为客观和可靠，如果确实需要转引第二手资料，应在文中指明，同时需要在参考文献中注明原始文献和转引文献，不能造成他人将引用文献当成第一手资料的误解。

引用的文献必须是研究者阅读过，且对自己研究的观点、材料、论据、统计数据等有启发和帮助的文献，不能引而不用，否则后来的研究者根据参考文献查找时，会浪费大量的时间和精力，与此同时，也不能用而不引，使用了别人的观点和数据却不指出引用的来源，等于是将别人的成果窃为己有，这就构成了剽窃。

标注引用时，应在引用内容后加上角标，如"…．,"[1]、"…。"[1,23]，"…..。"[5-6]，标注号应与参考文献列表中的顺序号一致。

9.3 毕业论文的修改

毕业论文初稿只能算是"半成品"。作家巴金说："用辛勤的修改来弥补自己作品的漏洞"，由此可见，修改对毕业论文质量的提高有着重要的作用。修改贯穿了毕业论文写作的始终，每一次的修改都会带来论文水平的提高。

修改毕业论文时要注意以下几点。

1．立论观点的修改

立论观点是文章的支点。在阅读大量文献或写作过程中要反复推敲基本立论观点是否正确全面、具有新意，从属论点是否准确。如果论点落后于技术趋势的发展，缺乏新意，就要重新构思和概括，或改变论证角度，进一步挖掘和升华立论；如果论点出现主观、片面、空泛的地方，要进行强化、增补等改写工作，把偏颇的改成中肯的，片面的改成全面的，松散的改成集中的，陈旧的改成新颖的。

2．论文标题的修改

标题是论文的"点睛"之笔。对标题的修改是一种根本性的修改，因此要十分慎重。一般来说，本科生或专科生的毕业论文标题宜小不宜大，宜实不宜虚，宜窄不宜宽，文字应当有相当的概括性。写作过程中要关注文要切题，题要配文，如果文不对题，标题过长或太笼统，都必须修改，如果有副标题，应核对其对标题的限定和说明是否准确。

3．逻辑和结构的修改

逻辑和结构关乎论证的顺畅与否。修改结构前一定要看整体结构是否合理，全文脉络是否贯通，验证、推理顺序是否严谨，衔接转换是否自然，结论是否水到渠成。

修改逻辑和结构一般应从以下几方面入手：

（1）调整层次和段落。如果论证不顺畅，那么论文结构要做大变动或小调整，大变动是指拆散原结构，重新谋篇布局，小调整是对部分层次和段落进行另行划分或调整位置。对杂乱无章的阐述要梳理，删去重复和矛盾的地方，补上缺少的部分。

（2）修改主体部分。主体由引言、正文、结论三部分组成，三部分要协调一致，一气呵成，详略得当。引言要开门见山，不兜圈子，正文要有分论点，层次分明，结论要对引言中提出的问题和分析论证的问题进行综合概括，深刻有力。

（3）修改逻辑关系。要注意中心论点是否突出，每个分论点是否论证充分，层与层之间的联系是否严谨。修改逻辑关系常需要删去多余材料，对全文各部分的过渡衔接、语气连贯等方面进行修改。

4．佐证材料的修改

佐证材料是毕业论文的"血肉"。修改时要注意：材料是否典型，是否恰当有力、真实可靠，出处是否清楚、是否权威；是否有与论点不吻合或重复的材料；材料是否能互相配合，集中说明论点；材料先后顺序是否需要配合分论点进行调整。修改时，对一般化的材料要更换；对单薄的材料要充实。

5．语言、符号的修改

要注意论文中的语言是否简练、准确、通顺，要避免写出冗长的段落和句子，要修改词不达意的地方；要注意上下句、前后段的衔接是否连贯；要注意标点符号的使用是否符合规定。此外，理工类专业的论文还要注意术语、符号、图表等是否合乎规范。最后，在论述流畅的基础上，可适当增加文采。

毕业论文定稿后，学生还需要进行答辩。答辩结果由教师答辩工作委员会评定，给予优、良、中、及格、不及格几个不同的等级，评定是否通过。在答辩前，学生需要事先对毕业论文中的论点、分论点，提出的问题、论证方式等用语言清晰、准确地表达出来，答辩过程中，学生还可能要现场回答没有准备到的提问，因此要灵活应"辩"，避免说"不知道""不清楚"。充分的准备是顺利通过答辩的基础，要注意"不打无准备之战"。

9.4 学术道德规范

近年来，学术不端的行为在学术界时有发生，学术道德规范备受重视。进行学术道德规范教育是遏制学术不断、保证学术研究健康发展的重要措施。

9.4.1 学术不端

2016年4月16日，教育部发布了《高等学校预防与处理学术不断行为办法》（以下简称《办法》），定义了7种学术不端行为。

《办法》第二十七条指出，经调查，确认被举报人在科学研究及相关活动中有下列行为之一的，应当认定为构成学术不端行为。

（1）剽窃、抄袭、侵占他人学术成果；

（2）篡改他人研究成果；

（3）伪造科研数据、资料、文献、注释，或者捏造事实、编造虚假研究成果；

（4）未参加研究或创作而在研究成果、学术论文上署名，未经他人许可而不当使用他人署名，虚构合作者共同署名，或者多人共同完成研究而在成果中未注明他人工作、贡献；

（5）在申报课题、成果、奖励和职务评审评定、申请学位等过程中提供虚假学术信息；

（6）买卖论文、由他人代写或者为他人代写论文；

（7）其他根据高等学校或者有关学术组织、相关科研管理机构制定的规则，属于学术不端的行为。

学术不端最突出的表现就是剽窃和抄袭他人学术成果，哈佛大学关于"抄袭"的规定指出，如果所用句子与原始资料在观点和句子结构上都非常相似，并且结论和引语相近而非用自己的话重述，即使注明出处，这也是抄袭。我国《图书期刊保护试行条例实施细则》第十五条明确规定："引用非诗词类作品不得超过 2500 字或被引用作品的十分之一""凡引用一人或多人的作品，所引用的总量不得超过本人创作作品总量的十分之一"。

9.4.2　论文检测

为了应对学术不端行为，各种论文检测软件应运而生，检测结果一般提供文字复制百分比，但百分比只能描述检测文献中重合文字所占的比例，并不是指该文献的抄袭严重程度。虽然百分比越大，表示重合字数越多，存在抄袭的可能性越大，但是否属于抄袭及抄袭的严重程度如何，检测系统不能自行判断，需要由专家审查后决定。

目前，常用的论文检测系统有 CNKI 的学术不端行为检测系统、万方的论文相似性检测系统、维普通达论文检测系统。得到公认被部分学校作为检测标准的是前两个系统，但它们都不是免费的。

9.4.3　对学术不端的处理

《办法》第二十九条指出，高等学校应当根据学术委员会的认定结论和处理建议，结合行为性质和情节轻重，依职权和规定程序对学术不端行为责任人作出如下处理：

（1）通报批评；

（2）终止或者撤销相关的科研项目，并在一定期限内取消申请资格；

（3）撤销学术奖励或者荣誉称号；

（4）辞退或解聘；

（5）法律、法规及规章规定的其他处理措施。

同时，可以依照有关规定，给予警告、记过、降低岗位等级或者撤职、开除等处分。

学术不端行为责任人获得有关部门、机构设立的科研项目、学术奖励或者荣誉称号等利益的，学校应当同时向有关主管部门提出处理建议。

学生有学术不端行为的，还应当按照学生管理的相关规定，给予相应的学籍处分。

学术不端行为与获得学位有直接关联的，由学位授予单位作暂缓授予学位、不授予学位或者依法撤销学位等处理。

9.4.4 合理使用受著作权保护的作品

在一定的条件下,可以合理使用受著作权保护的作品。

《中华人民共和国著作权法》第二十四条指出,在下列情况下使用作品,可以不经著作权人许可,不向其支付报酬,但应当指明作者姓名或者名称、作品名称,并且不得影响该作品的正常使用,也不得不合理地损害著作权人的合法权益:

(1) 为个人学习、研究或者欣赏,使用他人已经发表的作品;

(2) 为介绍、评论某一作品或者说明某一问题,在作品中适当引用他人已经发表的作品;

(3) 为报道新闻,在报纸、期刊、广播电台、电视台等媒体中不可避免地再现或者引用已经发表的作品;

(4) 报纸、期刊、广播电台、电视台等媒体刊登或者播放其他报纸、期刊、广播电台、电视台等媒体已经发表的关于政治、经济、宗教问题的时事性文章,但著作权人声明不许刊登、播放的除外;

(5) 报纸、期刊、广播电台、电视台等媒体刊登或者播放在公众集会上发表的讲话,但作者声明不许刊登、播放的除外;

(6) 为学校课堂教学或者科学研究,翻译、改编、汇编、播放或者少量复制已经发表的作品,供教学或者科研人员使用,但不得出版发行;

(7) 国家机关为执行公务在合理范围内使用已经发表的作品;

(8) 图书馆、档案馆、纪念馆、博物馆、美术馆、文化馆等为陈列或者保存版本的需要,复制本馆收藏的作品;

(9) 免费表演已经发表的作品,该表演未向公众收取费用,也未向表演者支付报酬,且不以营利为目的;

(10) 对设置或者陈列在公共场所的艺术作品进行临摹、绘画、摄影、录像;

(11) 将中国公民、法人或者非法人组织已经发表的以国家通用语言文字创作的作品翻译成少数民族语言文字作品在国内出版发行;

(12) 以阅读障碍者能够感知的无障碍方式向其提供已经发表的作品;

(13) 法律、行政法规规定的其他情形。

9.4.5 网络环境中数字文献的合理使用规则

网络环境中,作品以数字化形式被传输、下载、复制变得非常容易。很多人认为,网上的文献资源是可以自由复制和发布的,事实上,大多数的网络文献资源像纸质印刷体一样,是受法律保护的。

网络数字资源丰富、检索方便、便于共享,更受用户的欢迎。数字资源供应商对购买方——高校图书馆的一般授权原则如下:

(1) 授权用户:学校的师生、员工、访问学者等可通过本校控制的 IP 使用数字资源。

(2) 按照国际惯例,高校图书馆购买的数字资源的使用权,通常要求授权用户用于个人的研究和学习,包括对数据库的检索、阅读、检索结果的打印等。授权用户在使用时不得超出合理使用范围,侵犯数据库商的知识产权。

参 考 文 献

[1] 戴建陆，张岚. 信息检索[M]. 2 版. 北京：中国电力出版社，2012.
[2] 杜慰纯，宋爽，李娜，等. 信息获取与利用[M]. 北京：清华大学出版社，2009.
[3] 陈泉，申蓉，郭利伟，等. 网络信息资源检索与利用[M]. 北京：清华大学出版社.2010.
[4] 蔡丽萍，段莹，刘岩，等. 文献信息检索教程[M]. 北京：北京邮电大学出版社，2013.
[5] 曾英姿，罗宏，李红霞，等. 文献检索与利用[M]. 成都：四川大学出版社，2012.
[6] 邢彦辰，王求识，丛笑，等. 毕业论文写作与文献检索[M]. 2 版.北京：北京邮电大学出版社，2013.
[7] 郑霞宗，黄正伟，等. 科技论文写作与文献检索[M]. 武汉：武汉大学出版社，2012.
[8] 于丽英. 法律文献检索[M]. 北京：北京大学出版社，2010.
[9] 程娟，李著，黄强. 信息检索[M]. 天津：天津大学出版社，2010.
[10] 黄如花，林佳，胡永生，等. 信息检索[M]. 武汉：武汉大学出版社，2010
[11] 徐庆宁，陈雪飞，等. 新编信息检索与利用[M]. 3 版. 上海：华东理工大学出版社，2014.
[12] 陈鹤阳. 中文学术搜索引擎的比较研究[J]. 图书馆学研究，2009（10）：45-48.
[13] 申舒. 基于网络免费学术资源的个人数字图书馆构建[J]. 情报探索. 2013(1)：86-89
[14] 黄世芳. 高校图书馆免费网络学术资源的建设要点研究[A]. 2010广西图书馆学会年会暨第28次科学讨论会论文集[C]. 2010.
[15] Baidu. 百度用户服务中心[EB/OL]. [2022-07-21]. http://help.baidu.com.
[16] 百度百科. 信息环境[EB/OL]. [2022-0 7-21]. http://baike.baidu.com/view/598338.htm.
[17] 中国知网. 数字出版首页[EB/OL]. [2022-07-21]. https://dp.cnki.net.
[18] 沈阳工程学院图书馆主页[EB/OL]. [2022-07-21]. http://www.lib.sie.edu.cn.
[19] 万方数据知识服务平台. [EB/OL]. [2022-07-21]. http://www.wanfangdata.com.cn.
[20] [维普网]–仓储式在线作品出版平台. [EB/OL]. [2022-07-21] . http://www.cqvip.com.
[21] 维普网在线帮助. [EB/OL]. [2022-07-21]. http://service.cqvip.com/list.asp?mid=22.
[22] 中国人民大学复印资料平台. [EB/OL]. [2022-07-21]. http://ipub.exuezhe.com/index.html.
[23] 国研网. [EB/OL]. [2022-07-21]. http://www.drcnet.com.cn/www/integrated.
[24] 北大法律信息网（北大法宝）首页 [EB/OL]. [2022-07-21]. http://vip.chinalawinfo.com；http://www.pkulaw.cn.
[25] 超星数字图书馆镜像系统[EB/OL]. [2022-07-21]. http://www.sslibrary.com.
[26] 书生数字图书馆镜像系统[EB/OL]. [2022-07-21]. http://59.73.16.108:9988/index.action.
[27] 周建芳. 信息素养与信息检索[M]. 第 3 版. 北京：清华大学出版社，2021.
[28] 中国高等教育文献保障系统（CALIS）.e读学术搜索[EB/OL]. [2022-07-21]. http://www.yidu.edu.cn
[29] 中国高等教育文献保障系统（CALIS）.ccc外文期刊[EB/OL]. [2022-07-21]. http://ccc.calis.edu.cn.
[30] 沈阳工程学院 OPAC 系统[EB/OL]. [2022-07-21]. http://opac.lib.sie.edu.cn.
[31] 国家科技图书文献信息中心系统[EB/OL]. [2022-07-21]. http://www.nstl.gov.cn.
[32] 国家工程技术数字图书馆系统[EB/OL]. [2022-07-21].https://netl.istic.ac.cn.
[33] 中国国家数字图书馆系统[EB/OL]. [2022-07-21]. http://www.nlc.cn.
[34] 中国科学院知识服务平台[EB/OL]. [2022-07-21]. http://www.las.ac.cn.
[35] EBSCO 信息服务[EB/OL]. [2022-07-21]. https://www.ebscohost.com.
[36] 爱思唯尔中国区主页[EB/OL]. [2022-07-21]. https://www.elsevier.com/zh-cn.

[37] 张爱军. 大学生毕业论文(设计)选题意义分析[J]. 改革与开放,2011,04:172.
[38] 李洪伟. 影响本科毕业设计(论文)完成质量因素探讨[J]. 中国科技信息，2010（19）：240-241.
[39] 中国国家标准化管理委员会. GB/T 7714-2005《文后参考文献著录规则》；GB/T 7714-2015《信息与文献参考文献著录规则》[S]. [2022-07-21]. https://openstd.samr.gov.cn/bzgk/gb/newGbInfo?hcno=7FA63E9BBA56E60471AEDAEBDE44B14C.
[40] 全国信息与文献工作标准化委员会. GB/T 7713-1987 科学技术报告 学位论文和学术论文的编写格式[S]. [2022-07-21]. http://c.gb688.cn/bzgk/gb/showGb?type=online&hcno=823B8654959A5225AAEC439933BC2D20（百度文库）.
[41] NoteExprees 主页 [EB/OL]. [2022-07-21]. http://www.inoteexpress.com.
[42] ScienceDirect [EB/OL]. [2022-07-21]. https://www.sciencedirect.com.
[43] 中华人民共和国国家知识产权局主页[EB/OL]. [2022-07-21]. http://www.cnipa.gov.cn.
[44] 邓发云. 信息检索与利用[M]. 3 版. 北京：科学出版社，2017.
[45] 岳修志. 信息素养与信息检索[M]. 北京：清华大学出版社，2021.